CONTROLE GERENCIAL

Grupo
Editorial
Nacional

O GEN | Grupo Editorial Nacional, a maior plataforma editorial no segmento CTP (científico, técnico e profissional), publica nas áreas de saúde, ciências exatas, jurídicas, sociais aplicadas, humanas e de concursos, além de prover serviços direcionados a educação, capacitação médica continuada e preparação para concursos. Conheça nosso catálogo, composto por mais de cinco mil obras e três mil e-books, em www.grupogen.com.br.

As editoras que integram o GEN, respeitadas no mercado editorial, construíram catálogos inigualáveis, com obras decisivas na formação acadêmica e no aperfeiçoamento de várias gerações de profissionais e de estudantes de Administração, Direito, Engenharia, Enfermagem, Fisioterapia, Medicina, Odontologia, Educação Física e muitas outras ciências, tendo se tornado sinônimo de seriedade e respeito.

Nossa missão é prover o melhor conteúdo científico e distribuí-lo de maneira flexível e conveniente, a preços justos, gerando benefícios e servindo a autores, docentes, livreiros, funcionários, colaboradores e acionistas.

Nosso comportamento ético incondicional e nossa responsabilidade social e ambiental são reforçados pela natureza educacional de nossa atividade, sem comprometer o crescimento contínuo e a rentabilidade do grupo.

Fábio Frezatti
Welington Rocha
Artur Roberto do Nascimento
Emanuel Junqueira

CONTROLE GERENCIAL

Uma abordagem da contabilidade gerencial no contexto econômico, comportamental e sociológico

Os autores e a editora empenharam-se para citar adequadamente e dar o devido crédito a todos os detentores dos direitos autorais de qualquer material utilizado neste livro, dispondo-se a possíveis acertos caso, inadvertidamente, a identificação de algum deles tenha sido omitida.

Não é responsabilidade da editora nem dos autores a ocorrência de eventuais perdas ou danos a pessoas ou bens que tenham origem no uso desta publicação.

Apesar dos melhores esforços dos autores, do editor e dos revisores, é inevitável que surjam erros no texto.

Assim, são bem-vindas as comunicações de usuários sobre correções ou sugestões referentes ao conteúdo ou ao nível pedagógico que auxiliem o aprimoramento de edições futuras.

Os comentários dos leitores podem ser encaminhados à **Editora Atlas S.A.** pelo e-mail editorialcsa@grupogen.com.br.

Direitos exclusivos para a língua portuguesa
Copyright © 2009 by
Editora Atlas S.A.
Uma editora integrante do GEN | Grupo Editorial Nacional
1. ed. 2009; 3. reimpressão

Rua Conselheiro Nébias, 1384
Campos Elísios, São Paulo, SP – CEP 01203-904
Tels.: 21-3543-0770/11-5080-0770
editorialcsa@grupogen.com.br
www.grupogen.com.br

Designer de capa: Leandro Guerra

Editoração Eletrônica: Set-up Time Artes Gráficas

DADOS INTERNACIONAIS DE CATALOGAÇÃO NA PUBLICAÇÃO (CIP) (CÂMARA BRASILEIRA DO LIVRO, SP, BRASIL)

Controle gerencial: uma abordagem da contabilidade gerencial no contexto econômico, comportamental e sociológico / Fábio Frezatti... [et al.]. – São Paulo: Atlas, 2016.

Outros autores: Welington Rocha, Artur Roberto do Nascimento, Emanuel Junqueira.
Bibliografia.
ISBN 978-85-224-5518-8

1. Administração de empresas 2. Contabilidade gerencial 3. Custos – Controle I. Frezatti, Fábio.
II. Rocha, Welington. III. Nascimento, Artur Roberto do. IV. Junqueira, Emanuel.

09-04286

CDD-658.15

Índice para catálogo sistemático:

1. Controle gerencial : Administração financeira   658.15

Sumário

Apresentação

Fiquei muito honrado com o convite para prefaciar esta obra diferenciada sobre controle gerencial. Conforme o próprio título evidencia, este livro aborda a contabilidade gerencial no contexto econômico, comportamental e sociológico.

Temos tido a oportunidade de participar regularmente de eventos internacionais e observar o crescente interesse pelo tema controle gerencial tanto em eventos científicos como naqueles em que predomina o foco profissional. Além da tradicional expressão *management accounting*, outras formas de expressão, tais como *performance measurement* e *management control*, têm sido utilizadas com maior intensidade para expressar a essência do controle gerencial.

No ambiente empresarial, o controle gerencial assume uma importância cada vez maior, seja nas preocupações com a estruturação de áreas de controladoria, na implantação de contabilidade gerencial, na definição dos indicadores de avaliação de desempenho, seja no gerenciamento dos processos de mudanças e mais recentemente com os aspectos da governança empresarial.

Esta é uma obra singular, pois tem um foco muito claro no controle gerencial e, ao mesmo tempo, reúne na sua estrutura um amplo espectro de temas relevantes que caracterizam o controle de gestão das organizações. Todos os capítulos apresentam conteúdos de grande interesse tanto acadêmico quanto profissional. O último capítulo, porém, encerra o livro com conteúdos inovadores, trazendo enfoques alternativos ao enfoque econômico tradicional, tratando de temas como teorias da psicologia, teoria institucional, teoria da contingência, dentre outros.

É um motivo de orgulho para todos nós do Departamento de Contabilidade e Atuária da FEA/USP ver essa valiosa contribuição para o estudo do controle gerencial produzida por dois dos maiores expoentes da contabilidade gerencial no Brasil, **Prof. Dr. Fábio Frezatti** e **Prof. Dr. Welington Rocha**, conjuntamente com os talentosos Doutorandos **Artur Roberto do Nascimento** e **Emanuel Junqueira**.

Prof. Reinaldo Guerreiro

Prefácio

A proposta deste livro consiste em ser um instrumento conceitual e prático para os professores conduzirem disciplinas de **controladoria**, **contabilidade gerencial** e **controle gerencial** em cursos de contabilidade, administração de empresas, engenharia de produção e economia. A escassez de literatura específica para os referidos cursos no Brasil consiste em motivação importante para os autores que têm vivenciado, durante largo espaço de tempo, o ensino na área e percebido as dificuldades que os docentes têm em montar e conduzir as disciplinas relacionadas à contabilidade gerencial, controladoria e controle gerencial.

A pretensão de um livro no mercado decorre de algumas perspectivas existentes na visão dos autores:

- suas experiências;
- suas crenças; e
- desafios identificados e aceitos.

As **experiências** são fundamentais para que os autores identifiquem os elementos mais relevantes para o tema. É isso que define a personalidade de uma obra. Nesse sentido, os autores acreditam que o futuro do controle gerencial decorre de um conjunto de experiências, que proporcionam a existência de **crenças** que direcionam o raciocínio, a análise, a decisão e o controle das organizações. Por fim, da análise e avaliação são identificados os **desafios** que devem ser aceitos e deixados para trás, aqueles que são considerados menos relevantes para os objetivos ou, de alguma forma, de difícil alcance.

Os autores deste trabalho têm-se dedicado ao ensino e pesquisa na área, vivenciando as situações mais variadas do ambiente de gestão, e entendem que a controladoria e a contabilidade gerencial no Brasil e no mundo têm-se desenvolvido de maneiras muito significativas, mas, de maneira geral, a propagação dos conhecimentos e as práticas demoram demasiadamente para serem absorvidos no ambiente acadêmico, mais especificamente nos cursos de graduação. Neste livro, existe a compreensão de que a contabilidade e seus artefatos não são instrumentos a se tratar apenas a partir de uma abordagem técnica e teórica. Pelo contrário, dada a complexidade de ambientes em que é utilizada, a contabilidade demanda entendimento e gestão de elementos de natureza humana, de poder e mesmo com características sociais que exercem forte influência sobre a sua concepção e operacionalização.

Isso se deve a vários fatores, dentre os quais a escassez de bibliografia com a atualidade (dada a velocidade com que novos desafios aparecem) e amplitude adequadas (paradigmas não apenas econômicos mas também de outras áreas como sociologia e psicologia) para o adequado tratamento dos problemas gerenciais no ensino contemporâneo. Tanto a disponibilidade de materiais de análise e pesquisa como a sua existência com grau de profundidade adequada são importantes para o crescimento do conhecimento nessa área.

Uma das questões relevantes para a contribuição desta obra diz respeito ao seu foco. Diferentemente da maior parte dos trabalhos disponíveis, o conteúdo e a forma com que a mesma é apresentada objetivam atender não apenas aqueles que lidam com os problemas das organizações de grande porte. O fundamental, nesse sentido, é que os conceitos sejam adaptáveis, independentemente da forma como os artefatos (a palavra *artefato* inclui conceitos, ferramentas, sistemas e modelos) possam ser utilizados nas empresas.

A crença na relevância da utilização dos artefatos da contabilidade gerencial para a melhoria da condição das atividades gerenciais das empresas corresponde a um elemento vital na motivação para o desenvolvimento deste projeto. O processo de sustentabilidade das entidades passa pela estruturação interna, e a contabilidade gerencial é decisiva para esse processo. Isso ocorre porque ela leva em conta tanto questões técnicas de estruturação como aspectos gerenciais de posicionamento e orientação dos colaboradores.

O desafio é o elemento vital para o estabelecimento de um projeto de um livro e, ao mesmo tempo em que este se revela diferenciado pela sua oportunidade, se reveste de uma grande responsabilidade por se tratar de um momento em que a diferenciação no gerenciamento das empresas se mostra significativa para o alcance dos objetivos.

O tema controle gerencial tem crescido em termos de importância dentro do ambiente empresarial e representa importante ampliação de fronteira para os estudiosos da gestão. O desenvolvimento da contabilidade foi marcado por momentos importantes de inflexão, sendo que um deles foi o desabafo de Johnson e Kaplan na década de 80, no seu *Relevance Lost*. Ainda que a contabilidade gerencial tenha marcos anteriores a esse fato, tanto no que se refere ao desenvolvimento de custos, quanto a orçamentos e relatórios gerenciais, o ganho de personalidade e sua configuração como linha de pesquisa independente se torna cada vez mais marcante a partir da contribuição de Kaplan.

A escolha dos elementos levou em conta tanto a utilidade como a praticidade e o relacionamento dos mesmos no desenvolvimento do assunto, sendo separados em **arcabouço teórico** para sustentação do estudo e pesquisa, **elementos de gestão**, que definem a configuração, **e elementos estruturais**, que proporcionam condições de desenvolvimento das atividades (Figura 1):

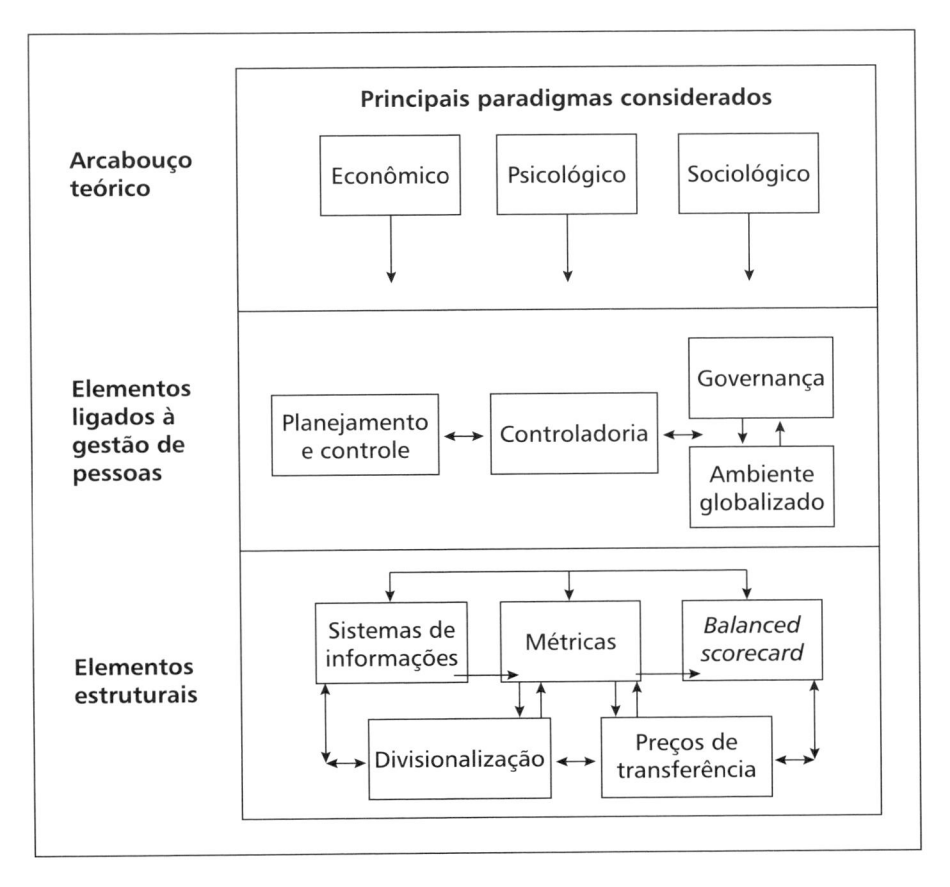

Figura 1   *Elementos do controle gerencial.*

O tratamento dos temas levou em conta:

1. **O controle gerencial nas organizações.** Trata do processo de gestão e apresenta a evolução da contabilidade gerencial. Discute conceitos que têm afinidade e semelhança, como contabilidade gerencial, controladoria, controle gerencial. Apresenta os principais artefatos do controle gerencial.

2. **O papel da controladoria.** Resgata o histórico, posição na estrutura organizacional, suas responsabilidades, conceito de *accountability*, formação profissional e perfil pessoal do *controller*, formas de estruturas organizacionais, bem como o papel da controladoria no controle gerencial.

3. **Gestão no ambiente organizacional.** Os tipos de planejamento e as formas de controle são aqui tratados, tanto em termos de artefatos como atitudes. O planejamento estratégico, o orçamento e o controle orçamentário são apresentados. Uma discussão sobre controle e seus atributos é o tema da sequência.

4. **Sistemas de informações gerenciais.** São tratados como a espinha dorsal do processo de gestão das organizações. Consiste em um tipo de artefato que viabiliza todas as ações relacionadas ao controle gerencial. No capítulo são analisados aspectos referentes à forma como os usuários utilizam o sistema de informações no controle gerencial.

5. **Diferentes métodos de custeio e seu impacto sobre o controle gerencial.** Discute os diferentes métodos e o seu impacto sobre o controle.

6. **Divisionalização e preços de transferência.** O tema Divisionalização das entidades aproxima a controladoria das discussões organizacionais sobre adequação de estrutura, tanto no sentido da estratégia como do controle. Por sua vez, preços de transferência é tratado como elemento fundamental para que as entidades sejam analisadas dentro da perspectiva de área/unidade de negócios, inclusive.

7. **Controle gerencial no ambiente globalizado.** O assunto é apresentado numa perspectiva que leva em conta as demandas cada vez mais imprevisíveis e amplas dos gestores localizados em ambientes supranacionais. As questões relacionadas à economia, diferentes culturas, tecnologia e de natureza sociopolíticas são discutidas dentro da perspectiva do capítulo.

8. **Avaliação de desempenho.** Dentro da visão de planejamento e controle, a avaliação de desempenho, cada vez mais, se mostra ser um ponto relevante na gestão das organizações. Independentemente da configuração de planejamento e controle, a institucionalização do uso de métricas para permitir a avaliação de desempenho é fundamental para a sua sustentabilidade.

9. *Balanced scorecard.* Trata-se de um artefato que inclui outros e pode ser utilizado de várias maneiras na organização, o que requer um tratamento individualizado. O seu destaque como um capítulo à parte decorre das várias possibilidades de sua utilização (como alinhador de estratégia ou estrutura de avaliação de desempenho, por exemplo).

10. **Governança empresarial.** O tema tem sido apresentado pela perspectiva normativa da contabilidade financeira, numa abordagem compulsória, enquanto que a abordagem do controle gerencial indica a necessidade da postura de governança independentemente da sua forma jurídica e societária. Questões relacionadas à ética, relações da empresa com seus constituintes e abordagens teóricas alternativas são aqui consideradas.

11. **Teorias organizacionais no controle gerencial.** Os problemas vivenciados pelo controle gerencial das entidades necessitam de construtos teóricos para sua solução. Dessa forma, teorias da agência, institucional, configuração, contingência e ciclo de vida serão apresentadas no sentido de permitir ao leitor entender e se posicionar perante ocorrências da gestão usando vários paradigmas, como o econômico, o psicológico e sociológico.

Ao mesmo tempo em que pretende apoiar os professores na sua atuação rotineira e plena, com **conceitos**, **exercícios** e **casos**, o seu formato permite ao docente trabalhar com certa flexibilidade o grupo de alunos, no que se refere às diferentes abordagens e recursos. Para tanto, a sua formatação leva em conta, sempre que possível e aplicável, de maneira relativamente homogênea, a seguinte estrutura:

- conceitos necessários para atender o tema;
- sempre que aplicável, tópicos destinados a exemplificar a aplicabilidade do conceito e utilidade da aplicação e/ou interação com outros conceitos/ferramentas;

- perguntas/exercícios: destinados a despertar o interesse e/ou confirmar entendimento dos conceitos aplicados, podem ser questões dissertativas e de múltipla escolha;
- bibliografia: destinada a complementar os tópicos de acordo com o interesse de profundidade do docente.

Agradecimentos

Um livro demanda esforço de várias maneiras: muita pesquisa, discussões infindáveis, correções de trabalhos e muitos ajustes. Fazer um livro é um sonho que pode se tornar um pesadelo se não tiver algum tipo de amparo e compensação emocional, que nós autores tivemos.

De alguma forma – na verdade, de várias formas –, Deus nos abençoou proporcionando energia e motivação para que fizéssemos nosso trabalho, os nossos alunos, que sempre nos proporcionam uma paixão renovada para continuarmos na trilha do aprendizado e as nossas famílias, que foram referências importantes para que pudéssemos perseguir a meta de terminar este livro. Como gratidão, estamos registrando seus nomes:

Célia, Eliete, Bianca, Daniel, Arlindo, Zélia, Avani e José Bernardo

Muito obrigado!

Os Autores

1 O controle gerencial nas organizações

Objetivos de aprendizagem

1. Conceituar sustentabilidade, controle gerencial, controladoria, contabilidade gerencial, artefato.
2. Apresentar a integração entre contabilidade gerencial, controladoria, controle gerencial.
3. Indicar as principais diferenças entre a contabilidade financeira e a gerencial.
4. Inserir o controle gerencial no ambiente empresarial.
5. Especificar os estágios de desenvolvimento da contabilidade gerencial.

Tópicos tratados

1.1 Ambiente de negócios e a sustentabilidade
1.2 Contabilidades: financeira e gerencial
1.3 Contabilidade gerencial, controladoria e controle gerencial
1.4 Artefatos da contabilidade no controle gerencial
1.5 Estágios da contabilidade gerencial
1.6 Verificação da aprendizagem

Questões provocativas

1. O que a contabilidade tem a ver com o controle gerencial?
2. Como deveria ser estruturado o controle gerencial?
3. Qual a relevância de entender as diferenças entre contabilidade financeira e gerencial?

1.1 Ambiente de negócios e a sustentabilidade

Ter uma organização perene, que seja vencedora durante gerações, é uma ambição que pode ser percebida pela maioria das instituições e grupos de pessoas. A longevidade de uma organização impacta diretamente o mercado, os clientes, os colaboradores, e não são muitas as organizações que conseguem se manter durante longos períodos de existência. Afinal, criar uma organização exige recursos, energia e muito senso de oportunidade. Além disso, **manter viva e competitiva uma organização** é algo que, na maior parte das vezes, não se mostra simples. Na verdade, com o passar do tempo as alterações das necessidades do ambiente, da tecnologia, das pessoas e, em alguns casos, a morte das organizações acaba ocorrendo como consequência da sua limitação em termos de adaptação. Os agentes, cada vez mais, além de se preocuparem com a **extensão da vida das organizações**, se preocupam com mudanças que alteram as características das mesmas, o que ocorre com as fusões, vendas e mesmo fechamento de partes dos negócios. A perenidade não é algo simples a ser tratado, mas deve ser perseguida.

Durante muito tempo a gestão financeira das empresas se preocupou basicamente em atender as necessidades do principal agente do mundo capitalista, ou seja, o dono, o sócio, o cotista, ou o controlador da organização. Contudo, quanto mais **a visão de longo prazo** permeia e passa a realmente fazer parte da visão da entidade, mais clara a necessidade de incorporar interesses de outros *stakeholders*, tais como o cliente, o fornecedor, o concorrente e a própria sociedade. Isso é relevante para que exista balanceamento e equilíbrio entre interesses e se reduza o risco do desaparecimento da organização por incapacidade de lidar com os conflitos intrínsecos ao ambiente de atuação. Nesse sentido, a visão da sustentabilidade é fundamental para o direcionamento das organizações, proporcionando condições de identificar agentes, decidir direcionamento de ações e medir suas consequências.

O termo *sustentabilidade* tem sido apresentado dentro da vida das organizações desde algum tempo; entretanto, mais recentemente, tomou uma forma mais ampla, em que a palavra é entendida não apenas como sendo uma responsabilidade macro, das autoridades, dos países, mas como uma visão de gerenciamento dos vários agentes do ambiente de negócios, incluindo a visão de cidadania individual e grupal. Muito do estímulo da sua utilização decorre da Resolução 21 da ONU, na década de 90, e tem sido motivo de debates nos fóruns mundiais e também no âmbito das empresas. De forma pragmática pode significar a longevidade, crescimento orgânico e estruturado, por longos anos.

A sustentabilidade é tratada por várias abordagens de forma sistêmica, tais como a social, econômica, cultural e ecológica, e se propõe a ser um meio de configurar a civilização e atividade humanas de tal forma que a sociedade, seus membros e suas economias possam preencher suas necessidades e expressar seu maior potencial no presente e, ao mesmo tempo, preservar a biodiversidade e ecossistemas naturais, planejando e agindo de forma a ter sucesso na manutenção dos recursos e entidades.

A sua aplicabilidade leva em conta que as **ações para a sustentabilidade**, no nível do país, da região e da organização, afetam quatro diferentes dimensões e significa que devam ser **ecologicamente corretas, socialmente justas, culturalmente aceitas** e **economicamente viáveis.** Como se percebe, as dimensões apresentadas são potencialmente conflitantes tanto no que se refere ao relacionamento entre si como na visão de longo e curto prazos e ambiente interno e externo. Na gestão das organizações a contabilidade não deve tratar a sustentabilidade apenas do ponto de vista da viabilidade econômica mas, também, das demais dimensões, inclusive, captando os impactos de indicadores (métricas) referentes às questões ecológica e social.

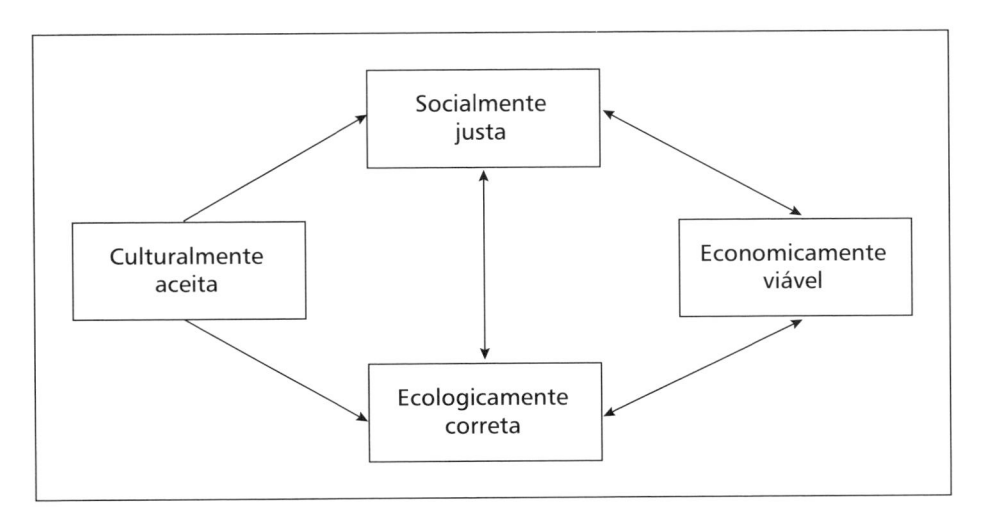

Figura 1.1   *Relacionamento entre as dimensões da sustentabilidade.*

Alguns exemplos podem ser oferecidos:

- Quando uma entidade não se propõe a gastar recursos em benefício do meio ambiente, estará pendendo para o resultado financeiro de curto prazo, mas alguém no futuro estará pagando a conta e cada vez mais a sociedade percebe e cobra as empresas. Por outro lado, isso se torna socialmente injusto, pois aquele que se beneficia não é o mesmo que paga pelos benefícios. O que pode tornar premente a reflexão é a visão do que deve ou não ser culturalmente aceito, trazendo sensibilidade às organizações.

- Atividades que, de alguma forma, tenham impacto social são esperadas pela comunidade e geram impactos favoráveis na imagem das entidades. Os resultados de desembolsos para programas que afetam a saúde e educação, por exemplo, não podem ser analisados do ponto de vista puramente econômico e, para terem aderência à visão estratégica da entidade e não apenas se tornarem um gesto momentâneo de caridade, racional consistente com a cultura da organização.

- Ações culturalmente aceitas em termos éticos podem pressionar a entidade, refletindo nos seus gastos e impactando a curto prazo nos seus resultados, o que afeta a dimensão da viabilidade econômica. Contudo, no longo prazo, a coerência dessas ações pode trazer impactos comerciais na imagem da entidade e aumento do volume dos seus negócios.

A sustentabilidade das organizações pode ser alcançada através da gestão de suas atividades e as entidades devem decidir como desejam desenvolver essa gestão, tanto no horizonte temporal (curto, médio e longo prazos) como nos ambientes interno e externo. A sustentabilidade pode ser demonstrada contabilmente através do *triple bottom line,* que compreende o *disclosure* dos resultados empresariais sob o ponto de vista econômico, social e ambiental, conceito criado por Elkington (1997).

Uma questão fundamental, que deve ser colocada como premissa para a compreensão da contabilidade, é a consideração do contexto em que ela e seus artefatos operam. Elementos de natureza humana, questões políticas, de poder e social exercem fortes influências sobre a concepção e o uso dos artefatos da contabilidade gerencial: artefatos que foram bem-sucedidos em uma organização podem não o ser em outras. Isso não ocorre, necessariamente, apenas por questões de natureza técnica. Muitas vezes, o insucesso da contabilidade em ser útil para a melhoria do desempenho das instituições e da sociedade decorre da desconsideração daqueles elementos.

Além disso, a contabilidade reflete a realidade das organizações, mas também pode, através de seus artefatos, criar novas realidades, pois a forma de conceber e operar seus instrumentos pode afetar questões da vida real dos indivíduos e dos grupos, tais como o estabelecimento de salários, a avaliação de desempenho, a formação de discursos organizacionais, dentre outros.

Essas considerações demonstram o forte caráter multidisciplinar da Contabilidade. Além da consideração das tradicionais fronteiras entre contabilidade com economia, métodos quantitativos, operações e gestão, essa premissa leva-nos a considerar outras disciplinas para tentar compreender cada vez mais o objeto contábil. Essas áreas compreendem a teoria organizacional, a sociologia, a psicologia, a antropologia, a ciência política, dentre outros.

Assim, toda a linha da discussão em contabilidade gerencial vai nessa direção, concepção propugnada de forma pioneira por Hopwood (1983).

1.2 Contabilidades: financeira e gerencial

A gestão de uma organização exige **informações relevantes para o processo decisório**, conforme Anthony e Govindarajan (2008). Dentro de uma linguagem mais pragmática oferecida por alguém em sala de aula, separam-se as contabilidades por interesses como se se pudesse segregar os usuários que estão "dentro" da entidade e os que estão "fora", ou aqueles que estão da "porta para dentro e da porta para fora" da entidade. Essa metáfora, embora extremamente simplificadora da realidade, contribui para uma primeira separação com o objetivo de caracterizar os diferentes públicos e diferentes necessidades.

A "porta para dentro" implica em abranger os usuários internos que necessitam e têm acesso a informações com maiores detalhes e peculiaridades. São os gestores, profissionais que atuam na entidade, nas suas várias posições hierárquicas e áreas funcionais, que necessitam de informações para desempenharem seus papéis. A lógica de disponibilização de informações é flexível, pois decorre da necessidade das mesmas e de o sistema de informações atendê-las no conteúdo, detalhe, frequência e rapidez.

Por sua vez, os usuários da "porta para fora", os credores, os investidores, os fornecedores, os concorrentes, a comunidade, dispõem de leis, regras, regulamentos que regem as questões referentes à disponibilidade de informações, periodicidade etc.

Dessa maneira, a contabilidade "da porta para dentro da organização" é denominada contabilidade gerencial e a contabilidade "da porta para fora da entidade" é denominada de contabilidade financeira. Dependendo da forma como a empresa entenda essas demandas, elas podem ser atendidas por meio dos mesmos números, mesma base de dados, ou seja, ao se falar da contabilidade gerencial ela seria a contabilidade financeira da empresa, com detalhes. Contudo, podem também constituírem informações distintas, feitas a partir de parâmetros distintos. O custo-benefício, não apenas econômico dessa unicidade ou dualidade, deve ser avaliado pelos gestores. Quando se especificam os objetivos de cada uma delas, pode-se indicar:

- Contabilidade financeira (IASB): *o objetivo das demonstrações contábeis é dar informações sobre a posição financeira, os resultados e as mudanças na posição financeira de uma empresa que sejam úteis a um grande número de usuários em suas tomadas de decisão.*

- Contabilidade gerencial (HORNGREN; FOSTER; DATAR, 2000): *medir e reportar as informações financeiras e não financeiras que ajudam os gestores a tomar decisões, para atingir os objetivos da organização.*

As diferenças mais evidentes estão relacionadas à necessidade de maior especificidade da contabilidade gerencial no atendimento dos problemas dos seus usuários. As principais diferenças entre as duas contabilidades são mencionadas por vários autores e podem ser percebidas no Quadro 1 (FREZATTI; AGUIAR; GUERREIRO, 2007).

Quadro 1.1 *Principais diferenças entre a contabilidade financeira e a contabilidade gerencial.*

Fontes	Elementos de diferenciação com a contabilidade financeira
ANDERSON; NEEDLES; CADWELL (1989)	1. Usuários primários da informação 2. Tipos de sistemas contábeis 3. Restrições de definições 4. Unidades de mensuração 5. Foco da análise 6. Frequência de relatórios 7. Grau de confiabilidade da informação gerada
LOURDEBACK et al.(2000)	1. Diferentes audiências (interna e externa à empresa) 2. Foco de classificação (controlabilidade, comportamento e responsabilidade no caso da contabilidade gerencial) 3. Fontes das informações (no caso da gerencial, não apenas financeiras) 4. Usuário específico *versus* usuário generalizado 5. Foco nas informações passadas e foco nas informações que permitam entender, planejar, prever o futuro
ANTHONY; WELSCH (1981)	1. Estrutura: a contabilidade financeira 2. Princípios: GAAP *versus* os três princípios 3. Inclui informações não monetárias 4. Diferentes enfoques temporais: passado e futuro 5. Frequência de relatórios 6. Diferentes enfoques na precisão 7. Fim em si mesmo ou não
HANSEN; MOWSEN (2001)	1. Regras específicas *versus* gerais
HORNGREN; FOSTER; DATAR (2000)	1. Princípios norteadores 2. Diferentes ênfases no futuro e no passado 3. Diferentes interesses sobre o comportamento
HORNGREN; SUNDEM; STRATTON (2004)	1. Usuários primários 2. Liberdade de escolha 3. Implicações comportamentais 4. Enfoque de tempo 5. Horizonte de tempo 6. Relatórios 7. Delineamento de atividades

As diferenças apresentadas podem ser comentadas:

- **Usuários primários da informação**

No caso da contabilidade financeira, trata-se das pessoas e entidades **externas** à entidade, tais como os credores, investidores correntes e potenciais, governo e a própria sociedade, enquanto que, na contabilidade gerencial, são os gestores, nos vários níveis hierárquicos e mesmo áreas funcionais **internas**, que se constituem nos usuários. Dependendo do porte e complexidade da organização em termos de negócios, e mesmo dispersão global, o conceito de usuário interno pode ter conotações bem diferenciadas, incluindo, por exemplo, o conselho de administração, supervisores, governo (no caso de estatais) e analistas. Adicionalmente, uma característica encontrada no mercado brasileiro, e também em outros países, é a concentração do poder acionário em pessoas e instituições que participam da gestão do negócio. Tais acionistas se comportam de maneira distinta daqueles que estão completamente fora da entidade.

Finalmente, aos acionistas e credores da empresa deve ser adicionado um usuário externo não desejado pelos agentes internos, o concorrente, que se utiliza das informações em seu próprio benefício e para quem a empresa não deseja fornecer informações relevantes.

- **Tipos de sistemas contábeis**

No caso da contabilidade financeira, a abordagem das partidas dobradas é compulsória, enquanto que, na contabilidade gerencial, podem existir relatórios com ajustes mesmo sem contrapartida. Nesta última, podem ser utilizados sistemas de informações distintos daquele usado na contabilidade financeira e mesmo informações não monetárias diferentes daquelas encontradas na contabilidade financeira.

- **Liberdade de escolha**

A contabilidade financeira tem como característica a aderência compulsória a princípios contábeis do país em que atue. Por sua vez, na contabilidade gerencial, pode até não haver critérios formalizados e/ou podem não ser coincidentes com aqueles utilizados na contabilidade financeira, embora seja fundamental que sejam definidos para a entidade.

- **Unidades de mensuração**

Em termos de unidade de mensuração, a moeda utilizada na contabilidade financeira é a moeda local, do país em que as informações devam ser divulgadas. Por sua vez, nas empresas globalizadas, a moeda da matriz é a moeda de decisão que vale na avaliação de desempenho. Dessa maneira, é possível encontrar, por exemplo, uma entidade com resultado local positivo, enquanto, na matriz, seu resultado possa ser negativo.

- **Foco da análise**

Esse quesito pode ser entendido de várias maneiras. Pode levar em conta a perspectiva de detalhamento que os relatórios exijam ou mesmo a dimensão passada ou futura que se pretenda. Pode ter uma perspectiva comportamental distinta em relação a uma dada área ou grupo de gestores. A contabilidade gerencial pode se interessar em dispor de análises por unidades de negócio, por centros de custos, por exemplo, enquanto que a contabilidade financeira mais raramente vai adotar esse nível de detalhe. A contabilidade gerencial pode dispor de informações por projetos e por clientes que, embora disponíveis, não são tornados públicos, pela contabilidade financeira, para evitar uma vantagem competitiva para a concorrência, por exemplo. Mais recentemente, em decorrência da convergência de normas internacionais, as entidades devem publicar informações por segmentos de negócios, a partir da sua definição no gerenciamento de margens.

- **Horizonte temporal e frequência da emissão dos demonstrativos para os usuários**

A questão temporal pode se diferenciar tanto pelo período de cobertura de relatórios como pela frequência de emissão dos mesmos. Os relatórios da contabilidade gerencial, além de mais detalhados, demandam maior frequência de emissão, devendo ser costumizados em decorrência das necessidades e prioridades dos gestores.

- **Grau de confiabilidade da informação gerada**

A confiabilidade está ligada à objetividade e verificabilidade, materializando-se por algum tipo de auditoria interna e externa na contabilidade financeira. Na contabilidade gerencial, em condições normais, dada a subjetividade de alguns números e o acesso que os gestores têm, tornam a necessidade de auditoria menor ou muito diferenciada da contabilidade financeira.

- **Existência de órgãos reguladores ou definidores de regras**

Dada a sua demanda normativa, na contabilidade financeira, podem ser encontrados órgãos, ligados ou não às autoridades governamentais, que definam ou recomendem regras e princípios para a elaboração dos demonstrativos. Em outros casos, essas mesmas normas são usadas pela contabilidade gerencial, não por imposição, mas sim por conveniência. Neste último exemplo, a contabilidade deveria refletir a substância econômica, o que também deveria ocorrer na contabilidade financeira, a partir da convergência de normas.

- **Exigência legal de profissional especializado**

Em muitos países, a responsabilidade e a autoridade para elaborar as demonstrações da contabilidade financeira estão limitadas a profissionais graduados em contabilidade e registrados em seus órgãos de fiscalização profissional ou, ainda que não graduados, submetidos a exame de certificação. Já na contabilidade gerencial, normalmente não é esse o padrão.

Independentemente das diferenças apresentadas, a entidade deve decidir se deseja ou não ter números distintos para os diferentes públicos, dada alguma relação de custo-benefício. Os esforços dos IFRS, International Financial Report Standards, no intuito de harmonizar e aperfeiçoar os padrões de contabilidade no mundo, devem trazer impactos sobre a maneira de atender à diferenciação de necessidades. A relevante mudança preconizada pelos IFRS na adoção de um maior espaço para julgamento na aplicação dos princípios contábeis (*rules-based* × *principles-based*), levando em consideração a essência econômica das transações ao invés de mera aplicação de regras, apresenta impactos no perfil dos trabalhos do órgão administrativo controladoria e na concepção dos artefatos de controle gerencial. Assim, o Brasil passa a adotar o critério do Common Law (leis baseadas em grandes conceitos, de natureza interpretativa) ao invés do Code Law (regras, como "camisa de força"). Isso abre espaço para que as demonstrações contábeis destinadas a usuários externos possam contemplar conceitos de mensuração econômica até então privativos da Contabilidade Gerencial; em outras palavras, isso significa uma aproximação entre as duas contabilidades.

A contabilidade gerencial pode contribuir substancialmente para a qualidade dos procedimentos contábeis exigidos pelos IFRSs e também pode melhorar a sua eficiência e relevância. Algumas dessas questões são relacionadas a seguir:

- Elaboração e fornecimento de subsídios para o Relatório da Administração (*Management Commentary*). Isso pode ser operacionalizado de algumas formas, tais como o fornecimento de informações relacionadas à estratégia e à avaliação de desempenho gerencial, análise profunda das demonstrações contábeis e sua relação com o modelo de negócios (compreendendo aspectos financeiros, estratégicos, ambientais, contextuais, do setor, dentre outros).

- Na incorporação dos critérios utilizados internamente pelos executivos da firma na avaliação de desempenho das divisões (por área geográfica, por linha de produtos etc.), no *disclosure* das informações por segmento de negócio. Isso compreende, por exemplo, a utilização dos mesmos procedimentos de rateio de custos, dentre outros.

- Melhoria da confiabilidade das mensurações do valor justo (*fair value*) através do estabelecimento de critérios formalmente utilizados pela contabilidade gerencial para esse fim, contribuindo para reduzir o maior problema na aplicação desse conceito pelos IFRS, que é a questão do *trade-off* entre a relevância e a confiabilidade das informações contábeis.

- A adoção de conceitos baseados na essência econômica da operação, tais como "lucro abrangente" (*compreensive income*), pode contribuir para maior aproximação entre conceitos de contabilidade gerencial e os de contabilidade financeira. Essa integração pode permitir uma redução de custos administrativos e de retrabalho, na medida em que o aumento da relevância da contabilidade financeira contribuirá para o seu aumento de utilização pelos gestores.

- A contabilidade gerencial pode contribuir para o estabelecimento de critérios relevantes para cálculo de custos de produção e sua utilização na valoração de estoques.

- Impacto na remuneração variável para empresas que adotam esse critério para compensação de executivos e participação nos lucros para os funcionários, pois os critérios de mensuração do resultado serão impactados pelos princípios propugnados pelo IFRS.

As questões apresentadas representam um fascinante desafio para o trabalho dos profissionais de controladoria. Aspectos regulatórios complexos ainda não plenamente resolvidos pelos órgãos internacionais de contabilidade podem se beneficiar dos fundamentos da contabilidade gerencial para a sua evolução.

Isso pode permitir uma grande valorização da contabilidade gerencial e da profissão contábil no Brasil.

1.3 Contabilidade gerencial, controladoria e controle gerencial

Se as informações são necessárias ao processo decisório, dependendo do tipo de agente, elas podem ter características distintas e específicas.

Em algumas situações, mesmo em trabalhos desenvolvidos por pesquisadores da área, termos como **contabilidade gerencial, controladoria, sistema de informações gerenciais e controle gerencial** podem parecer sinônimos, mas eles realmente não o são. A Figura 1.2 tem por objetivo apresentar o relacionamento entre os vários conceitos:

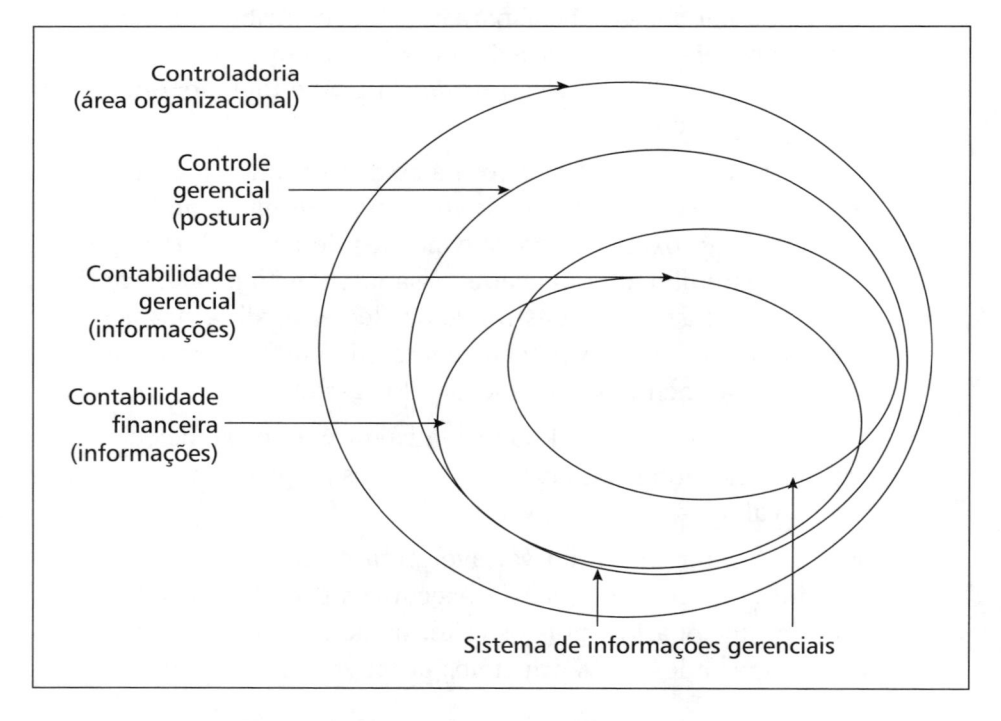

Figura 1.2 *Relacionamento entre controladoria, controle gerencial, contabilidade gerencial, contabilidade financeira e sistema de informações gerenciais.*

Para tratar os vários termos, os conceitos devem ser apresentados:

- A **controladoria** é o órgão da empresa cuja missão consiste em zelar pela eficácia do seu processo de gestão, tanto para finalidades internas como externas, isto é, cuidar para que os usuários disponham de todas as informações necessárias para que possam atingir plenamente os seus objetivos. Independentemente da denominação da área organizacional, as funções de Controladoria deveriam ser executadas. Compreende a disseminação de conhecimento, modelagem e implantação de sistemas de informações, por meio das contabilidade gerencial e contabilidade financeira. Esse tema será aprofundado no Capítulo 2.

- O **controle gerencial** (ANTHONY; GOVINDARAJAN, 2008) é o conjunto de atividades desenvolvidas para assegurar que os planos gerenciais sejam atingidos. Esse conjunto de atividades demanda recursos e estrutura para que as atividades sejam desenvolvidas. A contabilidade gerencial, a partir de um sistema de informações gerenciais, proporciona tais recursos e a controladoria se constitui na estrutura que, geralmente, cuida tanto da contabilidade gerencial como da financeira.

- A **contabilidade gerencial** é (HORNGREN; SUNDEM; STRATTON, 2004) "o processo de identificar, mensurar, acumular, analisar, preparar, interpretar e comunicar informações que auxiliem os gestores a atingir objetivos organizacionais".

- A **contabilidade financeira** (IASB) tem por objetivo dar infomações sobre a posição financeira, os resultados e as mudanças na posição financeira de uma empresa que sejam úteis a um grande número de usuários em suas tomadas de decisão.

- O **sistema de informações gerenciais**. É um conjunto de recursos e procedimentos interdependentes que interagem para produzir e comunicar informações para gestão. É responsável pela coleta de dados nas partes componentes de um sistema maior, do qual também é componente, processa esses dados e transmite as informações geradas para outro componente do sistema maior.

O sistema de informações gerenciais perpassa toda a estrutura organizacional e fornece insumos para decisões de natureza estratégica, tática e operacional. Ele tem a função de conectar pessoas com suas respectivas atividades organizacionais (DECHOW; GRANLUND; MOURITSEN, 2007).

Sob o ponto de vista pragmático, os sistemas de informação são operacionalizados através de aparatos tecnológicos. Essa dimensão tecnológica media a relação entre a contabilidade e os sistemas de informação (DECHOW; GRANLUND; MOURITSEN, 2007). Alguns exemplos desses instrumentos compreendem o Enterprise Resource Planing (ERP), Data Warehousing (DW), Business Inteligence (BI), Customer Relation Management (CRM) etc.

Como se percebe, a contabilidade gerencial é parte relevante dos recursos necessários na disponibilização de informações para que o controle gerencial seja desenvolvido na organização. Na verdade, mais do que isso, Otley (1994, p. 294), citando Anthony, considera que a contabilidade gerencial é a principal ferramenta do controle gerencial.

Dessa maneira, quando se fala da controladoria, como órgão da empresa, deveria ser responsável tanto pela contabilidade gerencial quanto pela contabilidade financeira, operacionalizando a entrega dos produtos tanto para o público interno como o externo à organização. É a controladoria que atende as demandas tanto "da porta para dentro" como "da porta para fora" da organização.

1.4 Artefatos da contabilidade no controle gerencial

A palavra *artefato* foi adotada por um motivo racional, com o objetivo de trazer uma certa organização aos elementos do controle gerencial. O termo foi criado na sociologia e, em respeito às teorias aqui consideradas, nas quais esse termo é usado, foi incorporado ao texto. O ambiente de trabalho do controle gerencial inclui uma série de elementos de diferentes naturezas que precisam ser tratados, incluindo o que se chama de conceitos, ferramentas, modelos, sistemas etc. Artefatos são criações humanas para ajudar no desempenho de várias tarefas. Posteriormente, os artefatos passaram a ser entendidos como socialmente construídos, sendo afetados por fatores situacionais e processos interpretativos. São os transmissores de valores institucionais, produtos de ações humanas, e podem ser exemplificados por **hardwares**, **softwares**, **tecnologias ou ideias** (SCOTT, 2001, p. 81). Podemos encontrar os seguintes estágios dos artefatos:

- **Conceitos** são representações mentais de um objeto abstrato ou concreto, que se mostram como um instrumento fundamental do pensamento em sua tarefa de identificar, descrever e classificar os diferentes elementos e aspectos da realidade.

- Já um **modelo** é qualquer representação simplificada de objetos, sistemas, processos ou eventos reais, criada com a finalidade de facilitar a compreensão, representando graficamente, facilitando a visualização ou servindo como base das regras de referência das relações que ocorrem entre os elementos de um sistema, processo ou evento, do mundo real.

- Por sua vez, **ferramenta** é qualquer instrumento necessário à prática profissional.

- Finalmente, **sistema** "é um conjunto de partes interagentes e interdependentes que, conjuntamente, formam um todo unitário com determinado objetivo e efetuam determinada função" (BERTALANFFY, 1977).

No que se refere ao âmbito do controle gerencial, podem ser encontrados: como um conceito (ciclo de vida, por exemplo), um sistema (de informações gerenciais produzindo relatórios), um método (de custeio, por exemplo), um modelo (BSC, por exemplo) ou uma ferramenta (orçamento anual, por exemplo). A evolução de um estágio ocorre. Por exemplo, um conceito (EVA) pode se transformar num modelo que, uma vez tratado no sistema de informações, chega aos usuários por meio de relatórios. Por sua vez, um artefato não necessariamente percorre todos os estágios (Figura 1.3).

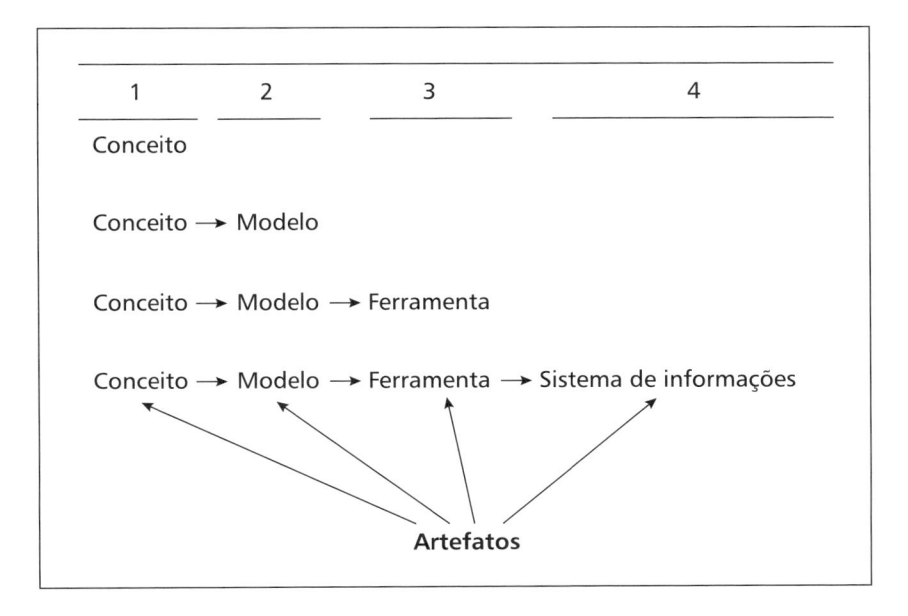

Figura 1.3   *Estágios dos artefatos.*

O Quadro 1.2 apresenta alguns dos artefatos aceitos pela comunidade e inspirados em trabalhos de Chenhall e Langfield-Smith (1998).

Quadro 1.2 *Relação de artefatos.*

Descrição
Planejamento estratégico formalizado
Balanced scorecard
Orçamento anual tradicional
Beyond budgeting
Rolling forecast
Orçamento de capital
ABM – Activity based management
Análise de ciclo de vida
Análise de lucratividade de produtos, clientes e mercados
Análise da cadeia de valor
Programas de melhoria da qualidade
Opções reais na análise de projetos e investimentos
Técnicas de pesquisa operacional
Custeio variável
Custeio direto
Custeio por absorção
Custo-alvo (*targeting*)
Benchmarking interno e externo
EVA – economic value added

1.5 Estágios da contabilidade gerencial

Em 1998, a International Federation of Accountants, IFA, emitiu o pronunciamento denominado *International Management Accounting Practice 1* (IMAP 1), no qual os possíveis estágios de evolução da Contabilidade Gerencial das organizações levam em conta a presença de alguns artefatos. Os estágios identificados são:

- **Estágio 1.** Antes de 1950, o foco principal era a apuração dos custos e controle financeiro por meio do orçamento. Nesse estágio, o orçamento, previsões e controle de processos eram as atividades evidenciadas.

  Não significa dizer que a contabilidade gerencial não existia antes disso. Pelo contrário, existem evidências da existência de artefatos séculos atrás (RICARDINO, 2005) voltados ao gerenciamento das atividades. A relevância da linha do tempo está ligada à ênfase de dado período. Como limitação da mesma, podem-se mencionar as diferenças culturais e de desenvolvimento apresentadas pelos países, tornando a comparação mais restrita.

- **Estágio 2.** Observa-se um destaque significativo no suprimento de informações através de tecnologias, ênfase na análise do processo decisório e contabilidade por responsabilidade.

  A verdadeira revolução que a TI (tecnologia de informação) provocou nas empresas viabilizando a geração de informações no conteúdo, formato e *timing* mais customizados às necessidades dos usuários é digna de nota. Por sua vez, a evolução de TI continua sendo uma variável relevante para a gestão das empresas. O aparecimento dos ERPs (Enterprise Resource Planing), por exemplo, trouxe um grande diferencial competitivo para as empresas, o que, com o passar do tempo, foi sendo absorvido pelas entidades, e novos diferenciais tecnológicos foram surgindo.

- **Estágio 3.** Atenção dada aos projetos de redução de desperdício e gestão de custos. A etapa de estruturação dos projetos de qualidade, de normatização, foi uma etapa relevante percorrida numa época em que o crescimento dos negócios globalizados demandava redução de custos.

- **Estágio 4.** A criação de valor tornou-se atração principal nesse estágio, enquanto utilizando *drivers* que relacionam clientes, acionistas e inovação organizacional. O foco na criação de valor é um estágio que proporciona alternativa direcionada para o resultado de longo prazo, já que valor é uma dimensão com pretensão futura. Também traz como consequência a demanda por artefatos que permitam esse monitoramento, tais como indicadores (métricas) de desempenho múltiplo e outros instrumentos.

Esses estágios são aproximações no sentido de que foram definidos normativamente a partir de artefatos considerados relevantes para os pesquisadores. Não indicam que a sequência seja rigorosamente seguida nem apresentam relacionamento determinístico em termos do *duration*.

1.6 Verificação da aprendizagem

1. Quando se estuda a contabilidade, do ponto de vista dos seus usuários, ela pode ser dividida em Contabilidades:

   a. financeira e legal;

   b. gerencial e pública;

   c. financeira e gerencial;

   d. gerencial e proprietária.

2. Os usuários da Contabilidade Gerencial apresentam várias características, exceto:

   a. uniformidade de interesses;

   b. acesso a informações mais detalhadas do que as da Contabilidade Financeira;

   c. dispor de informações desenhadas especificamente para eles;

   d. todas as anteriores.

3. Dentre as principais diferenças entre as duas Contabilidades, podem ser mencionadas:

   a. os usuários apresentam características diferentes;

   b. tipos de sistemas contábeis;

   c. liberdade de escolha no tratamento;

   d. todas as anteriores.

4. Quando se trata a sustentabilidade de uma organização levamos em conta que as suas ações sejam:

   a. culturalmente aceitas, socialmente justas, economicamente viáveis e ecologicamente corretas;

   b. legalmente definidas, socialmente justas, ecologicamente corretas e financeiramente defensáveis;

   c. socialmente justas, economicamente rentáveis, ecologicamente corretas, culturalmente tolerantes;

   d. economicamente rentáveis, socialmente justas, legalmente definidas e culturalmente aceitas.

5. A importância de uma abordagem de sustentabilidade no gerenciamento das empresas está ligada a:

   a. atendimento de interesses múltiplos;

   b. perspectiva de proporcionar uma visão de longo prazo em várias dimensões;

   c. equilibrar, balancear conflitos relevantes dentro do processo decisório da entidade;

   d. todas as anteriores.

6. Quais são os estágios em que os artefatos podem ser encontrados?

   a. modelo, conceito, relatório e instrumento;

   b. conceito, modelo, ferramenta e sistema;

   c. instrumento, conceito, modelo e informação;

   d. todas as anteriores.

7. A controladoria é:

   a. um órgão da empresa que zela pela eficácia do processo de gestão;

   b. uma maneira de controlar as atividades;

   c. um cargo de qualquer instituição pública;

   d. uma ação relacionada a não deixar que alguém na empresa gaste sem aprovação prévia.

8. O controle gerencial necessita da contabilidade gerencial para desenvolver suas atividades. A sentença é:

   a. falsa, pois o controle não requer informações;

b. verdadeira, pois a partir do controle informações são geradas;

c. falsa, pois as informações só surgem depois do controle;

d. verdadeira, pois ela gera as informações para o processo de análise e decisão.

9. O principal papel da Controladoria, enquanto órgão da entidade é:

a. executar exclusivamente o controle gerencial da entidade;

b. coordenar o controle gerencial da empresa;

c. definir algumas regras para a construção do modelo de controle gerencial;

d. colaborar para que a empresa entenda o que ocorre no controle gerencial.

10. Estágios da contabilidade gerencial representam:

a. marcos fundamentais rígidos em termos de desenvolvimento dos artefatos;

b. uma forma de entender o que antecedeu a implementação dos artefatos;

c. diferentes períodos na evolução da utilização de artefatos;

d. um reconhecimento histórico da atividade econômica das entidades.

Bibliografia recomendada para aprofundamento do tema

ABERNETHY, Margaret A.; BROWNELL, Peter. *Management control systems in research and development organizations: the role of accounting, behavior and personnel controls.* **Accounting, Organizations and Society**, v. 22, nº 3/4, p. 233-248, 1997.

_____; HORNE, Malcolm; LILLIS, Anne M.; MALINA, Mary A.; SELTO, Frank H. *A multi-method approach to building causal performance maps from expert knowledge.* **Management Accounting Research**, 16, p. 135-155, 2005.

AHRENS, Thomas; MOLLONA, Massimiliano. *Organisational control as cultural practice-a shop flooor ethnography of a Sheffield steel mill.* **Accounting Organizations and Society**, v. 32, 2007.

ANTHONY, Robert N.; GOVINDARAJAN, Vijay. **Sistemas de controle gerencial**. 12. ed. São Paulo: McGraw-Hill, 2008.

AUZAIR, Sofiah Md.; LANGFIELD-SMITH, Kim. *The effect of service process type, business strategy and life cycle stage on bureaucratic MCS in service organizations.* **Management Accounting Research**, 16, p. 399-421, 2005.

BAXTER, J.; CHUA, W. F. *A management accountant from "down-under": the research of Professor Bill Birkett* (1940-2004). **Management Accounting Research**, 17, p. 1-10, 2006.

————; MC NAMARA, Christopher. *Making and managing organisational knowledge(s).* **Management Accounting Research**, 15, p. 53-76, 2004.

BERRY, A. J.; CAPPS, T.; COOPER, David J.; FERGUSON, P.; HOPPER, Trevor M; LOVE, E. A. *Management control in an area of the ncb: rationales of accounting practices in a public enterprise.* **Accounting, Organizations and Society**, v. 10, nº 1, p. 3-28, 1985.

BERRY, Anthony; LOUGHTON, Eric; OTLEY, David. *Control in a financial services company (RIF): a case study.* **Management Accounting Research**, 2, p. 109-139, 1991.

BERRY, A. J.; OTLEY, D. T. *Control, organisation and accounting.* **Accounting, Organizations and Society**, v. 5, nº 2, p. 231-244, 1980.

BIRNBERG, Jacob G.; TUROPOLEC, Lawrence; YOUNG, S. Mark. *The organizational context of accounting.* **Accounting, Organizations and Society**, v. 8, nº 213, p. 111-129, 1983.

BURCHELL, Stuart; CLUBB, Colin; HOPWOOOD, Anthony; HUGHES, John; NAHAPIET, Janine. *The roles of accounting in organizational and society.* **Accounting, Organizations and Society**, v. 5, nº 1, p. 5-21, 1980.

CHOW, Chee W.; GRAEME, L.; MCKINNON, Jill L.; WU, Anne. *The organizational culture of public accounting firms: evidence from Taiwanese local and US affiliated firms.* **Accounting, Organizations and Society**, 27, p. 347-360, 2002.

————; O'CONNOR, Neale G.; WU, Anne. *The adoption of "Western" management accounting/controls in China's state-owned enterprises during economic transition.* **Accounting, Organizations and Society**, 29, p. 349-375, 2004.

————; SHIELDS, Michael D.; WU, Anne. *The importance of national culture in the design of and preference for management controls for multi-national operations.* **Accounting, Organizations and Society**, 24, p. 441-461, 1999.

CHUA, Wai Fong. *Experts, networks and inscriptions in the fabrication of accounting images: a story of the representation of three public hospitals.* **Accounting, Organizations and Society**, v. 20, nº 213, p. 111-145, 1995.

DAMBRIN, Claure; LAMBERT, Caroline; SPONEM, Samuel. *Control and change – analysing the process of institutionalization.* **Management Accounting Research**, 18, p. 172-208, 2007.

DENG, F. Johnny; KATO, Yutaka; SHIELDS, Michael D. *The design and effects of control systems: tests of direct- and indirect-effects models.* **Accounting Organizations and Society**, 25, p. 185-202, 2000.

FIPECAFI. **Manual de contabilidade:** *aplicável às demais sociedades – suplemento.* São Paulo: Atlas, 2008.

_____. **Manual de contabilidade:** *aplicável às demais sociedades – suplemento.* 7. ed. São Paulo: Atlas, 2007.

_____. **Controladoria:** *uma abordagem da Gestão Econômica GECON. 2.* ed. São Paulo: Atlas, 2001.

FIPECAFI; ERNST & YOUNG. **Manual de Normas Internacionais de Contabilidade:** *IFRS versus normas brasileiras.* São Paulo: Atlas, 2009.

HOPPER, Trevor; HOQUE, Zahirul. *Rationality, accounting and politics: a case study of management control in a Bangladeshi jute mill.* **Management Accounting Research**, 5, p. 5-30, 1994.

_____; KIRKHAM, Linda K.; SCAPENS, Robert W.; TURLEY, Stuart. *Does financial accounting dominate management accounting-a research note.* **Management Accounting Research**, 3, p. 307-311, 1992.

_____; MACINTOSH, Norman. *Management accounting as disciplinary practice: the case of ITT under Harold Geneen.* **Management Accounting Research**, 4, p. 181-216, 1993.

_____; NORTHCOTT, Deryl; SCAPENS, Robert (Org.). **Issues in management accounting**. 3. ed. England: Prentice Hall, 2007.

_____; QUATTRONE, Paolo. *A time-space odyssey: management control systems in two multinational organizations.* **Accounting, Organizations and Society**, 30, p. 735-764, 2005.

_____; UDDIN, Shahzad. *A Bangladesh soap opera: privatisation, accounting, and regimes of control in a less developed country.* **Accounting, Organizations and Society**, 26, p. 643-672, 2001.

JÖNSSON, Lars Christer; JÖNSSON, Berth; SVENSSON, Goran. *The application of social to absenteeism and personnel turnover.* **Accounting, Organizations and Society**, v. 3, nº 314, p. 261-268, 1978.

KURUNMA¨KI, Liisa; MILLER, Peter; O'LEARY, Ted. *Accounting, hybrids and the management of risk.* **Accounting Organizations and Society**, 33, p. 942-967, 2008.

LARSEN, Heine Thorsgaard; MOURITSEN, Jan. *The 2nd wave of knowledge management: the management control of knowledge resources through intellectual capital information.* **Management Accounting Research**, 16, p. 371-394, 2005.

MERCHANT, Kenneth A.; RICCABONIT, Angelo. *Performance-based management incentives at the Fiat Group: a field study.* **Management Accounting Research**, 1, p. 281-303, 1990.

MOURITSEN, Jan. *The flexible firm: strategies for a subcontractor's management control.* **Accounting, Organizations and Society**, 24, p. 31-55, 1999.

_____; BEKKE, Annie. *A space for time: accounting and Time Based Management in a high technology company.* **Management Accounting Research**, 10, p. 159-180, 1999.

_____; LARSEN, H. T. *Intellectual capital and the "capable firm": narrating, visualizing and numbering for managing knowledge.* **Accounting, Organizations and Society**, 26, p. 735-762, 2001.

_____; THRANE, Sof. *Accounting, network complementarities and the development of inter-organizational relations.* **Accounting, Organizations and Society**, 31, p. 241-275, 2006.

OTLEY, David. *Issues in accountability and control: some observations from a study of colliery accountability in the British Coal Corporation.* **Management Accounting Research**, 1, p. 101-123, 1990.

_____. *Management control in contemporary organizations: towards a wider framework.* **Management Accounting Research**, 5, p. 298-299, 1994.

ROBERTS, Hanno. *Making management accounting intelligible.* In: BHIMANI, Alnoor (Org.). **Contemporary issues in management accounting**. New York: Oxford, 2006.

_____. *Knowledge resources and management accounting.* ROBERTS, Hanno. In: HOPPER, Trevor; NORTHCOTT, Deryl; SCAPENS, Robert (Org.). **Issues in management accounting**. 3. ed. England: Prentice Hall, 2007.

ROBERTS, Simons. ***Levers of control:*** *how managers use innovative controls systems to drive strategic renewal.* Boston: HBS Press, 1995.

ROCKNESS, Howard O.; SHIELDS, Michael D. *Organizational control systems in research and development.* **Accounting Organizations and Society**, v. 9, nº 2, p. 165-177, 1984.

SCAPENS, Robert W. *Changing times: management accounting research and practice from a UK perspective.* In: BHIMANI, Alnoor (Org.). **Contemporary issues in management accounting**. New York: Oxford, 2006.

SHANK, John. *Strategic cost management: upsizing, downsizing, and right (?) sizing.* In: BHIMANI, Alnoor (Org.). **Contemporary issues in management accounting**. New York: Oxford, 2006.

SHIELDS, Michael D. *Small CPA firm product differentiation in the small business market.* **Accounting Organizations and Society**, v. 9, nº 1, p. 61-80, 1984.

SOONAWALLA, Kazbi. *Environmental management accounting.* In: BHIMANI, Alnoor (Org.). **Contemporary issues in management accounting**. New York: Oxford, 2006.

VAIVIO, Juhani. Qualitative research on management accounting: achievements and potential. In: HOPPER, Trevor; NORTHCOTT, Deryl; SCAPENS, Robert (Org.). **Issues in management accounting**. 3. ed. England: Prentice Hall, 2007.

VAN DER STEDE, Win A. *Measuring "tight budgetary control"*. **Management Accounting Research**, 12, p. 119-137, 2001.

2 O papel da controladoria nas organizações

QUESTÕES PROVOCATIVAS

1. É preciso ser graduado em Contabilidade para ser *controller*? Por quê?
2. A auditoria contábil interna deve ser uma atribuição da área de Controladoria? Por quê?
3. A Controladoria deve ser um órgão de linha ou de *staff*? Por quê?

2.1 O que é controladoria?

Para que se possa compreender o que é Controladoria, quais são suas principais funções e atribuições etc., deve-se ter em mente o contexto em que a empresa atua. Esse contexto é formado pelo conjunto de *stakeholders* e suas inter-relações com a organização, tal como ilustrado pela Figura 2.1 e pelo Quadro 2.1.

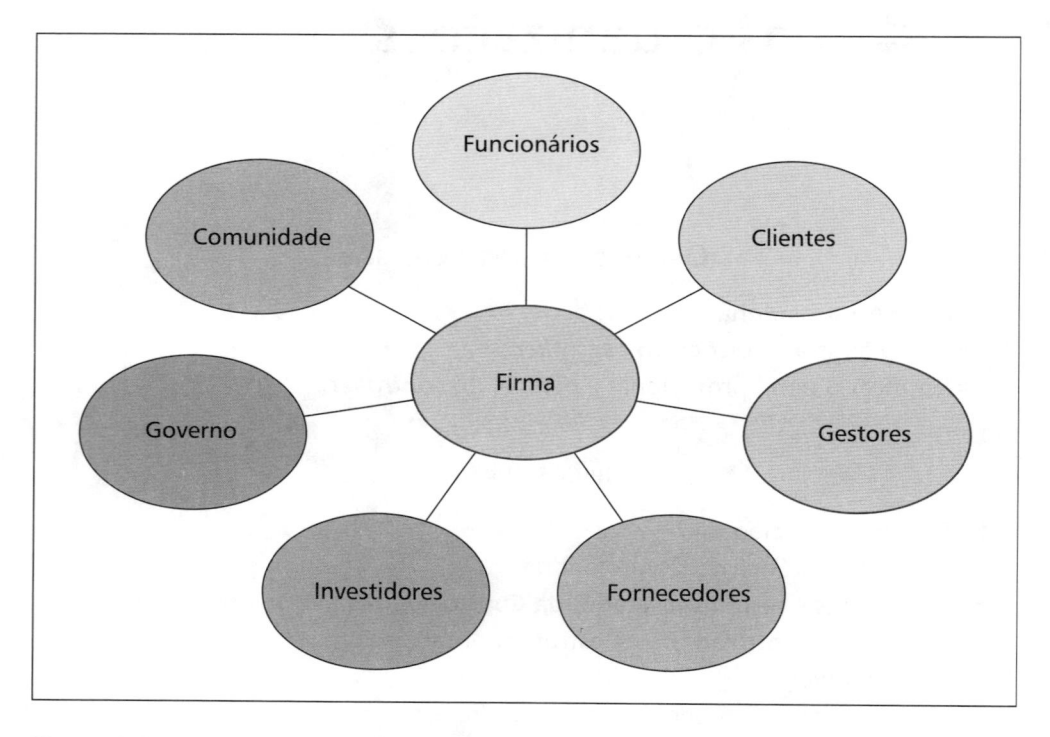

Figura 2.1   *A empresa e seus* stakeholders.

A controladoria é o órgão da empresa cuja missão consiste em zelar pela eficácia do seu processo de gestão, tanto para finalidades internas como externas, isto é, cuidar para que os usuários disponham de todas as informações necessárias para que possam atingir plenamente os seus objetivos. Independentemente da denominação da área organizacional, as funções de Controladoria deveriam ser executadas. Compreende a disseminação de conhecimento, modelagem e implantação de sistemas de informações, por meio das contabilidade gerencial e contabilidade financeira.

Quadro 2.1 *Relações contratuais entre os* stakeholders *e a empresa.*

	Fornecem	Esperam
Investidores	Capital	Retorno econômico adequado
Gestores	Habilidade e competência gerencial	Incentivos sociais e monetários (1)
Governo	Infraestrutura física e intangível	Tributos em níveis legais
Comunidade	Permissão para a empresa operar	Atuação socioambiental responsável
Funcionários	Habilidades e competências profissionais	Incentivos sociais e monetários (1)
Clientes	Fidelidade	Produtos e serviços com padrões de qualidade adequados
Fornecedores	Materiais e serviços com adequado padrão de qualidade	Fidelidade

(1) Remuneração, realização profissional, clima e reconhecimento.

Como componente da estrutura organizacional a Controladoria, definida em termos amplos, é o órgão da empresa cuja missão é zelar pela eficácia do seu processo de gestão e prover informações de natureza econômico-financeira para todos os *stakeholders* – investidores, gestores, clientes, fornecedores, comunidade, governo e funcionários – procurando monitorar o equilíbrio das relações entre eles. Da mesma forma, deve cuidar para que os gestores da entidade disponham de informações operacionais, econômicas, financeiras e patrimoniais que lhes permitam atingir plenamente os seus objetivos. Em sentido prático e restrito, a Controladoria é a área da empresa que deve coordenar o processo de controle gerencial – desde o planejamento estratégico e operacional até o controle orçamentário.

Pela definição deduz-se que pode-se dispor de Controladoria em todo e qualquer tipo de entidade, com ou sem fins lucrativos, seja ela privada, pública, mista ou do terceiro setor. Ela está presente tanto em indústrias de manufatura como no setor de serviços e em instituições financeiras, tanto em entidades desportivas quanto em sociedades religiosas, e assim por diante.

Da mesma maneira, por exemplo, que a área de Compras deve garantir o suprimento do processo produtivo, cuidando para que não faltem os recursos materiais necessários e a linha de produção não seja paralisada; da mesma forma que a área de Recursos Humanos deve recrutar, selecionar, treinar e desenvolver os melhores talentos, a Controladoria deve proporcionar subsídios para o processo de planejamento e controle da empresa como um todo e suprir, com informações confiáveis e oportunas, todo o processo de gestão, para que todas as áreas funcionem de forma harmônica.

Assim, as funções da Controladoria não devem limitar-se a elaborar e divulgar informações contábeis, que é de fato necessário, porém não suficiente, mas também a participar do processo de gestão da entidade como um todo. Por ser a única área da empresa que reúne informações de natureza econômico-financeira sobre todas as outras, por meio da contabilidade, ela proporciona ao *controller* uma visão global que lhe permite assessorar os gestores e tentar induzi-los à congruência de objetivos.

2.2 Evolução histórica da Controladoria

A evolução da Controladoria ao longo da história está ligada diretamente à própria evolução da necessidade de se dispor de informação para a gestão, isto é, à importância, cada vez maior, de se possuirem informações relevantes para subsidiar o processo de planejamento, execução e controle das atividades das organizações. O aumento da escala de produção, os grandes investimentos e a necessidade de obtenção de fundos para financiar tudo isso são fatores cada vez mais complexos para a administração das empresas. Os custos indiretos aumentaram e, como consequência, aumentou a necessidade de informações mais elaboradas. No âmbito da Controladoria, a contabilidade de custos foi desenvolvida para controlar os custos e proporcionar ferramental para a administração de preços. O controle de custos tornou-se um instrumento fundamental para a administração das organizações.

No que se refere às funções que atualmente desempenha, o cargo de *controller* é relativamente recente e, desde meados do século passado, tem-se valorizado significativamente, em decorrência do aumento da relevância das suas ações nas organizações. Porém, antes disso, o título de *controller*, tendo funções características de tesoureiro, teve sua origem na atividade governamental, na Inglaterra. No século XV o título foi usado em vários cargos da

"English Royal Household", como *comptroller* das contas na repartição "Lord Chamberlain". O "Continental Congress" nomeou um *comptroller* em 1778; o Departamento de Tesouraria estabeleceu a função de *comptroller* em 1789; a função foi sendo estendida para as agências e outras repartições federais, estaduais e municipais. O título e a função do *comptroller* foram estendidos para corporações de negócio privadas, principalmente nas organizações que exploravam as atividades de estradas de ferro, nos Estados Unidos da América.

O contorno da Controladoria começou a ficar mais claro a partir da primeira metade do século XX, quando – devido ao forte desenvolvimento dos mercados de capitais, principalmente do norte-americano – a Contabilidade Societária conquistou autonomia. Por outro lado, as novas demandas informativas das empresas abriram espaço para a Contabilidade Gerencial desenvolver suas atividades de maneira mais independente.

Durante anos, o *controller* teve como função apenas a realização da contabilidade formal, a preparação de registros contábeis financeiros e a custódia dos ativos da empresa. Gradualmente, suas funções foram sendo estendidas, passando a incluir a análise e explicação de fatos econômicos e financeiros, auxiliando os gestores na administração geral das empresas.

Com a evolução das empresas, tanto em relação ao crescimento dos negócios como em relação a novas situações e problemas, foi necessária a expansão do uso da contabilidade, originando a criação da figura moderna do *controller* nas organizações.

Essa evolução ocorreu, principalmente, com o advento do mercado de capitais, quando se passou a segregar a figura dos proprietários de capital (os acionistas, investidores) da figura dos gestores das empresas. Isso fez com que a contabilidade assumisse o papel relevante de monitorar o desempenho dos gestores no intuito de assegurar aos proprietários que os seus recursos estavam sendo bem administrados.

A importância do papel do *controller* foi ampliada com a criação do Controller Institute of America, em 1931, uma organização dedicada a realçar os padrões profissionais da controladoria. Em 1962, após o reconhecimento da expansão das responsabilidades dos associados, mudou o nome para Financial Executives Institute.

Uma análise de alguns jornais e revistas da época indica a visão então vigente a respeito do *controller* e demonstra a evolução ocorrida:

National Industrial Conference Board (fim da década de 1960)

O papel do *controller* corporativo tem emergido, de uns anos para cá, de uma relativa obscuridade para uma posição de influência e importância consideráveis. A ênfase do seu trabalho tem mudado de simples coleta e armazenamento de dados para a disponibilização de mais e melhores informações para a condução e o controle dos negócios.

Dun's Review (fim da década de 1960)

O *controller*, profissional cujo trabalho era simplesmente escriturar os livros e dizer "não", é hoje um executivo chave que mostra o que a administração pode fazer e como fazer, não somente apontando os aspectos problemáticos, mas sugerindo os meios para corrigi-los. Nesse sentido, trata-se de um papel do tomador de decisões que tem levado o *controller* às posições mais relevantes da administração.

Business Week (1977)

Apenas poucas décadas atrás, a maioria dos *controllers* estava relegada à obscuridade, limitando-se a efetuar débitos e créditos nos livros contábeis e a elaborar relatórios de fatos passados. Atualmente eles estão se envolvendo cada vez mais com aspectos estratégicos e operacionais das companhias, em que dão conselhos e influenciam a produção, o marketing e as decisões de investimento, bem como sobre o planejamento corporativo etc.

No Brasil a função começou a aparecer a partir da década de 1960, com a chegada de muitas empresas estrangeiras, e consolidou-se nas décadas de 1980 e 1990; no entanto, na maioria das empresas ainda predomina uma visão exclusivamente contábil e tributária, que é uma visão muito aquém do que o *controller* pode proporcionar.

Catelli (2001) imprimiu relevante contribuição ao desenvolvimento conceitual da Controladoria no Brasil, principalmente por incorporar conceitos econômicos no processo de mensuração contábil. Além disso, fortaleceu o papel do *controller*, no sentido de que tenha efetiva participação no processo de planejamento e de avaliação de desempenhos.

Borinelli (2006) pesquisou as práticas de controladoria nas 100 maiores empresas do Brasil e propôs uma Estrutura Conceitual Básica da Controladoria, contemplando seus aspectos conceituais, procedimentais e organizacionais.

A visão adotada por esta obra é a de uma controladoria voltada para funções de *stewardship*. Essa visão, derivada da Psicologia e da Economia, tem como foco o ser humano, com um comportamento coletivo, social, cooperativo, pró-organização e de relacionamentos baseados em confiança (DAVIS; SCHOORMAN; DONALDSON, 1997).

Sob essa ótica, a Controladoria deve ser parceira das várias partes interessadas, apoiando todos os *stakeholders* a compreenderem não só o desempenho passado como também os reflexos futuros das decisões tomadas pela administração.

2.3   Atribuições e responsabilidades da Controladoria

As funções e as características da área de Controladoria variam muito de empresa para empresa. Para alguns autores, Controladoria é quase sinônimo de Contabilidade Gerencial; para outros, está mais próxima da Contabilidade Societária e em alguns compreende, também, as funções de planejamento e controle.

Em países como Alemanha e Itália encontram-se empresas em que o custeio de produtos é atribuição da Engenharia, enquanto que na maioria – Estados Unidos e Brasil, por exemplo – essa tarefa, normalmente, é de responsabilidade da Controladoria. As diferenças acontecem também em função do porte das empresas. Nas pequenas e médias, é comum a Controladoria incluir atividades de gestão financeira e de administração geral.

As atribuições e responsabilidades da Controladoria podem ser resumidas no binômio *mensurar e informar*, no seguinte sentido:

- *Mensurar*, no sentido de que cabe a ela identificar, interpretar e calcular (mensurar), monetariamente, os eventos econômicos em termos de receitas, custos, resultados, margens, taxas de retorno etc. relativas aos produtos e às áreas da empresa. Essa é a face mais técnica da Controladoria. Não obstante, a Controladoria não se limita a realizar apenas mensurações monetárias. Também os aspectos físicos e operacionais devem ser valorados (mensurados) quantitativamente.

- *Informar*, no sentido de proporcionar um fluxo de informações que permita preparar os relatórios e divulgá-los para os grupos de usuários internos e externos das informações. Aqui se encontra uma interface da Controladoria com a Teoria da Comunicação e com a Semiótica, pois as informações devem ser comunicadas de forma clara, direta e objetiva, utilizando-se termos e expressões, tabelas, gráficos e figuras compreensíveis pelos receptores.

Esses processos de mensuração e informação destinam-se a prover suporte ao processo de decisão, que é a essência da administração. De nada adianta realizar cálculos e gerar relatórios se as informações não forem úteis ao tomador de decisão, reduzindo seu grau de incerteza e dando-lhe mais segurança em suas ações.

A responsabilidade por projetar, desenvolver, implantar e manter o sistema de informações gerenciais nem sempre é da Controladoria. Em muitas empresas o é da área de Tecnologia de Informação. Normalmente, na maioria das empresas, estão sob sua responsabilidade as Contabilidades Societária, Tributária e Gerencial, esta última incluindo análise de demonstrações contábeis, análise de custos, orçamento, relatórios de desempenho, controle patrimonial etc.

De maneira mais específica, as seguintes funções da Controladoria podem ser mencionadas como geralmente existentes dentro das organizações:

a) coordenação do processo de controle gerencial;

b) padronização e harmonização de relatórios;

c) avaliação econômica periódica da empresa;

d) suporte ao processo de mensuração e gestão de riscos;

e) análise de viabilidade econômica de projetos de investimentos;

f) assessoria e consultoria às outras áreas, em assuntos econômico-financeiros;

g) estabelecimento de normas e procedimentos para as várias áreas da entidade;

h) atendimento, acompanhamento e implementação de recomendações da auditoria externa.

i) apoio ao processo de governança corporativa, subsidiando o trabalho do conselho de administração, conselho fiscal e comitês de apoio;

j) elaboração de relatórios contábeis pelas normas internacionais (IFRS) ou americanas (U.S. GAAP) para o atendimento de mercado de capitais localizados em outros países;

k) elaboração da contabilidade ambiental e social;

l) estruturação e acompanhamento de procedimentos.

No papel de coordenador do processo de planejamento, cabe ao *controller* preparar, juntamente com a alta administração (presidente e vice-presidente, por exemplo), o cronograma das atividades do planejamento. A partir daí, ele cuida para que todas as etapas ocorram dentro dos prazos estabelecidos, acompanhando e verificando se todas as áreas estão realizando as atividades previstas e oferecendo a elas o suporte necessário para a elaboração dos planos. Em seguida, é preciso certificar-se de que os planos das áreas estão em consonância com as diretrizes estratégicas globais e com as políticas e objetivos da organização e de que há consistência entre os planos das áreas (produção, vendas e suprimentos etc.). Finalmente, compete à Controladoria consolidar os planos das áreas no plano global da organização.

Já no papel de coordenador do processo de controle, é necessário, primeiramente, auxiliar os gestores das áreas na elaboração de padrões, principalmente de gastos departamentais. Depois, na fase de execução dos planos, é atribuição da Controladoria preparar relatórios de acompanhamento do desempenho dos departamentos, das áreas, das divisões, filiais etc., comparando o desempenho real com o previsto, apurando e apontando as variações.

No campo da Contabilidade Societária, é responsabilidade da Controladoria a concepção, projeto, desenvolvimento e manutenção do sistema contábil da empresa tendo em vista a geração das demonstrações contábeis destinadas aos acionistas e ao mercado em geral. Cabe a ela atender às demandas de órgãos como Comissão de Valores Mobiliários, Bolsas de Valores, instituições financeiras, fornecedores, sindicatos etc. Nesse campo, também é sua obrigação participar da elaboração de políticas contábeis, estabelecer normas, rotinas e procedimentos de contabilização dos eventos e atender aos requisitos dos auditores independentes.

Uma das principais responsabilidades da Controladoria diz respeito ao acompanhamento do desempenho das diversas áreas da empresa – compras, produção, vendas etc., verificando se o que estão realizando está de acordo com os planos previamente elaborados, à luz do planejamento global.

Nos casos em que a Contabilidade Societária estiver sob a responsabilidade da Controladoria – o que ocorre na maioria das organizações – a Auditoria Interna não deve ser subordinada a ela.

2.4 Posição da Controladoria na estrutura organizacional

A posição hierárquica da Controladoria varia de acordo com a maneira como está concebida a estrutura organizacional da empresa como um todo. Esta, por sua vez, depende do porte, da idade, tipo de atividade, origem do capital acionário e da complexidade das atividades da organização, bem como do modelo de gestão adotado pelos principais administradores.

Assim, a Controladoria pode ser concebida em nível de departamento ou gerência, na maioria das vezes subordinada ao Diretor Financeiro, ou constituir-se, ela mesma, em uma Diretoria ou Vice-presidência. Em algumas empresas suas funções são desempenhadas por uma Diretoria de Planejamento e Controle. Em aproximadamente 70% das maiores empresas que operam no Brasil a Controladoria é subordinada ao principal executivo da área de Finanças: ao diretor financeiro, ao CFO corporativo, ao diretor de administração e finanças, ao vice-presidente de finanças etc. Por conseguinte, o cargo do responsável pela área pode receber as denominações de Diretor, Superintendente ou Gerente de Controladoria, conforme o nível hierárquico, ou simplesmente *Controller*. As Figuras 2.2, 2.3 e 2.4 ilustram algumas dessas possibilidades de posicionamento da Controladoria na estrutura organizacional da maioria das empresas.

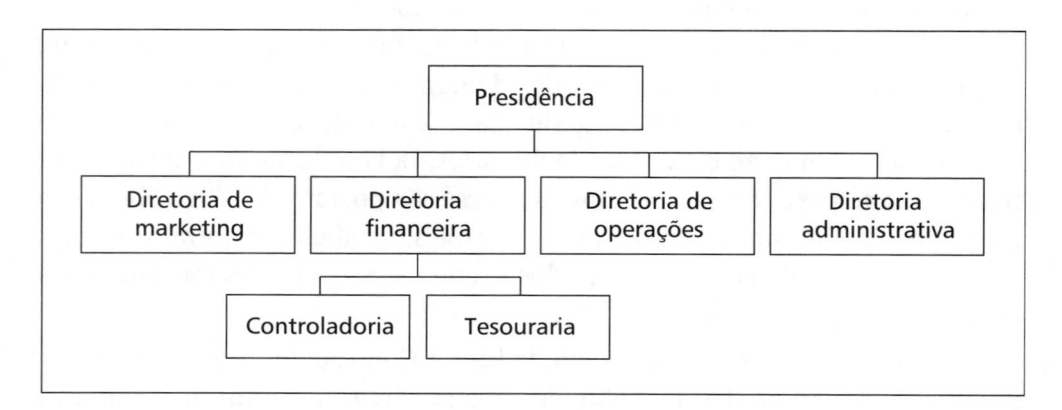

Figura 2.2   *Posição na estrutura organizacional (Exemplo 1).*

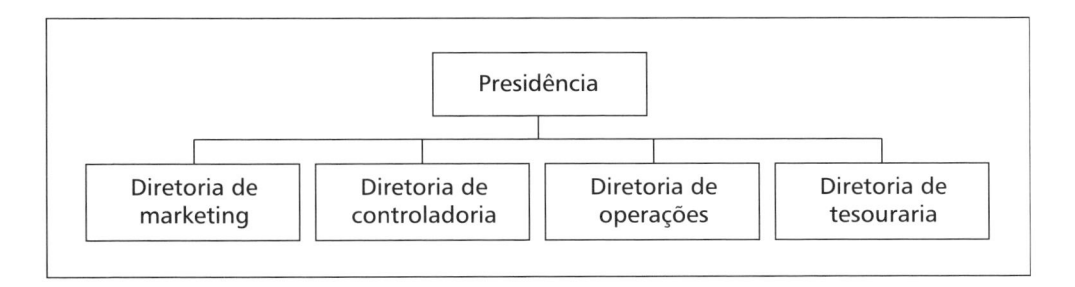

Figura 2.3 *Posição na estrutura organizacional (Exemplo 2).*

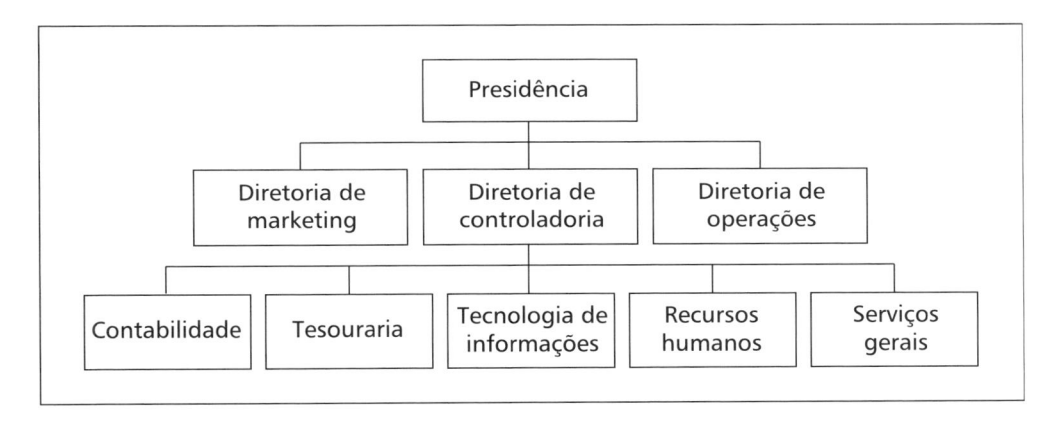

Figura 2.4 *Posição na estrutura organizacional (Exemplo 3).*

Não se considera correto atribuir-se o título de *controller* ao profissional responsável apenas pela contabilidade; para esse caso, existem designações mais apropriadas, como, por exemplo, Gerente de Contabilidade. Um *controller* geralmente exerce, se não todas, pelo menos muitas das atribuições mencionadas no tópico anterior, especialmente aquelas relacionadas à sua participação nos processos de planejamento e controle, o que implica em não apenas elaborar e divulgar relatórios gerenciais, mas também, principalmente, analisar e interpretar as informações, oferecendo sugestões para aperfeiçoar o processo de gestão da empresa.

Considera-se adequado, principalmente em decorrência do porte, em empresas multinacionais, encontrar a Controladoria diretamente subordinada ao presidente ou ao vice-presidente da empresa e, na gestão pública, ao presidente da república, ao governador ou ao prefeito, conforme o nível da administração, com *status* de ministério ou de secretaria, respectivamente.

Muitas vezes as funções típicas da área de Controladoria são subdivididas em várias unidades da organização, como, por exemplo: *controller* de marketing, *controller* de unidade, *controller* de planta, de divisão, de filial, de logística etc. Esses *controllers* podem estar subordinados ao principal executivo da respectiva unidade ou diretamente ao *controller* geral, corporativo. Essa configuração organizacional é denominada controladoria divisional. O principal objetivo desse tipo de arquitetura é proporcionar maior efetividade de atuação através da aproximação da controladoria com as áreas operacionais.

2.5 *Accountability*

Esse termo da língua inglesa, ainda sem adequada tradução para o português, significa a obrigação de se prestarem contas das atividades realizadas e dos resultados alcançados, tudo em função das responsabilidades decorrentes de uma delegação de poder.

Assim, todas as áreas de responsabilidade de uma organização têm seus deveres e atribuições e, em consequência disso, seus respectivos gestores têm a obrigação de, periodicamente, prestar contas a seus superiores hierárquicos: isso é *accountability*. Dessa forma, a *Accountability* está no cerne do processo de controle gerencial e de avaliação de desempenho, constituindo-se, portanto, em importante instrumento de governança corporativa.

A Controladoria reúne condições para que seja viabilizado, por meio da contabilidade, todo o processo de prestação de contas, dos níveis hierárquicos inferiores à alta administração, aos acionistas e à comunidade, numa verdadeira cadeia de *accountability*.

Utilizando-se de vários artefatos de controle gerencial como, por exemplo, o *Balanced Scorecard*, o planejamento e o controle orçamentário, a avaliação de desempenhos etc., a área de Controladoria assume o papel central do processo de *Accountability*.

O processo de *accountability* é fundamentado nos modernos conceitos de instituições e visa balancear as demandas dos vários atores internos e externos que possuem relacionamento com a entidade (ROBERTS; McNULTY; STILES, 2005).

Questões comportamentais influenciam fortemente o processo de *accountability*. Robert Scapens (1985), em um estudo pioneiro, identificou que a importância da Contabilidade Gerencial como instrumento de *accountability* aumenta na medida em que há maior distância geográfica entre os atores que mediam essa relação. Quando existe uma proximidade física entre as pessoas há maior conhecimento mútuo de suas atividades. Entretanto, em ambientes remotos (por exemplo, firmas altamente centralizadas nas quais a gestão fica distante da execução) normalmente existe baixa confiança interpessoal, assim, a Contabilidade Gerencial exerce um papel fundamental no sentido de mediar esses relacionamentos, atuando como uma força para gerar formas de controle (AHRENS; CHAPMAN, 2007).

2.6 Perfil profissional esperado de um *controller*

O *controller* é o profissional que, geralmente, possui informações monetárias, físicas e operacionais de todas as áreas da organização e, portanto, geralmente tem condições de possuir uma visão ampla da empresa como um todo. Sua posição lhe permite enxergar o sistema (a empresa) e seus subsistemas (as divisões, os departamentos etc.); daí o seu potencial privilegiado para compreender as inter-relações entre as partes e, assim, contribuir para a otimização do resultado global. Porém, isso só não basta: é necessário, também, que ele compreenda o *negócio,* e isso requer uma visão ainda mais ampla, externa à empresa, alcançando clientes, fornecedores, concorrentes etc.

No relacionamento com os gestores da organização é importante que o *controller* entenda e participe dos problemas dos executivos das várias áreas, oferecendo apoio no que se refere às suas habilidades e competências.

Um *controller* deve possuir conhecimentos de gestão, para que possa compreender e participar do processo de planejamento e controle. O domínio de conceitos de contabilidade, custos e despesas, tributos, tecnologia de informação etc. é fundamental. Além disso, noções básicas e fundamentais de economia, sociologia, psicologia e estatística também ajudam no desempenho das suas funções.

Segundo Borinelli (2006), nas maiores empresas que operam no Brasil, a formação acadêmica da maior parte dos *controllers* é, pela ordem, Ciências Contábeis, Administração, Economia e Engenharia. No entanto, em alguns países, principalmente da Europa, encontram-se muitos *controllers* economistas e engenheiros, tendência que se observa também no Brasil.

Qualquer que seja sua formação acadêmica em nível de graduação, é muito importante que tenha uma forte base de conhecimentos de Contabilidade, pois os relatórios contábeis constituem os pilares de uma boa Controladoria. Isso não significa, necessariamente, substituir os contadores, que são os responsáveis pela elaboração das demonstrações contábeis e devem ser graduados em Ciências Contábeis. Nos Estados Unidos da América é bastante divulgada a figura do *Certified Management Accountant* – CMA –, que é um profissional submetido periodicamente a testes de conhecimento na área de Contabilidade Gerencial e que, geralmente, lhe confere uma vantagem competitiva em relação aos profissionais que não possuem tal certificação.

2.7   Perfil pessoal esperado de um *controller*

Da mesma forma como para todos os executivos de sucesso, é fundamental que o *controller* tenha várias competências e habilidades, tais como um bom raciocínio lógico, alto nível de energia, maturidade no tratar os problemas, que seja perspicaz e dinâmico, que tenha iniciativa, aptidão e gosto pelo que faz. Além disso, deve ter postura proativa e saber olhar para o futuro.

O profissional responsável pela Controladoria deve ter espírito de liderança, ser capaz de motivar seus subordinados, saber e gostar de trabalhar em equipe, saber comunicar-se tanto oralmente como por escrito e estar atualizado não só com o que acontece na sua empresa como também com o que ocorre no mundo e cultivar a capacidade de adaptar-se às mudanças.

Do ponto de vista comportamental, a postura de um fiscal apontando culpados normalmente não é bem vista nas organizações. O contrário, isto é, adotar o papel de facilitador, consultor, assessor e conselheiro nos assuntos de sua competência, faz mais sentido e gera melhores resultados. A capacidade de conciliar e não temer conflitos é importante, pois fazem parte da sua rotina situações de confronto de interesses entre os gestores das áreas. Muitas vezes o resultado do seu trabalho coloca em evidência desempenhos insatisfatórios das pessoas, gerando aversões.

Assim como em relação aos gestores em geral, espera-se o envolvimento e o comprometimento do *controller* com os destinos da organização. Da mesma forma, a imparcialidade e o comportamento íntegro e ético são atributos valorizados.

Além dessas competências e habilidades gerais é recomendável que no perfil do *controller* sejam considerados os seguintes elementos:

a) Compreensão dos mecanismos de poder que permeiam as relações dentro da organização.

b) Entendimento do impacto da cultura da empresa na elaboração e no uso dos sistemas de controle gerencial.

c) Percepção de como variáveis organizacionais, tais como o estágio de maturidade da empresa, sua configuração administrativa, dentre outros, afetam o desenho e utilização dos sistemas contábeis e de controle gerencial.

d) Reconhecimento de que as variáveis ambientais, tais como estrutura de mercado e do setor em que a empresa atua, entre outros fatores, afetam o exercício da sua atividade.

e) Compreensão do ambiente institucional e regulatório de atuação da empresa.

2.8 Tendências contemporâneas de mudanças nas funções e atribuições dos *controllers*

Diversos eventos relativamente recentes vêm influenciando fortemente a mudança e a evolução do papel do *controller* nas organizações; alguns deles são comentados por Burns e Baldvinsdottir (2007), a saber:

a) Globalização. A competição em nível internacional, os sistemas globais integrados e as alterações nos processos logísticos de suprimento, produção e distribuição, estão a exigir uma nova postura dos executivos em geral, dentre eles o *controler*.

b) Tecnologia. Os modernos sistemas de produção, comercialização, prestação de serviços etc. utilizam-se da robótica e de *softwares* avançados; dentre outras consequências, observa-se redução de custos com informação. Essa evolução afeta, direta ou indiretamente, o ambiente e o trabalho dos *controllers*.

c) Escândalos de fraudes contábeis. Os casos das empresas Parmalat, Enron, WorldCom etc., os quais desencadearam a Lei Sarbanes Oxley (Sox), nos Estados Unidos, e a 8th Company Law Directive, da União Europeia, exigem do *controller* mecanismos para assegurar a qualidade dos controles internos, a eficiência e eficácia do processo de avaliação de desempenho e a fidedignidade das demonstrações contábeis.

d) Tendências corporativas. Novas formas de arranjo societário e organizacional, tais como redes de suprimento, arranjos produtivos locais etc., também demandam novas posturas profissionais do *controller*.

Além desses, outros fatores, não menos importantes, devem ser citados, a saber:

a) Ética, sociedade e meio ambiente. Respeito ao ambiente e à comunidade em que se insere a empresa, visão ética do mundo e respeito aos seres humanos são valores relevantes a considerar no comportamento organizacional.

b) Crise financeira de 2008. Os problemas de contabilização de instrumentos financeiros híbridos (derivativos) exerceram forte impacto na regulação de normas contábeis, especialmente no que se refere à questão da aplicação do conceito de justo valor. Tudo isso impacta o exercício das funções do *controller*.

2.9 Verificação da aprendizagem

Assinalar a alternativa correta.

1. A Controladoria:
   a) É um órgão de assessoria, não responde por gestão.
   b) É um órgão de linha, responde por toda a gestão da empresa.
   c) Tem responsabilidades como todas as outras áreas da empresa.
   d) Não deve influenciar na formulação do modelo de gestão da empresa.
   e) Não deve influenciar a formulação do modelo de mensuração da empresa.

2. Deve ser subordinado ao *controller*:

a) O almoxarife.

b) O auditor interno.

c) O auditor externo.

d) O analista de custos.

e) O auxiliar de folha de pagamento.

3. O termo *accountability* refere-se à obrigação de:

a) Atingir resultados.

b) Realizar alguma coisa.

c) Prestar contas de algo.

d) Delegar responsabilidades.

e) Cumprir com as responsabilidades.

4. As várias responsabilidades e atribuições de um *controller* podem ser resumidas e sintetizadas no seu papel de:

a) Influenciador de decisões.

b) Avaliador de desempenhos.

c) Assessor, consultor e auditor.

d) Protetor de ativos e avaliador econômico.

e) Gestor do sistema de informações gerenciais.

5. *Não* é responsabilidade do *controller*:

a) Instrumentalizar a organização para que gere um resultado econômico ótimo.

b) Conceber, projetar e desenvolver sistema de informações gerenciais da organização.

c) Tomar ações corretivas quando os resultados gerados pelas áreas não estejam satisfatórios.

d) Manter a alta administração informada sobre os possíveis desvios das áreas em relação aos planos.

e) Controlar o resultado de todas as unidades organizacionais a fim de assegurar a eficácia.

6. A Controladoria deve ser vista como:

   a) Área de auditoria interna da organização.

   b) Órgão de linha na estrutura organizacional.

   c) Campo de estudo da Contabilidade, somente.

   d) Ramo do conhecimento e órgão administrativo.

   e) Área sistematizadora das funções empresariais.

7. A posição da Controladoria na estrutura de uma entidade:

   a) Depende das crenças e valores dos executivos.

   b) Depende do subsistema organizacional-formal.

   c) É uma gerência subordinada ao diretor financeiro.

   d) É uma diretoria subordinada ao diretor-presidente.

   e) É uma vice-presidência subordinada ao presidente.

8. Não é atribuição típica da Controladoria cuidar da:

   a) Administração tributária.

   b) Preparação e controle de orçamentos.

   c) Contabilidade Societária e Gerencial.

   d) Coordenação do processo de controle gerencial.

   e) Preparação de relatórios para avaliação de desempenhos.

9. As funções, atribuições e características da Controladoria:

   a) Coincidem com as da Contabilidade Gerencial.

   b) Podem variar de empresa para empresa e de país para país.

   c) Coincidem com as da Contabilidade Financeira e societária.

   d) São as mesmas tanto na abordagem germânica como na anglo-saxô-nica.

   e) São as mesmas tanto na abordagem brasileira como na norte-americana.

10. Assinalar V (verdadeiro) ou F (falso):

   a) (   ) O *controller* não toma decisões, ele gera informações.

   b) (   ) O *controller* nunca acumula funções de gerente financeiro.

c) ( ) A função controladoria é, tipicamente, uma função de assessoria.

d) ( ) Cabe à controladoria assessorar os gestores sobre como as decisões são ou deveriam ser tomadas.

e) ( ) O *controller* deve ser graduado em Ciências Contábeis.

Bibliografia recomendada para aprofundamento dos temas

ABERNETHY, Margaret A.; STOELWINDER, Johannes U. *The role of professional control in the management of complex organizations.* **Accounting, Organizations and Society**, v. 20, nº 1, p. 1-17, 1995.

_____; VAGNONI, Emidia. *Power, organization design and managerial behaviour.* **Accounting, Organizations and Society**, 29, p. 207-225, 2004.

AHRENS, Thomas. *Talking accounting: an ethnography of management knowledge in British and German brewers.* **Accounting Organizations and Society**, v. 22, 1997.

AIKEN, Michael; COVALESKI, Mark. *Accounting and theories of organizations: some preliminary considerations.* **Accounting Organizations and Society**, v. 11, nº 4/5, p. 297-319, 1986.

BALDVINSDOTTIR, Gudrun; BURNS, John. The changing role of management accountants. In: HOPPER, Trevor; NORTHCOTT, Deryl; SCAPENS, Robert (Org.). **Issues in management accounting**. 3. ed. England: Prentice Hall, 2007.

BAXTER, J.; CHUA, W. F. *Be(com)ing the chief financial officer of an organisation: experimenting with Bourdieu's practice theory.* **Management Accounting Research**, 19, p. 212-230, 2008.

BIRNBERG, Jacob G.; HOFFMAN, Vicky B.; YUEN, Susana. *The accountability demand for information in China and the US – a research note.* **Accounting, Organizations and Society**, 33, p. 20-32, 2008.

_____; ROWE, Casey; SHIELDS, Michael D. *Effects of organizational process change on responsibility accounting and managers' revelations of private knowledge.* **Accounting Organizations and Society**. 33, p. 164-198, 2008.

BORINELLI, M. **Estrutura conceitual básica de controladoria**: sistematização à luz da teoria e da práxis. São Paulo, 2006. 352 f. Tese (Doutorado em Ciências Contábeis) Programa de Pós-Graduação em Ciências Contábeis da FEA/USP, São Paulo.

BRIERS, Michael; CHUA, Wai Fong. *The role of actor-networks and boundary-objects in management accounting change: a field study of an implementation of activity-based costing.* **Accounting, Organizations and Society**, 26, p. 237-269, 2001.

CHAPMAN, Christopher S. *Accountants in organizational networks.* **Accounting, Organizations and Society**, v. 2, 3, nº 8, p. 737-766, 1998.

CHENHALL, Robert H. *Factors influencing the role of management accounting in the development of performance measures within organizational change programs.* **Management Accounting Research**, 9, p. 361-386, 1998.

_____; LANGFIELD-SMITH, Kim. *Adoption and benefits of management accounting practices: an Australian study.* **Management Accounting Research**, 9, p. 1-19, 1998.

CHOW, Chee W.; HARRISON, Graeme L.; MCKINNON, Jill L.; WU, Anne. *Cultural influences on informal information sharing in Chinese and Anglo-American organizations: an exploratory study.* **Accounting, Organizations and Society**, 24, p. 561-582, 1999.

COLIGNON, Richard; COVALESKI, Mark. *A weberian framework in the study of accounting.* **Accounting Organizations and Society**, v. 16, nº 2, p. 141-157, 1991.

HANSEN, A.; HANSEN, C.; MOURITSEN, J. *Inter-organizational controls and organizational competencies: episodes around target cost management/functional analysis and open book accounting.* **Management Accounting Research**, 12, p. 221-244, 2001.

JÖNSSON, Sten. *Relate management accounting research to managerial work.* **Accounting, Organizations and Society**, v. 23, nº 4, p. 411-434. 1998.

_____. *Relate management accounting research to managerial work.* **Accounting, Organizations and Society**, v. 23, nº 4, p. 411-434, 1998.

LANGFIELD-SMITH, Kim. *The relations between transactional characteristics, trust and risk in the start-up phase of a collaborative alliance.* **Management Accounting Research**, 19, p. 344-364, 2008.

_____; SMITH, David; *Management control systems and trust in outsourcing relationships.* **Management Accounting Research**, 14, p. 281-307, 2003.

MILLER, Peter; O'LEARY, Ted. *Accounting. "Economic citizenship" and the spatial reordering of "manufacture".* **Accounting Organizations and Society**, v. 19, nº 1, p. 15-43, 1994.

MOURITSEN, Jan. *Five aspects of accounting departments' work.* **Management Accounting Research**, 7, p. 283-303, 1996.

RICARDINO, Álvaro. **Contabilidade gerencial e societária**. São Paulo: Saraiva, 2005.

3 Gestão no ambiente organizacional

OBJETIVOS DE APRENDIZAGEM

1. **Conceituar** gestão, modelo de gestão, planejamento estratégico, orçamento, controle orçamentário.
2. **Apresentar** a integração entre planejamento estratégico, orçamento e o controle orçamentário em decorrência do modelo de gestão.
3. **Indicar** os tipos de controle e a interação entre o planejamento estratégico e o orçamento.
4. **Especificar** os componentes do planejamento estratégico e do orçamento.

TÓPICOS TRATADOS

3.1 Visão sistêmica da gestão das empresas
3.2 Modelo de gestão
3.3 Componentes do processo de gestão
3.4 Planejamento em geral e estratégico em particular
3.5 Orçamento
3.6 Controle orçamentário
3.7 Caracterização do controle quanto às unidades de análise
3.8 Verificação da aprendizagem

QUESTÕES PROVOCATIVAS

1. Por que preciso conhecer o modelo de gestão para entender a lógica de planejamento de uma entidade?

2. Apenas saber que uma entidade tem o planejamento estratégico permite entender a sua abrangência?
3. Qual é o problema de uma entidade dispor de orçamento não relacionado com o seu planejamento estratégico?
4. As metas do orçamento têm que ser as mesmas consideradas na avaliação de desempenho?

3.1   Visão sistêmica da gestão das organizações

O conceito de sistema permite entender a entidade como um todo que interfere e recebe interferência do meio. A literatura proporciona várias classificações para os sistemas, sendo que as mais comuns são: em sistemas abertos e fechados e em sistemas estáticos, dinâmicos e homeostáticos. Pode-se dizer que os:

- Sistemas fechados são os que não interagem com o seu ambiente, ou seja, as interações nele observadas ocorrem apenas entre as partes ou elementos que os compõem. Exemplo: um relógio.

- Sistemas abertos, ao contrário, são os que interagem com o seu ambiente, em relação ao qual recebem e transmitem energia, informações e produtos. Uma organização com ou sem fins lucrativos é um exemplo. O ser humano é outro exemplo.

- Sistemas estáticos são aqueles em que não ocorrem eventos, ou seja, durante determinado tempo não se observam alterações em nenhuma de suas propriedades estruturais. O termo surgiu como contraponto para problemas relacionados à engenharia, como alternativa para sistemas que se caracterizariam pela contínua geração de energia, por exemplo.

- Sistemas dinâmicos são aqueles em que ocorrem eventos que modificam, periodicamente, sua própria estrutura e as características das partes ou elementos que os compõem. A organização, quando se reestrutura e inclui novas unidades de negócios, por exemplo, está se ajustando à nova realidade.

- Sistemas homeostáticos são sistemas estáveis, mas cujas partes ou elementos são dinâmicos, ou seja, são sistemas que conseguem manter suas propriedades relevantes mesmo que ocorram mudanças significativas em seu ambiente. Outra característica desse tipo de sistema é que são imprevisíveis em termos de resultados (o que é previsto em relação ao que ocorre). A aplicação desse conceito está mais tipicamente relacionada com as ciências biológicas.

É relevante perceber que um sistema pode fazer parte de outro. Quando lembramos que a Terra faz parte do sistema solar, percebemos que a complexidade do relacionamento entre sistemas pode ser muito grande e, dependendo da complexidade do problema a ser tratado, uma visão mais macro ou mais focada podem ser necessárias.

A organização tem sido percebida como *sistema aberto* dado que ela se encontra em constante interação com todos os seus ambientes. Ela necessita de relacionamento com o mercado, governo, clientes, comunidade, fornecedores, investidores (atuais e potenciais), credores e concorrentes para desenvolver suas atividades. A entidade também é entendida como um *sistema dinâmico* em decorrência da sua necessidade de adaptação e mudança, em face das interferências do ambiente externo e também das mudanças e ajustes internos.

Essa perspectiva de adaptação e mudança faz com que o risco da organização em termos da sua sustentabilidade seja relevante, ou seja, a continuidade da entidade é algo relevante, a ser perseguido. Isso ocorre porque os mercados, os fornecedores, os clientes, a concorrência e o grupo de gestores mudam, vão se adaptando ao novo ambiente. Nesse sentido, a gestão tem que ser entendida como algo dinâmico, pronta para a adaptação.

No que se refere às partes do sistema empresa, pode-se segmentar de diferentes maneiras: por área funcional, por região, por tipo de negócio etc. O que leva o analista a fazer essa segmentação é a necessidade de entendimento. Para entender a cadeia de valor, por exemplo, é relevante que as áreas funcionais sejam percebidas e identificados os seus processos. Ou então, para analisar questões referentes aos mercados em que atua, pode ser mais adequado segmentar pelas unidades de negócio. Alguns desses aspectos serão tratados no Capítulo 6.

Estudar e entender as diferentes partes e os respectivos relacionamentos permite uma adequada visão de toda a organização e da interação (ou sua falta) entre elas. É por esse motivo que, ao procurar entender alguma distorção ou problema no sistema empresa, mesmo que seja localizado, ele pode afetar toda a organização porque é uma característica dos sistemas a interação das partes que o compõem, os denominados subsistemas (BERTALANFFY, 1977).

No sistema empresa, para que se obtenham os resultados que garantam a sustentabilidade, um conjunto muito grande de ações deve ser implementados no dia a dia, proporcionando a sua gestão. A visão dos controladores e dos gestores decorre de uma série de elementos, dentre os quais o modelo de gestão, que define o grau de formalização, as prioridades, enfim, uma série de elementos relevantes para a organização.

3.2 Modelo de gestão

O modelo de gestão é a maneira própria, única, individual de cada empresa administrar os seus negócios, ainda que, mesmo quando não estiver formalizado, se torna visível a partir do desenvolvimento das ações praticadas pelos controladores e pelos gestores. Por trás dessas ações, crenças, valores e sentimentos dos controladores e gestores estão presentes, direcionando a entidade. Esse conjunto de elementos costuma ser chamado de filosofia da empresa e acaba determinando o tamanho, a complexidade e o grau de formalização da própria estrutura organizacional. A partir da filosofia da empresa o processo de gestão (planejamento, execução e controle) transcorre na entidade.

O modelo de gestão, e seu correspondente arcabouço de controle, escolhido pela organização deve proporcionar condições de disponibilização de informações que permitirão o desenvolvimento do processo de gestão. São várias as abordagens disponíveis (CATELLI, 1999; MERCHANT; FERREIRA; OTLEY, 2006; HENRI, 2006), sendo que a de Simons (1995), com sua proposta de alavancas de controle, é, provavelmente, uma das mais abrangentes sobre o tema.

As alavancas de controle são os ingredientes que permitem à organização dar uma personalidade ao processo propriamente dito. O equilíbrio entre essas alavancas é obtido por uma dualidade sugerida por Simons como o Yin e Yang do controle gerencial, ou seja, o embate de duas forças opostas que proporcionará o equilíbrio da organização. Cada uma dessas forças compõe-se de duas alavancas, sendo que: (i) os sistemas de crenças e os sistemas interativos de controle atuam na motivação para compartilhamento de informação e aprendizado, impactando o propósito de crescimento, e (ii) os sistemas de restrições e os sistemas diagnósticos de controle são usados para limitar o comportamento de risco e para focar a alocação racional de recursos (SIMONS, 2000, p. 304).

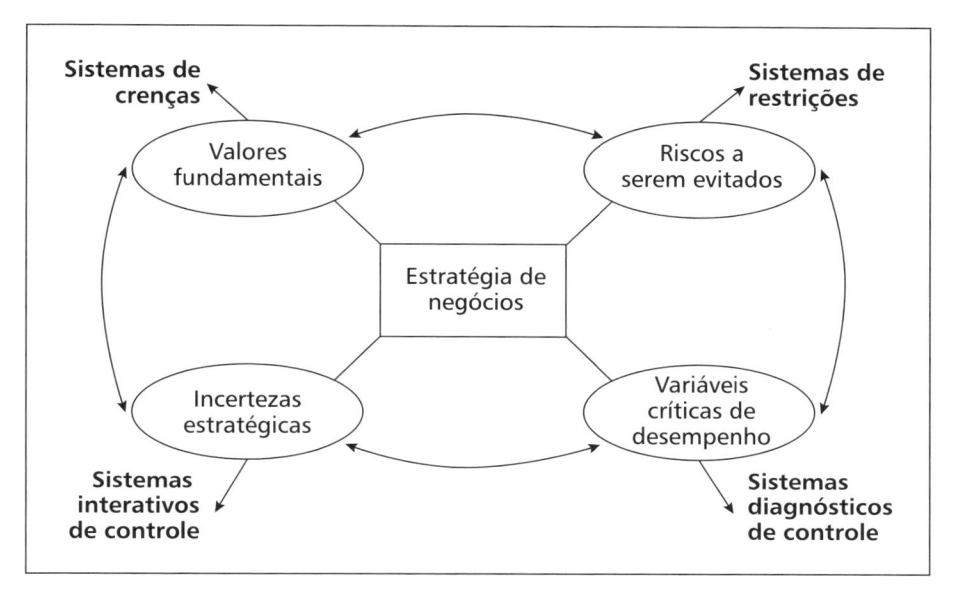

Fonte: Simons (1995, p. 7).

Figura 3.1   *Alavancas de controle.*

Como pano de fundo, o que se pretende é manter o foco nas oportunidades de inovação, porém, sem perder a racionalidade e o controle. O Quadro 3.1 resume os quatro tipos de sistema de controle propostos por Simons e reproduzido em uma obra que consolidou o construto. (SIMONS, 2000).

Nessa abordagem, as metas e o seu respectivo acompanhamento são encontrados nos sistemas diagnóstico de controle, proporcionando a estrutura necessária para que a gestão da organização se desenvolva.

O modelo de gestão da entidade decorre de vários tipos de influências, partindo da história da entidade, tipo de mercado em que atua, origem, estágio do ciclo de vida da entidade etc. A sua relevância está ligada à maneira como os elementos da gestão são percebidos e praticados na entidade. Não acreditar na formalização do planejamento, manter as informações financeiras restritas a um certo grupo de pessoas e, consequentemente, inviabilizar a participação de gestores, não apoiar a estrutura formal da entidade e desenvolver uma estrutura paralela decorrem das crenças e valores que moldam o modelo de gestão da entidade.

Quadro 3.1 *Caracterização do modelo das alavancas de controle.*

Sistema de controle	Propósito	Objeto de informação	Controle da estratégia como
Sistemas de Crenças	Empreender e buscar expandir a atividade	Visão	Perspectiva
Sistemas de Restrições	Prover limites para o campo de ação	Área estratégica de atuação	Posição competitiva
Sistemas Diagnósticos de Controle	Coordenar e implementar as estratégias planejadas	Planos e metas	Plano
Sistemas Interativos de Controle	Estimular e guiar estratégias emergentes	Incertezas estratégicas	Padrão de ações

Fonte: Simons (2000, p. 304).

Esse modelo de gestão direciona as atividades da entidade para que seja possível obter resultados desejados. Ela pode estar voltada, por exemplo, para resultados de um horizonte de curto prazo, foco oportunístico e exclusivamente voltado para o retorno dos investidores do capital. Pode também ter outra perspectiva, tal como a abordagem de sustentabilidade que se preocupa com o horizonte de longo prazo e diferentes agentes.

Cuidar da sustentabilidade de uma organização implica em desenvolver atividades antecedentes que proporcionem condições de sua existência. O modelo de gestão acaba afetando a definição de como a sustentabilidade deva ser entendida e tratada pela organização. Em outras palavras, aquilo que é culturalmente aceito é aqui definido; o que significa ecologicamente correto na visão dos proprietários é absorvido pela organização; disso decorre o entendimento do que seria o socialmente justo para que se pratique o economicamente viável.

A recriação de uma organização (ou mudança muito drástica) exige um esforço dos agentes que decidiram pela sua criação e isso é muito relevante, mas, a sua manutenção decorre da capacidade dos agentes internos, os gestores, de direcionar as atividades, equilibrar os conflitos e decidir no horizonte de curto, médio e longo prazos. Tudo isso é afetado pelo modelo de gestão.

O estudo das variáveis que influenciam o modelo de gestão deve levar em conta abordagens de vários paradigmas que são tratados no Capítulo 11.

3.3 Componentes do processo de gestão

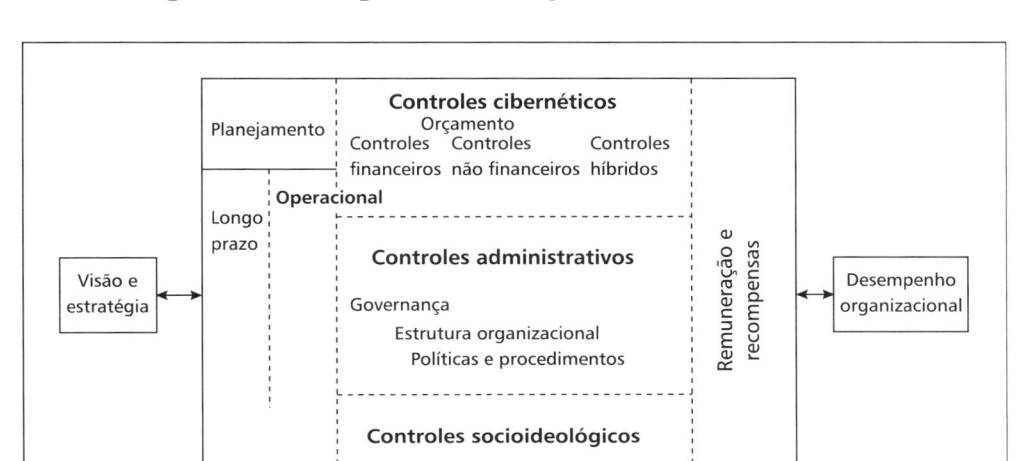

Figura 3.2   *Modelo de Malmi e Brown do "pacote" de controle gerencial.*

O conceito de gestão faz parte do mundo dos negócios e esse processo se materializa por meio de seus principais ingredientes, que são o **planejamento**, a **execução** e o **controle**. Esses elementos estão relacionados de maneira íntima e a integração ou sua falta se refletem na gestão de maneira muito intensa. No modelo de Malmi e Brown (2008) (Figura 3.2), o controle gerencial é apresentado dentro das seguintes dimensões:

- A visão como direcionador do processo de planejamento, em que se distingue o planejamento de longo prazo e o planejamento operacional. A estratégia (na verdade, as estratégias) definida pela entidade prepara a organização para sua abordagem de longo prazo, que é traduzida pelos processos de planejamento de longo prazo e depois implementada pelo planejamento operacional. O planejamento possui três propósitos: (a) direcionar os esforços e comportamento através de metas e padrões; (b) estabelecer a clareza do que é esperado, reduzindo a ambiguidade; e (c) contribuir para o aumento da congruência entre a organização e os indivíduos (MALMI; BROWN, 2008, p. 292). Seus componentes são os planos de ação táticos e o planejamento de longo-prazo (MALMI; BROWN, 2008, p. 292).

- Os controles cibernéticos possuem cinco características: (a) possibilitam a quantificação dos fenômenos organizacionais; (b) correspondem aos padrões de *performance* ou metas; (c) providenciar *feedback*; (d) análise de variâncias e (e) modificar comportamentos ou atividades (MALMI; BROWN, 2008, p. 292). Seus componentes são os orçamentos, as medidas financeiras, as medidas não financeiras e os sistemas híbridos, compostos de medidas financeiras e não financeiras, como o *Balanced Scorecard* (MALMI; BROWN, 2008, p. 292).

- Recompensa e benefícios: mecanismos financeiros e não financeiros para motivação de pessoas e grupos de forma justa às suas atividades e competências (MALMI; BROWN, 2008, p. 292).

- Os sistemas administrativos, que por sua vez são compostos de: (a) estrutura organizacional, que organiza as atividades dos indivíduos; (b) governança – que possibilita o *accountability* das ações realizadas; (c) as políticas e procedimentos que estabelecem tarefas ou atitudes para os resultados atingidos ou não.

- A cultura que corresponde aos controles socioideológicos, derivados do grupo e normas sociais (MALMI; BROWN, 2008, p. 292).

- Dentro desse arcabouço, de alguma maneira, o processo de planejamento e controle estabelecido deve trazer impactos no comportamento de indivíduos e grupos, bem como no desempenho da organização como um todo.

O tripé da gestão das organizações é um conjunto de atividades desenvolvidas pelos agentes internos de uma organização com o objetivo de conduzi-la para os resultados desejados. De alguma forma, mais estruturada ou menos estruturada, a gestão é desenvolvida a partir do planejamento, da execução e do controle de atividades que viabilizam os seus objetivos, sejam eles percebidos como financeiros ou não.

Nesse processo, o *planejamento* consiste em decidir, antecipadamente, o que deve ser feito (ACKOFF, 1978), nos vários horizontes, antecedendo as atividades de execução e de controle. A partir de sua definição a organização poderá ter o controle, por meio de algum tipo de padrão, para as variáveis que considerar relevantes em relação ao qual seu desempenho será avaliado como igual, superior ou inferior ao esperado. Além disso, saber em que grau essa variação ocorreu consiste em informação significativa.

A *execução* corresponde ao desenvolvimento das ações planejadas previamente, ou seja, é a operacionalização das atividades, como compra, estocagem, produção, venda etc.

Posteriormente ao planejamento e concomitantemente à execução, o controle permite que a organização, além de acompanhar a realização das atividades, realimente todo o processo de gestão. Exercer o *controle*, num sentido geral, significa verificar o que foi ou o que está sendo feito, comparar com o que deveria ser, identificar eventuais divergências e tomar as medidas necessárias para a correção dos desvios.

Esse conjunto de elementos requer articulação que o controle gerencial pode proporcionar. A expressão *controle gerencial* é atribuída a Robert Anthony, nos idos da década de 60, quando as demandas eram mais limitadas e mais estáveis. De qualquer forma, ela é uma das definições mais aceitas sobre controle gerencial: *o conjunto de processos pelos quais os gestores devem assegurar que os planos sejam efetivamente realizados para alcançar os objetivos e metas organizacionais* (ANTHONY, 1965).

- "O processo pelo qual os gerentes asseguram que os recursos necessários à organização são obtidos e utilizados eficiente e eficazmente no cumprimento dos objetivos da mesma organização" (ANTHONY, 1970).

- "Rotinas e procedimentos formais, baseadas em informação, utilizadas pela gerência para manter ou alterar padrões de atividade organizacional" (SIMONS, 2000).

- "É o processo pelo qual os gerentes em todos os níveis asseguram que as pessoas que eles supervisionam implementam as estratégias definidas" (ANTHONY; GOVINDARAJAN, 2008).

- "É o processo de guiar a organização para padrões viáveis de atividade em um ambiente em mudança" (BERRY; BROADBENT; OTLEY, 2005).

Cada vez mais a operacionalização dessa definição passa por adaptações em decorrência da competitividade das entidades, da incerteza e da necessidade de maior flexibilidade do processo decisório.

O processo de gestão exige informações prévias e posteriores às ocorrências, tanto para atender o público interno como o externo. É aí que a contabilidade se revela um importante recurso que permite o entendimento da situação econômica, financeira e patrimonial da entidade, a sua análise e decisões, nas mais diversas perspectivas, que podem ser do gestor, do credor, do governo, do investidor, do cidadão etc., enfim, de todos os *stakeholders*.

Os gestores são os responsáveis pelo desenvolvimento tanto do planejamento, como da execução e do controle. Atuam em decorrência e delegação dos controladores, os proprietários da entidade, que delegam autoridade para que desenvolvam seu trabalho. Os gestores devem ser percebidos na entidade de maneira diferenciada quanto:

- Ao nível hierárquico: a estrutura organizacional prevê a hierarquia dos executivos, isto é, do presidente, diretores, gerentes, supervisores, analistas etc. A atuação dos diversos tipos de gestores ocorre em graus de autonomia e de complexidade distintas. Um diretor tem autonomia para uma série de decisões e se envolve em termos de planejamento em horizontes temporais distintos do supervisor a ele subordinado, por exemplo.

- À especificidade técnica: ainda que a organização seja estruturada de maneira a atender as demandas mais diversificadas, as áreas funcionais e as diferentes perspectivas e mesmo autonomias, de maneira sistêmica, devem ser coordenadas. Um gerente de manutenção de uma fábrica, em confronto com um gerente de vendas de um produto de consumo, da mesma empresa, provavelmente terá diferentes demandas por formalização, horizonte de planejamento e participação.

3.4   Planejamento em geral e estratégico em particular

Planejar significa decidir antecipadamente, independentemente do horizonte temporal e do nível de formalização e participação em que isso se verifique. Em alguma dimensão todas as organizações planejam. O processo, conceitualmente, estabelece o padrão em relação ao qual as ocorrências devem ser comparadas, sejam elas eminentemente quantitativas ou mesmo qualitativas. O que difere o processo nas empresas é o perfil desse processo, levando em conta os seguintes aspectos:

- Horizonte de planejamento. Algumas organizações não percebem nenhuma oportunidade no horizonte de longo prazo e concentram seus esforços numa perspectiva temporal mais curta, em que podem realmente ter utilidade; contudo, conceitualmente, a dimensão de longo prazo deveria existir, seja qual for. Para uma organização planejar para o mês seguinte pode ser suficiente, enquanto que para outra menos do que três anos de projeção futura não atende à demanda, dadas as suas necessidades estratégicas e táticas.

- Formalização do processo. O grau de formalização pode ser variável nas organizações. Pode existir um intenso processo de discussão e definição das ações futuras, mas não necessariamente formalizado em detalhes. Em que aspectos o processo deve ou não ocorrer de maneira formalizada é uma prerrogativa dos gestores e depende de seu modelo de gestão. Todavia, as variáveis que afetam o grau de formalização, o porte e a complexidade da organização são fatores relevantes.

- Participação dos gestores. Participar do processo pode ter diversos significados na hierarquia da entidade. Participar da definição e da aprovação de suas próprias metas pode ser a forma mais clara de evidenciar a participação, mas podem ocorrer, dependendo do modelo de gestão da entidade, percepções diferentes do que seja percebido como participação num nível diretivo e na supervisão, por exemplo. Na verdade, até onde estender o envolvimento no planejamento é uma decisão específica de cada entidade.

Em relação às etapas processo inicia-se com o planejamento estratégico, onde são definidos os objetivos, estratégias e políticas, bem como os planos detalhados para assegurá-los. A seguir, é elaborado o orçamento, que exerce um importante papel, tanto no planejamento quanto no controle, para o alcance das metas da organização.

Embora possa parecer conceitualmente simples, a transformação das estratégias em um plano operacional pode apresentar sérias dificuldades para a organização. Isso ocorre porque o planejamento estratégico, no que se refere aos componentes, varia nas empresas ao contemplar elementos e escopo de decisões com diferentes graus de abrangência. Igualmente, a questão da participação dos gestores pode assumir diferentes formatações. Finalmente, o próprio grau de formalização e a maneira como ela ocorre podem ser diferenciados entre as organizações.

Essas questões afetam diretamente a utilização do orçamento, pois, se não ficar claro para os gestores o que deve ser feito, resolvido e decidido no planejamento estratégico, o orçamento será a ferramenta que deverá atender essas demandas, prejudicando o desempenho da organização.

A Figura 3.3 explicita os elementos contidos no processo e planejamento. A existência de todos eles ou de apenas alguns depende do entendimento da importância e da utilidade que os gestores atribuam ao processo como um todo, bem como de fatores contingenciais. No processo de planejamento estratégico podem ser percebidos:

Visão: formalização de uma reflexão com razoável grau de abstração em que se expressa o propósito básico da entidade. A sua utilidade está ligada a proporcionar direcionamento de longo prazo para os gestores. Exemplos:

"Gente servindo gente."

"Ser vista pelos *stakeholders* como modelo de excelência em determinado campo de atuação."

Missão: indica para que a organização existe, qual a sua contribuição para o ambiente em que atua. Exemplo:

"Gás e energia, nos mercados nacional e internacional, fornecendo produtos e serviços adequados às necessidades dos seus clientes e contribuindo para o desenvolvimento do Brasil e dos países onde atua."

Objetivos de longo prazo: expressam o estado ou a situação futura objetivada e direcionam as ações da empresa para o longo prazo. Essencialmente deve existir mais de um indicador monetário e também não monetário. Um modelo de *Balanced Scorecard* (Capítulo 9) insere-se nesse contexto por conter vários indicadores estratégicos que permitem operacionalizar os objetivos. Na ausência desse artefato, outro que o substitua deverá alinhar objetivos de curto e de longo prazos. Um objetivo é composto por três elementos: (i) o atributo, que representa aquilo que se deseja medir; (ii) o padrão, que é a escala com que se deseja medir o atributo; e (iii) a meta, que corresponde a um valor específico. Também devem proporcionar uma referência temporal para situar o momento do desempenho esperado (anos, meses etc.). Exemplos de objetivo de longo prazo: conquistar 40% de participação de mercado dentro dos próximos cinco anos, atingir retorno sobre o PL de 30% nos próximos três anos, aumentar a lucratividade média dos produtos em 10% nos próximos dois anos.

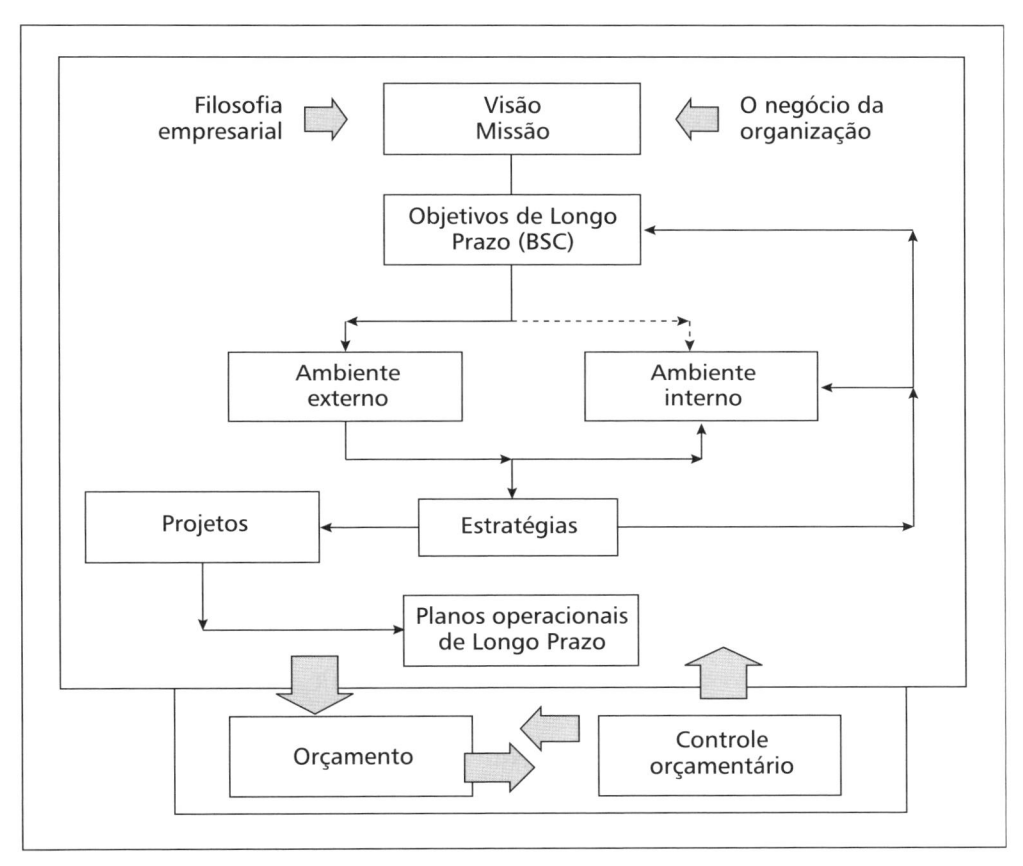

Fonte: Frezatti, 2007, p. 27.

Figura 3.3   *Planejamento empresarial.*

Cenários sobre o ambiente externo: mostra como a entidade percebe o seu mundo, sua delimitação, seus riscos e ameaças. Exemplos: a entidade pode analisar o seu ambiente externo segregando mercados regionais, tipos de clientes, perspectivas tecnológicas, nível de renda etc. Existem vários modelos que permitem estruturar cenários, com abordagens distintas: quantitativa, qualitativa etc.

Cenários sobre o ambiente interno: corresponde ao olhar interno da entidade, sua estrutura, seus recursos, seu grupo de colaboradores, seu capital intelectual.

Carteira de projetos de investimento: apresenta os projetos de investimento que, no contexto do processo de planejamento, a empresa analisa e decide pela implementação ou não. A aprovação dos projetos e sua correspondente implementação dependem dos dois cenários antes comentados e podem ocorrer em diferentes momentos. Aqui, o papel da Controladoria é fundamental, no que se refere à análise da viabilidade econômica dos projetos e apoio consultivo para as áreas da organização.

Estratégias: decorrem de uma análise integrada da entidade e correspondem a definir como os recursos serão alocados para atingir certo objetivo.

Planos operacionais de longo prazo: transformam as decisões em demonstrações contábeis projetadas para um período de longo prazo. Significam dispor de balanço, demonstração de resultados e fluxo de caixa para a entidade consolidando diferentes decisões. Esse elemento é fundamental para a conexão do planejamento estratégico com o orçamento, pois permite comparar ambos e dimensionar indicadores financeiros.

Políticas e procedimentos: as políticas são guias de raciocínio que dão a direção e o sentido necessários para o processo de tomada de decisão repetitivas, dando congruência aos objetivos. Por sua vez, os procedimentos determinam como implementar as decisões adotadas a partir da aplicação das políticas empresariais, sendo que os seus graus de formalização nas empresas podem ser variáveis. Uma vez definidas as políticas, os procedimentos devem disciplinar, detalhar o desenvolvimento das atividades que permitam que as políticas sejam executadas.

Chenhall e Langfield-Smith (1998) incluíram o planejamento estratégico no âmbito do controle gerencial. Por sua vez, a Contabilidade Gerencial é parte integrante do controle gerencial. Ao analisar o planejamento estratégico, seus ingredientes mercadológicos, por exemplo, não fazem parte da Contabilidade Gerencial, mas o relacionamento com a base de dados que poderá permitir o seu acompanhamento e proporcionar a projeção dos resultados por vários anos provém da Contabilidade Gerencial. Dado o interesse em perceber o planejamento e controle como um todo foi considerada adequada a sua inclusão na pesquisa, embora entendendo que se trata de artefato que transcende a Contabilidade Gerencial propriamente dita.

3.5   Orçamento

Van der Stede (2001) menciona que o orçamento é um subconjunto de um completo sistema de controle organizacional, o "todo". Implica dizer que não deve ser planejado e analisado isoladamente. Como ponto de partida, o orçamento deveria estar subordinado e decorrer do planejamento estratégico estabelecido pela entidade. Uma vez inserido o orçamento no âmbito do planejamento é importante entendê-lo no processo, ou seja, compreender o papel que os gestores desejam atribuir a ele e qual a extensão do processo.

Covaleski et al. (2003) mencionam que o orçamento **pode** ser usado para vários propósitos, incluindo planejamento, coordenação e organização de atividades, alocação de recursos, motivação de funcionários, e expressando a conformidade com as normas sociais. Hansen e Van der Stede (2004) especificam que o orçamento pode cumprir com as seguintes funções na empresa: plano operacional, avaliação de desempenho (corroborados por HOPWOOD, 1972), comunicação de objetivos e formação de estratégias.

Diferenças em quadro comparativo. Além da questão hierárquica entre o planejamento estratégico e orçamento, situação em que o orçamento deve conter as decisões tomadas no ciclo de planejamento estratégico, algumas questões comparativas são relevantes no texto. As principais diferenças entre PE e orçamento são:

- Ambiente externo: enquanto o planejamento estratégico está voltado mais para as ocorrências do ambiente externo, o orçamento precisa relacionar as ocorrências internas da entidade, já que está subordinado ao planejamento estratégico, que deve captar os elementos externos. Todavia, em situações de gestão colaborativa na cadeia de valor em que a empresa opera, é possível elaborar-se orçamento inter-empresas.

- Horizonte: enquanto o planejamento estratégico requer uma dimensão de longo prazo, que pode ser de dois, três, cinco ou mais anos, o orçamento geralmente foca um período menor, normalmente, de um ano.

- Demanda por operacionalização: o orçamento requer dos gestores um grande esforço no detalhamento, envolvimento e especificação para que sejam operacionalizadas as decisões, o que pode ser mais sumarizado no planejamento estratégico.

A estruturação do orçamento pode ocorrer de várias maneiras e, dependendo do tipo de atividade, podem ser encontradas diferentes estruturas de planos (ou subplanos) e o essencial é que reflita o real perfil de atividade. O que se espera do relacionamento causal dos vários subplanos é que eles permitam tanto a especificação do processo decisório como o seu controle. Como exemplos de três empresas de segmentos distintos podem-se citar as do Quadro 3.2.

Quadro 3.2 *Conteúdos de diferentes setores.*

Descrição	Empresa industrial	Instituição financeira	Empresa de serviços
Premissas operacionais e econômico-financeiras	Xxx	Xxx	Xxx
Plano de marketing (vendas, comunicação e despesas comerciais)	Xxx		Xxx
Plano de marketing (operações ativas e passivas e serviços)		Xxx	
Plano de produção e logística	Xxx		
Plano de logística		XXX	xxx
Plano de investimentos	Xxx	Xxx	Xxx
Plano de RH	Xxx	Xxx	Xxx
Demonstrações contábeis projetadas	Xxx	Xxx	xxx

O quadro mostra que alguns elementos do orçamento sempre existirão qualquer que seja o setor da entidade. Por exemplo, as premissas econômico-financeiras, independentemente do setor em que a entidade se localize, serão o ponto de partida para qualquer entidade. O mesmo ocorre com as demonstrações projetadas, os planos de investimentos e de RH. Contudo, uma empresa comercial não tem um plano de produção, embora deva dispor de um plano de logística. Uma instituição financeira, ao projetar operações ativas, passivas e serviços, substitui o que uma empresa industrial denominaria simplesmente de plano de marketing.

3.6 Controle orçamentário

Corresponde ao fechamento do processo de gestão e ocorre não apenas antes, mas durante e após a ocorrência das atividades. O controle orçamentário se materializa na organização a partir do momento em que algum tipo de relatório:

- Indica o previsto × realizado nas várias áreas, atividades, unidades etc.

- Proporciona informações e condições para que os gestores da estrutura organizacional da entidade possam entender os resultados obtidos, conhecer as variações favoráveis e desfavoráveis dos eventos em comparação com o que foi previsto.

- Proporciona condições de questionamento das variações em termos de causa e efeito.

- Permite reprogramar o planejamento remanescente da entidade.

- Permita, caso a organização o queira, recompensar o desempenho no nível das áreas internas e do indivíduo.

O controle gerencial é processado comparando-se aquilo que realmente foi ou está sendo feito com algum padrão relativo ao que deveria ser alcançado. Quando os resultados encontrados forem diferentes daquilo considerado aceitável, então o gestor deve identificar as causas da discrepância e, se necessário e possível, tomar as providências para ajustar a condição anterior, antes que o desvio se agrave e seja tarde demais para a sua recuperação. Ao tomar providências, o gestor procura reduzir a distância entre o padrão esperado e o resultado alcançado, reconduzido a organização à sua rota original.

Para que isso ocorra, a Contabilidade Gerencial, entendendo-se como responsável pelo sistema de informações gerenciais, é o pilar que proporciona

condições de gerar as informações financeiras e não financeiras para o planejamento e controle da organização.

3.7 Caracterização do controle quanto às unidades de análise

Dentro das organizações existem três níveis de classificação do controle,
que se relacionam com a sua estrutura hierárquica e, consequentemente,
diferentes unidades de análise: institucional, intermediário e operacional. Os
gestores geralmente despendem parte significativa de seu tempo observando,
revendo e avaliando o desempenho de pessoas, de métodos e processos, de
máquinas e equipamentos, de matérias-primas, de produtos e serviços, em
todos os três níveis organizacionais da empresa. Assim, os controles podem
ser classificados de acordo com sua atuação nesses três níveis organizacionais,
isto é, de acordo com sua esfera de aplicação – em três amplas categorias:
controle em nível institucional, controle em nível intermediário e controle
em nível operacional.

Os três níveis de controle se interligam e se entrelaçam intimamente. À
medida que os planos vão tendo a participação mais ampla na escala hierárquica
e, consequentemente, passando a dispor de mais detalhes, o mecanismo de
controle torna-se mais evidente, mais concreto, objetivo e focado. Os controles
são mais abrangentes e gerais à medida que sobem na escala hierárquica da
empresa. De maneira geral, pode-se comentar:

a) Controle em nível institucional

Esse nível de controle refere-se aos aspectos globais da empresa, sendo
sintético, genérico e não exclusivamente de caráter econômico-financeiro, ao
lado de outros como: atendimento das necessidades do ambiente externo,
imagem no mercado, potencial de recursos humanos e de conhecimentos
tecnológicos etc. Suas principais características gerais são: (a) é direcionado
a longo prazo; (b) é macro orientado, aborda a empresa como um todo; e (c)
tende a ser genérico e sintético. Seria o equivalente ao controle estratégico?

b) Controle em nível intermediário

Sua dimensão de tempo geralmente é de médio prazo e aborda cada uma
das unidades da empresa individualmente; tende a ser menos genérico que

o controle institucional e a mescla de aspectos econômico-financeiros com físico-operacionais é evidenciada.

c) Controle em nível operacional

Como o próprio nome diz, é aquele realizado ao nível das operações, em seus aspectos mais específicos, sendo, portanto, executado sobre as atividades, tarefas e operações desempenhadas pelo pessoal não administrativo da empresa. Tem como característica principal ser fortemente voltado para o curto prazo e contempla quase exclusivamente aspectos físico-operacionais.

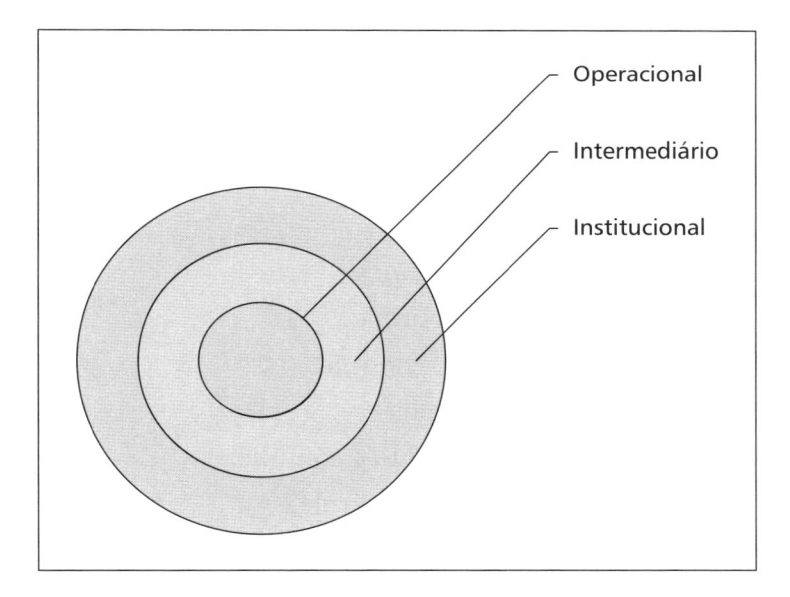

Figura 3.4 *Níveis de controle.*

Como um processo, o controle pode ter suas etapas agrupadas de diversas formas distintas:

a) Realização da atividade e exercício do controle conjugados simultaneamente. Ocorre quando existe apenas um executor, tanto para a realização da atividade quanto para o seu controle.

b) Realização da atividade e exercício do controle separados. Ocorre nos casos em que o executor da atividade é distinto do controlador.

c) Realização da atividade e exercício do controle distribuídos. É a situação encontrada mais comumente nas organizações, em que há vários executores e vários controladores em diversas posições hierárquicas.

3.8 Verificação da aprendizagem

1. Em um ambiente empresarial, conhecer a realidade, compará-la com o que se esperava ser, identificar os desvios e tomar medidas corretivas é o mesmo que:

   a) Planejamento estratégico.

   b) Execução de tarefas.

   c) Controle e análise de custos.

   d) Planejamento orçamentário.

   e) Controle organizacional.

2. São etapas do processo de gestão:

   a) Direção, coordenação e controle.

   b) Planejamento, execução e controle.

   c) Decisão, execução e controle.

   d) Administração, gerenciamento e controle.

   e) Gerenciamento, liderança e controle.

3. Assinalar a alternativa correta:

   a) Planejamento é mais importante que controle, pois sem o primeiro não existe o segundo.

   b) Execução é mais importante que planejamento, pois de nada adianta planejar se não executar.

   c) Planejamento é mais importante que execução, pois sem o primeiro a eficácia da segunda fica comprometida.

   d) Planejamento e controle são como faces de uma mesma moeda: indissociáveis.

   e) Controle é mais importante que planejamento, pois sem o primeiro o segundo não tem sentido.

4. A congruência de objetivos, segundo Anthony e Govindarajan (2002), ocorre quando:

   a) Os objetivos individuais do pessoal da organização estão à frente dos objetivos da empresa.

   b) Os objetivos individuais do pessoal da organização são conflitantes com os objetivos da empresa.

   c) Os objetivos da empresa estão acima dos interesses pessoais de seus funcionários.

   d) Os objetivos individuais do pessoal da organização são consistentes com os objetivos dela própria.

   e) É impossível haver congruência de objetivos dentro das organizações.

5. O processo pelo qual são decididos os objetivos de uma organização e as formas para atingir esses objetivos denomina-se:

   a) Controle interativo.

   b) Planejamento operacional.

   c) Planejamento estratégico.

   d) Controle organizacional.

   e) Orçamento empresarial.

6. Controlar, do ponto de vista gerencial, significa:

   a) Conhecer a origem e o valor de todas as receitas e despesas.

   b) Conhecer a origem e o valor de todos os gastos realizados.

   c) Comparar o que é com o que deveria ser e avaliar os desvios.

   d) Registrar e acompanhar o saldo de Bancos, Contas a Receber etc.

   e) Identificar, classificar e registrar os eventos que estão ocorrendo.

7. Qual alternativa de maneira mais abrangente explica o que é um orçamento:

   a) Conjunto de demonstrações contábeis projetadas.

   b) Plano operacional em termos físicos e monetários.

   c) Instrumento de planejamento e controle de custos.

   d) Instrumento para estimativa dos resultados futuros.

8. No que tange aos problemas que podem afetar o orçamento, é correto afirmar que:

   a) O orçamento não necessita e não se utiliza de informações históricas.

   b) Decisões operacionais não são um problema para a confecção do orçamento.

   c) A forma de mensuração dos objetivos é uma tarefa que não oferece problemas.

   d) Nenhuma das alternativas anteriores está correta.

9. Alguns dos benefícios em se utilizar o orçamento são:

   a) Avaliação objetiva **e** resultados contábeis-gerenciais positivos.

   b) Pensar antecipadamente **e** convergência dos objetivos organizacionais.

   c) Cálculo dos índices confrontando real *versus* orçado **e** liberdade de ação.

   d) Convergência dos objetivos organizacionais **e** permissão de rateio de custos.

10. Pode-se dizer que:

    a) A única razão que justifica o controle do orçamento é buscar e encontrar os culpados pelos desvios.

    b) O controle deve se dar no fim do período orçamentário, uma vez que só então os resultados estarão fechados.

    c) O controle deve se dar durante a execução do orçamento, a fim de que se possam tomar medidas corretivas, caso necessário.

    d) O orçamento é importante apenas como direcionador das atividades e, por isso, a tarefa de confrontar orçado com realizado é dispensável.

Bibliografia recomendada para aprofundamento do tema

ABERNETHY, Margaret A.; BROWNELL, Peter. *The role of budgets in organizations facing strategic change: an exploratory study*. **Accounting, Organizations and Society**, 24, p. 189-204, 1999.

ACKOFF, Russell L. **Planejamento empresarial**. Rio de Janeiro: Técnicos e Científicos, 1978.

BERRY, A. J.; BROADBENT, J.; OTLEY, D. **Management control**: theories, issues and performance. 2. ed. New York: Palgrave Macmillan, 2005.

BISPE, Josep; OTLEY, David. *The effects of the interactive use of management control systems on product innovation.* **Accounting, Organizations and Society**, 29, p. 709-737, 2004.

BROWN, David A.; MALMI, Teemu. Management control systems as a package: opportunities, challenges and research directions. **Management accounting research**, 19, p. 287-300, 2008.

COVALESKI, Mark; DISMIRT, Mark W. *The use of budgetary symbols in the political arena: an historically informed field study.* **Accounting Organizations and Society**, v. 13, nº 1, p. l-24, 1988.

_____; EVANS III, john H.; LUFT, Joan L.; SHIELDS, Michael D. Budgeting research: three theoretical perspectives and criteria for selective integration. **Journal of Management Accounting Reserach**, 15, p. 3, 2003.

COVALESKI, Mark. *Budgeting as a means for control and loose coupling.* **Accounting Organizations and Society**, v. 8, nº 4, p. 323-340, 1983.

FERREIRA, A.; OTLEY, D. Exploring inter and intra-relationships between the design and use of management control system. **Working Paper, SSRN**, 2006.

HANSEN, Stephen C.; OTLEY, David T.; VAN DER STEDE, Win A. *Practice developments in budgeting: an overview and research perspective.* **Journal of Management Accounting Research**, 15, 2003.

_____; VAN DER STEDE, Win A. *Multiple facets of budgeting: an exploratory analysis.* **Management Accounting Research**, 15, p. 415-439, 2004.

HARTMANN, Frank G. H.; MOERS, Frank. *Testing contingency hypotheses in budgetary research: an evaluation of the use of moderated regression analysis.* **Accounting, Organizations and Society**, 24, p. 291-315, 1999.

_____. *Testing contingency hypotheses in budgetary research using moderated regression analysis: a second look.* **Accounting, Organizations and Society**, 28, p. 803-809, 2003.

HENRI, Jean-François. Organizational culture and performance measurement systems. Accounting. **Organizations and Society**, 31, p. 77-103, 2006.

HOPWOOD, A. G. An empirical study of the role of accounting data in performance evaluation. **Empirical research in accounting**. Supplement to of Journal of Accounting Research, 12, p. 156-182, 1972.

JÖNSSON, Sten. *Budgetary behaviour in local government: a case study over 3 years.* **Accounting, Organizations and Society**, v. 7, nº 3, p. 287-304, 1982.

MERCHANT, Kenneth A. *Budgeting and the propensity to create budgetary slack.* **Accounting, Organizations and Society**, v. 10, nº 2, p. 201-210, 1985.

_____. *Influences on departmental budgeting: an empirical examination of a contingency model.* **Accounting, Organizations and Society**, v. 9, nº 3/4, p. 291-307, 1984.

_____ ; VAN DER STEDE, W. **Management control systems**. England: Prentice Hall, 2003.

MILLER, Peter; O'LEARY, Ted. *Mediating instruments and making markets: capital budgeting, science and the economy.* **Accounting Organizations and Society**, 32, p. 701-734, 2007.

POLLANEN, Raili M.; OTLEY, David. *Budgetary criteria in performance evaluation: a critical appraisal using new evidence.* **Accounting, Organizations and Society**, 25, p. 483-496, 2000.

SHIELDS, J. F.; SHIELDS, M. D. *Antecedents of participative budgeting.* **Accounting, Organizations and Society**, v. 23, nº 1, p. 49-76, 1998.

SIMONS, R. **Performance measurement and control systems for implementing strategy**: text & cases. England: Prentice Hall, 2000.

VAN DER STEDE, Wim A. The relationship between two consequences of budgetary controls: budgetary slack creation and managerial short-term orientation. **Accounting Organizations and Society**, v. 25, 2000.

_____. Measuring "tight budgetary control". **Management Accounting Research**, 12, p. 119-137, 2001.

4 Sistemas de informações gerenciais

Objetivos de aprendizagem

1. Entender o conceito de sistema de informações gerenciais.
2. Compreender a integração entre a contabilidade gerencial e o sistema de informações gerenciais.

Tópicos tratados

4.1 O que é informação?
4.2 Sistema de informações gerenciais
4.3 Integração conceitual e sistêmica do SIG
4.4 Implantação de sistemas de informações gerenciais
4.5 Verificação da aprendizagem

Questões provocativas

1. O lucro (ou prejuízo) de determinado período pode ser considerado como um dado para uma pessoa e como uma informação para outra?
2. Qual é o processo para se estabelecer um conjunto de informações necessárias à gestão?

4.1 O que é informação?

Ao se iniciar o estudo do sistema de informações gerenciais, o primeiro passo consiste em determinar quais informações devem ser geradas pelo mesmo e, consequentemente, quais são os dados necessários para alimentar o sistema.

Um *dado* é uma descrição ou mensuração de um objeto, de um atributo do objeto ou de um evento que, alternativamente: (a) já é conhecido por quem recebe; (b) não é conhecido, mas também não lhe interessa conhecer; ou (c) não contribui para melhorar a compreensão de alguma situação ou problema. Por exemplo: suponha que em todos os dias úteis, entre sete e nove horas da manhã, o trânsito esteja sempre congestionado em determinada via pública. Se uma estação de rádio ou de TV diariamente anuncia aquele engarrafamento, então, para os motoristas que costumam trafegar por ali, aquela notícia é um simples dado, pois eles já tinham conhecimento daquilo. Para os motoristas que não se utilizam daquela via trata-se, também, de um mero dado, pois a eles aquela descrição não interessa. Logo, um *dado* apenas, isoladamente, não é útil, pois não ajuda as pessoas a tomar decisões; sua utilidade configura-se enquanto *input* do sistema de informação, como se aquele fosse a matéria-prima desta.

Por outro lado, *informação* é uma descrição ou mensuração de um objeto ou evento que: (a) provoca surpresa em quem a recebe; (b) reduz suas incertezas; e (c) ajuda-o a tomar decisões. Para o usuário habitual da via pública mencionada no parágrafo anterior, se uma estação de rádio oferecer sugestão de uma alternativa de tráfego para fugir do congestionamento, ela estará fornecendo, de fato, uma verdadeira informação. Logo, uma *informação* sempre terá chance de ser útil, ao ajudar as pessoas a tomar decisões.

Assim, aquilo que é um dado para uma pessoa pode ser informação para outra; logo, uma dedução lógica derivada do conceito de dado e de informação é que a caracterização como uma ou outra depende da utilidade, ou não, para quem recebe.

Conforme se verá adiante, o sistema de informação deve transformar dados em informações; sabendo-se que produto é tudo que satisfaz uma necessidade, pode-se deduzir, por analogia, que a informação é um produto, cuja matéria-prima são os dados.

Uma informação, para ser útil, deve possuir as seguintes características principais, entre outras: abrangência, relevância, confiabilidade, comparabilidade, materialidade, tempestividade e compreensibilidade.

Abrangência, nesse contexto, significa que a informação deve contemplar toda uma classe ou categoria de eventos da mesma natureza; relevância, no sentido de que deve ser uma base de referência para se realizar *feedback* ou ter valor preditivo; confiabilidade, no sentido de ser neutra e de refletir adequadamente a realidade; materialidade, em termos de que apresente substância; tempestividade, no sentido de que a informação deve ser oportuna; compreensibilidade significa que a informação deve ser entendida pelo seu destinatário.

No âmbito da Controladoria, quando se trata de informação quantitativa (monetária ou não), muitas vezes a acurácia é mais importante que a exatidão. Esta última característica (exatidão) diz respeito ao grau de precisão do número informado, como, por exemplo, a quantidade de casas decimais; a quantidade de casas decimais deve ir até o limite da preservação da materialidade; mais do que isso, é desnecessária.

Já a acurácia está relacionada à correção dos critérios utilizados para se chegar ao número, como, por exemplo, o uso de um critério de rateio de custos indiretos para calcular o custo de um produto. Se o critério for inadequado, mal estabelecido, de nada adianta fazer os cálculos com várias casas decimais, pois a informação estará exata, mas incorreta; ao contrário, se o critério for adequado, bem estabelecido, lógico e racional, mesmo um valor com menos casas decimais estará correto, será relevante e, portanto, útil para tomada de decisão. O ideal seria, é claro, obter-se um resultado ao mesmo tempo válido, isento de vieses, e também preciso. Nesse sentido, a acurácia está relacionada ao atributo relevância, tanto para prover *feedback* como para possibilitar projeções. O importante é que os gestores conheçam as limitações do processo de mensuração, para que possam trabalhar com certa margem de segurança.

4.2 Sistema de informações gerenciais

Para entender o conceito de sistema de informação gerencial deve-se iniciar lembrando que *sistema* é um conjunto coordenado de elementos interdependentes que interagem para atingir determinado objetivo. O adjetivo *gerencial*, por sua vez, designa algo relativo ao exercício de gerência, administração ou gestão.

Assim, sabendo-se o que é *sistema*, o que significa *informação* e ao que se refere o termo *gerencial*, pode-se definir Sistema de Informações Gerenciais

(SIG) como *um conjunto de recursos e procedimentos interdependentes que interagem para produzir e comunicar informações para gestão.*

Para que serve um SIG? Sua utilidade é gerar informações que atendam às necessidades dos tomadores de decisões, dando suporte ao processo de gestão em todas as suas etapas: planejamento, execução e controle.

O SIG deve ser entendido como um subsistema da organização e, para que seja eficaz, deve ser projetado em consonância com a estrutura organizacional e com o modelo de gestão da entidade. Por exemplo: se uma empresa é estruturada por processos, provavelmente não será muito útil gerar informações sobre custos apenas por departamento. Por sua vez, as várias unidades de negócio e seus centros de responsabilidades devem ser espelhados no sistema para que os usuários possam dispor de informações.

Como deve funcionar um SIG? A essência do funcionamento de um Sistema de Informações Gerenciais consiste em captar e identificar os eventos econômicos, interpretar, analisar, registrar e acumular os dados relativos aos eventos e processar os dados transformando-os em informações que possam ser, de fato, utilizadas nas decisões dos gestores, dando sustentação à administração, para que atinja seus objetivos e otimize os resultados esperados.

De forma resumida, o SIG deve:

a) Identificar os eventos; coletar, registrar e acumular os dados relativos aos eventos e processar dados, realizar cálculos (mensuração) e gerar informações.

b) Comunicar informações sobre os eventos, atividades, produtos e seus atributos, unidades de negócio etc. (informação).

c) Sinalizar e orientar as ações dos gestores, motivando-os a tomar as melhores decisões.

Um sistema de informação deve gerar informações que sejam úteis em qualquer etapa do processo administrativo: planejamento, execução e controle. Além disso, deve não só contemplar os eventos passados, mas também proporcionar condições de ter aqueles que representam o planejamento para o futuro. De forma geral, confrontar as duas dimensões, apurar variações e permitir que explicações sobre divergências relevantes são de fundamental importância para os gestores. Nesse sentido, as informações geradas devem ser pensadas, elaboradas e informadas em uma estrutura compatível com o sistema de informação existente na organização, facilitando tanto a comparação entre planejado e realizado quanto a elaboração e a divulgação dos ajustes necessários.

Um aspecto fundamental a ser considerado é a forma como as informações serão comunicadas aos seus destinatários; essa questão tem respaldo na Teoria da Comunicação, da Semiótica e da Psicologia Cognitiva, particularmente questões relacionadas à aprendizagem e conhecimento (BIRNBERG; LUFT; SHIELDS, 2007) nos estudos de contabilidade comportamental. Nesse sentido, é particularmente importante o *layout* dos relatórios gerenciais, como evidenciado no experimento com custeio baseado em atividades realizado por Cardinaels (2008) que identificou que relatórios em formato de gráfico são mais adequados para usuários com baixo nível de conhecimento técnico de custos, enquanto que relatórios tradicionais devem ser destinados a usuários com um maior nível de conhecimento técnico de custos. Adicionalmente, ele identificou que a utilização de *layouts* inadequados afetava a lucratividade de uma organização.

Basicamente, os relatórios contábeis gerenciais devem gerar, além das demonstrações contábeis mais usuais, tabelas, quadros, gráficos e figuras; devem, sempre que possível, trazer comentários sobre o que está sendo reportado e sugerir aos gestores ações que poderiam ser tomadas à luz das informações reportadas. Esses relatórios precisam ser compreensíveis pelos usuários, numa linguagem correta, porém sem abusar de termos muito específicos de determinadas áreas, como contabilidade, economia, direito, engenharia etc. Afinal, o relatório deverá auxiliar o usuário da informação e não o responsável por sua elaboração. Quanto ao meio de divulgação, devem-se utilizar recursos eficientes disponíveis na organização, como *e-mail*, intranet etc.

Considerando-se a dinâmica dos negócios no mundo empresarial, as informações devem ser geradas de maneira rápida e precisa, devendo estar disponíveis de forma tempestiva, se possível em tempo real. Isso significa que o sistema deve processar as transações no momento em que elas ocorrem – compra, venda, produção etc. – e seus efeitos reportados nas demonstrações contábeis, disponíveis aos usuários sempre que necessário e não apenas no fim do período contábil. Por exemplo: numa loja de supermercado, a cada vez que um código de barras é lido na passagem de mercadorias pelos caixas, a receita é processada, os tributos incidentes são apurados e o nível de estoque é atualizado, ou seja, a informação é gerada em tempo real.

Um Sistema de Informações Gerenciais deve possuir, pelo menos, três módulos ou subsistemas: Contabilidade, Custos e Orçamento, conforme mostra a Figura 4.1.

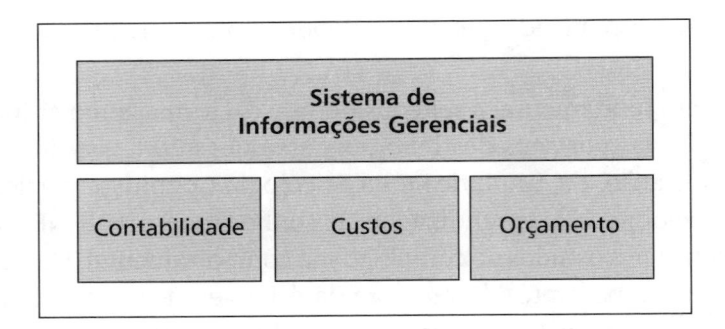

Figura 4.1 *Módulos de um sistema de informações gerenciais.*

Cada subsistema ou módulo deve atender a necessidades específicas das diversas áreas ou unidades da empresa, tal como é descrito a seguir.

A contabilidade é o cerne do sistema de informações gerenciais: ela identifica, mensura e registra, de acordo com a sua natureza, os eventos econômicos que decorrem, principalmente, das transações realizadas entre a organização e terceiros, tais como: clientes, fornecedores etc. Os dados são acumulados, consolidados e estruturados de forma a gerar relatórios contábeis periódicos. O sistema contábil em si é alimentado – e, portanto, integrado – com dados de vários subsistemas, como, por exemplo: suprimento, contas a receber, contas a pagar, tesouraria etc.

O orçamento é o sistema que traduz o plano operacional da empresa, geralmente expresso em termos físicos e operacionais, em sua expressão monetária. Assim, a projeção de metas econômico-financeiras, tais como, por exemplo, volume de produção e suas vendas por áreas, unidades de negócio, mercados, regiões etc., é transformada em seus equivalentes financeiros e monetários, sob a forma de custos, despesas e receitas. A partir daí, esses dados são organizados em forma de demonstrações contábeis projetadas para o horizonte temporal do planejamento. O Capítulo 3 trata desse assunto em maior nível de profundidade.

O sistema de custeio trata da mensuração do custo das diversas entidades de interesse, tais como processos, atividades, centros de custos, produtos etc., tanto para alimentar os dois primeiros – contabilidade e orçamento – como para prover informação para decisões. Um sistema de custeio deve apoiar-se em padrões físicos – tais como quilogramas, toneladas, litros etc. – e monetários de custos.

4.3   Integração operacional e sistêmica do SIG

Integração conceitual significa que os conceitos utilizados num subsistema devem ser consistentes com os empregados nos demais. Por exemplo: se o sistema contábil trabalha com custos históricos e o sistema de custos utiliza o custo de reposição, então os relatórios gerenciais devem mostrar a conciliação entre esses dois valores. Em outras palavras: se não houver essa integração, os relatórios mostrarão números diferentes, podendo gerar – e geralmente geram – confusão na mente das pessoas que o vão ler.

Para que o Sistema de Informações Gerenciais funcione corretamente, é necessário que haja uma adequada integração entre os seus três principais subsistemas (contabilidade, custos e orçamento), os quais devem estar bem integrados sob dois aspectos: o conceitual e o operacional (também chamado sistêmico).

Outros aspectos conceituais que devem estar integrados no SIG, mas que muitas vezes podem ser conflitantes, são, por exemplo:

a) Custeio por Absorção na Contabilidade Societária × Custeio Variável na Gerencial.

b) Valores históricos na Societária × valores históricos corrigidos na Gerencial.

c) Depreciação em linha reta na Societária × soma dos dígitos no orçamento.

d) Mistura de valores a vista e a prazo na Societária × a valor presente na Gerencial.

e) Regime de Competência na Societária × Regime de Caixa no orçamento etc.

Conforme descrito anteriormente, o sistema de informação deve ser estruturado de forma a possibilitar a conciliação de possíveis diferenças, sempre que mais de um tipo de metodologia for necessária para gerar uma mesma informação.

Já a integração sistêmica, também chamada integração operacional, significa que a troca de dados entre os vários subsistemas – por exemplo: contabilidade, custos e orçamento – deve ocorrer sem conflitos, superposições ou duplicidade, utilizando a mesma base e banco de dados. Infelizmente ainda se encontram empresas em que o orçamento é preparado e acompanhado, por exemplo, na área de Planejamento, de forma independente da contabilidade, inclusive em termos de processamento dos dados. Outra prática que vai contra a integração sistêmica é a proliferação do uso de planilhas por várias áreas da empresa, paralelamente ao ERP (Enterprise Resource Planning). Portanto, as informações não devem ficar dispersas de forma a dificultar o acesso a elas.

4.4 Implantação de sistemas de informações gerenciais

O processo de implantação de um SIG é bastante semelhante – no que se refere às fases – ao projeto de lançamento de novos produtos. Começa com a concepção e projeto, passa pelo desenvolvimento, teste e validação e chega, finalmente, à implantação propriamente dita. Depois disso, é preciso acompanhar o seu desempenho, colhendo opiniões dos diversos usuários, avaliando a qualidade das decisões tomadas antes e depois da implantação e realizando os ajustes que se façam necessários.

Para implementar um Sistema de Informações Gerenciais, é necessário que se tomem várias precauções, para que ele venha a funcionar de maneira eficiente e eficaz. Alguns aspectos que devem ser observados são os seguintes (entre outros):

a) Análise da viabilidade econômica do projeto.

b) Implementação gradual.

c) Treinamento do pessoal.

d) Cuidado com a "importação" de sistemas.

e) Garantia de recursos materiais, humanos e tecnológicos.

f) Planejamento e controle do processo de implantação.

g) Aspectos comportamentais.

4.5 Verificação da aprendizagem

Assinalar a alternativa correta

1. Relatórios Gerenciais são documentos que:
   a) Coletam e consolidam dados.

b) Processam e consolidam dados.

c) Consolidam e estruturam informações.

d) Processam e consolidam transações.

e) Processam e consolidam mensurações.

2. A Contabilidade, em relação aos eventos econômicos, deve:

a) Mensurar.

b) Mensurar e informar.

c) Informar e decidir.

d) Comunicar e informar.

e) Comunicar.

3. *Dado* é algo que:

a) Ajuda a tomar decisões.

b) Reduz o grau de incerteza.

c) Provoca surpresa nas pessoas.

d) Transforma o risco em incerteza.

e) Não provoca surpresas.

4. Informação é algo que:

a) Ajuda a tomar decisões.

b) Não interessa às pessoas.

c) Processa e consolida transações.

d) Transforma o risco em incerteza.

e) Não provoca surpresas.

5. Indique a alternativa que evidencia conflito conceitual (por exemplo, entre o orçamento e a contabilidade):

a) Custo histórico e custo real.

b) Custo corrigido e custo a valor presente.

c) Custo corrente e custo de reposição.

d) Custo histórico e custo de reposição.

e) Custo-padrão e custo predeterminado.

6.   Indique a alternativa que indica integração conceitual (por exemplo, entre o orçamento e a contabilidade):

   a) Preços a vista e preços a prazo.

   b) Custo histórico e custo de reposição.

   c) Custo histórico e custo-padrão.

   d) Terminologia e classificação de custos.

   e) Custo histórico no orçamento e na contabilidade.

7.   São subsistemas do Sistema de Informações Gerenciais:

   a) Gestão, decisão e mensuração.

   b) Custos, financeiro e contábil.

   c) Orçamento, custos e contabilidade.

   d) Planejamento, execução e controle.

   e) Planejamento, orçamento e controle.

8. Assinalar V (verdadeiro) ou F (Falso):

   a) (   ) O orçamento está ligado tanto ao planejamento estratégico como ao operacional.

   b) (   ) A Contabilidade é capaz de fornecer todas as informações necessárias para vários usuários, de forma consistente com todos os modelos de decisão.

   c) (   ) Dados são mensurações ou descrições de objetos ou eventos que não provocam surpresa nas pessoas que os recebem.

   d) (   ) Como os sistemas de informações gerenciais são autoexplicativos, a Controladoria não precisa dar suporte aos usuários.

   e) (   ) Executivos realmente competentes não precisam de informações para tomar suas decisões.

Em relação à observância de aspectos comportamentais, recomenda-se a leitura do Capítulo 11 deste livro (Teorias organizacionais no controle gerencial).

Bibliografia recomendada para aprofundamento do tema

ABERNETHY, Margaret A.; BOUWENS, Jan. *The consequences of customization on management accounting system design*. **Accounting, Organizations and Society**, 25, p. 221-241, 2000.

BHIMANI, A.; ROBERTS, Hanno. *Management accounting and knowledge management: in search of intelligibility.* **Management Accounting Research**, 15, p. 1-4, 2004.

CARDINAELS, Eddy. The interplay between cost accounting knowledge and presentation formats in cost-based decision-making. **Accounting, Organizations and Society**, 33, 6, p. 582-602, 2008.

CHAPMAN, Christopher S. *Not because they are new: developing the contribution of enterprise resource planning systems to management control research.* **Accounting, Organizations and Society**, 30, p. 685-689, 2005.

DECHOW, Niels; MORITSEN, Jan. *Enterprise resource planning systems, management control and the quest for integration.* **Accounting Organizations and Society**, 30, p. 691-733, 2005.

GRÖNLUND, Anders; JÖNSSON, Sten. *Life with a sub-contractor: new technology and management accounting.* **Accounting, Organizations and Society**, v. 13, nº 5, p. 512-532, 1988.

HANSEN, Allan; HANSEN, Carsten Orts; MOURITSEN, Jan. *Short and long translations: management accounting calculations and innovation management.* **Accounting, Organizations and Society**, 2009.

HEDBERG, B.; JÖNSSON, Sten. *Designing semi-confusing information systems for organizations in changing environments.* **Accounting, Organizations and Society**, v. 3, nº 1, p. 41-64, 1978.

KIHN, Lili-Anne; CHAPMAN, Christopher S. *Information system integration, enabling control and performance.* **Accounting, Organizations and Society**, 34, p. 151-169, 2009.

MILLER, Peter. *On the interrelations between accounting and the state.* **Accounting Organizations and Society**, v. 15, nº 4, p. 315-338, 1990.

_____. *The multiplying machine.* **Accounting, Organizations and Society**, v. 22, nº 3/4, p. 355-364, 1997.

QUATTRONE, Paolo; HOPPER, Trevor. *What does organizational change mean? Speculations on a taken for granted category.* **Management Accounting Research**, 12, p. 403-435, 2001.

5 Diferentes métodos de custeio e seu impacto sobre o controle gerencial

<small>OBJETIVOS DE APRENDIZAGEM</small>

1. Expor os diferentes métodos de se calcular o custo dos bens e serviços produzidos pelas empresas.
2. Discutir a utilidade de cada um dos métodos de custeio.
3. Entender como as diferentes maneiras de calcular o custo podem influenciar o processo de controle gerencial.
4. Apresentar alguns fatores institucionais, sociológicos, comportamentais e de contingência que podem exercer influência direta ou indireta sobre a adoção dos métodos de custeio.

<small>TÓPICOS TRATADOS</small>

QUESTÕES PROVOCATIVAS

1. Para alguns pesquisadores e profissionais de empresas todo rateio de custos deve ser evitado, porque os critérios são sempre subjetivos e arbitrários. Você concorda? Fundamente sua resposta.
2. Considere um edifício residencial cujo custo de consumo de água sempre foi rateado entre os condôminos. Se forem instalados hidrômetros em todas as unidades (eliminando-se o rateio) haverá alteração no volume de água consumida? Por quê? Como esse raciocínio pode ser transportado para o contexto empresarial?
3. Ainda em relação à questão anterior: caso haja redução de desperdício, a economia seria suficiente para compensar o custo total de aquisição, instalação e manutenção dos hidrômetros?
4. Quais são os custos que, nas empresas, normalmente costumam ser rateados entre as diretorias, gerências, coordenadorias, departamentos etc.?
5. Quais são os impactos comportamentais provocados pelo rateio de custos nas organizações?

5.1 Introdução

Informações de custos são importantes em várias instâncias do processo de gestão das organizações: para possibilitar a apuração do resultado e da margem dos produtos e das áreas de responsabilidade, para mensurar e melhorar a eficiência no uso dos recursos econômicos, para avaliar desempenhos etc. Por essas razões, os sistemas, métodos e formas de calcular os custos são elementos fundamentais para o processo de controle gerencial; é nesse contexto que se insere este capítulo, focado na questão dos métodos de custeio.

As informações de custos são úteis e necessárias nas organizações públicas, privadas e do terceiro setor para:

- Elaborar demonstrações contábeis no âmbito da Contabilidade Financeira, destinadas para usuários externos, tais como acionistas, credores, governo etc. Trata-se, aqui, fundamentalmente, de utilizar os valores dos custos dos produtos para elaborar o balanço patrimonial, a demonstração de resultados e outras demonstrações contábeis exigidas por lei ou requeridas por práticas de boa governança corporativa.

- Elaborar demonstrações contábeis no âmbito da Contabilidade Gerencial, para fins de:
- estabelecer metas de custos e resultados em relação a produtos, unidades de negócio etc.;
- avaliar o desempenho dos vários membros da organização responsáveis pelos produtos ou unidades;
- gerenciar preços;
- gerenciar a capacidade;
- otimizar processos e atividades;
- introduzir ou eliminar produtos ou linhas de produtos;
- transformar produtos e clientes deficitários em lucrativos;
- revisar o posicionamento estratégico em relação a certos produtos e clientes etc.

Uma das primeiras etapas do processo de concepção de um sistema de apuração de custos é a identificação das entidades objeto de custeio. De maneira genérica, entidade objeto de custeio é *tudo aquilo cujo custo seja importante conhecer.* Geralmente, a principal entidade objeto de custeio são os produtos, designados, também, de entidades finais de acumulação de custos. Além dos produtos, outras entidades também são importantes: unidades organizacionais, atividades, processos etc.

Além disso, a análise e o gerenciamento do custo dos produtos nas empresas devem levar em conta algumas definições, as quais dão forma e conteúdo ao sistema de apuração de custos. As principais são:

- O sistema de acumulação de custos, que se refere à definição da entidade objeto de custeio cuja informação faça mais sentido para a administração: nesse sentido, os custos podem ser acumulados e reportados por lotes ou ordens de produção, por encomendas, por fases do processo produtivo, por células de manufatura etc. Considerando-se a disponibilidade de recursos de tecnologia de informação, é possível – e desejável – conceber, desenvolver e implementar sistemas capazes de acumular os custos por mais de uma entidade: por lotes, por fases do processo etc.
- A forma de custeio, que diz respeito aos valores atribuídos: podem ser valores passados (custo histórico) ou projetados segundo crité-

rios predeterminados (custo padrão). Além dessas, os estoques existentes em determinada data podem ser valorados segundo seu custo corrente: custo de reposição. Aqui, também, os sistemas de ERP permitem que os custos sejam calculados e reportados tanto com base nos valores reais (históricos), como nos projetados, até para que se possam fazer comparações e analisar as variações, de forma análoga ao acompanhamento e controle orçamentário.

- O método de custeio, que diz respeito à definição de quais custos devem ser considerados como custos dos produtos e quais precisam ser entendidos como sendo da empresa ou da planta como um todo. Nesse sentido, tem-se o Custeio Variável, o Custeio por Absorção e o Custeio por Atividades, que serão estudados neste capítulo.

Por ser a Contabilidade uma ciência social aplicada, a informação contábil não é formatada, apenas, em função de aspectos técnicos de natureza econômica e financeira; ela é condicionada, também, por fatores de ordem psicológica, motivacional, organizacional, legal, normativa etc. Portanto, os valores gerados pela contabilidade não necessariamente representam o que é mais racional e tecnicamente defensável, mas também o que é mais adequado para a organização, conforme as circunstâncias. Em outras palavras, a Contabilidade é regida não só por razões racionais e objetivas, mas também por influência do contexto social em que está inserida.

Na esfera da Contabilidade Societária e da Tributária, a questão da aplicação do método de custeio é bem regulada – seja por entidades normalizadoras, seja por legislação, prevalecendo a utilização do Custeio por Absorção. Entretanto, no campo de ação da Contabilidade Gerencial, as empresas possuem certo grau de liberdade no que se refere à escolha do método de custeio de seus produtos. Essa liberdade provoca impacto direto na apuração do resultado, ou seja, métodos diferentes apresentam diferentes resultados organizacionais.

Existem razões para supor que a utilização dos diferentes métodos de custeio não depende só de saber-se qual é o mais racional, do ponto de vista técnico, mas, também, de como ele é percebido, entendido e se permite sinergia com outros artefatos de gestão. Dessa maneira, a escolha do método de custeio (ou vários métodos) pode levar em consideração, também, os seguintes objetivos:

a) Refletir uma dada realidade econômica pela perspectiva entendida pelos gestores.

b) Inibir eventuais comportamentos oportunísticos, isto é, tentativas de se utilizarem determinados procedimentos para produzir números de interesses de pessoas ou grupos.

c) Gerar informações úteis para o processo decisório.

d) Dificultar o conhecimento dos custos da empresa por parte dos concorrentes.

e) Propiciar a gestão de custos interorganizacionais.

f) Prover informação de desempenho para fins de remuneração variável.

g) Reduzir o grau de miopia em relação a custos e resultados de curto e longo prazo etc.

Não se pode esquecer que, como muitos executivos são remunerados, pelo menos em parte, em função dos lucros periódicos das empresas, existe a possibilidade de que adotem o método de custeio que melhor se ajuste aos seus próprios e imediatos interesses. Pesquisas empíricas confirmam que os executivos, em certas circunstâncias, podem utilizar práticas contábeis que aumentem ou antecipem o lucro de cada período.

5.2 Os diferentes métodos de custeio

Os métodos de custeio classificam-se em dois grandes grupos: Custeio Variável e Custeio por Absorção. Este último subdivide-se em duas espécies: Custeio por Absorção Parcial e Custeio Pleno ou Integral. Além desses, há o Custeio Baseado em Atividades (ABC), que apresenta características próprias, no sentido de que o foco principal não é o custeio de produtos e sim dos processos e atividades. Cada um deles será analisado nos tópicos seguintes.

5.2.1 Custeio variável

Esse método considera como sendo dos produtos todos os custos variáveis em relação ao seu volume de produção, e somente eles; nas demonstrações contábeis os custos fixos, inclusive os identificáveis com os produtos (custos fixos diretos), são debitados ao resultado do período, como se fossem despesas.

O resultado de cada produto é denominado *margem de contribuição*:

$$MC = RL - CV - DV$$

Em que:

MC = _Margem de Contribuição Total_

RL = Receita Líquida

CV = Custo Variável Total

DV = Despesa Variável Total

No contexto do processo de controle gerencial, sob a ótica do Custeio Variável, a lógica da não inclusão dos custos fixos nos produtos leva em conta os seguintes argumentos:

a) Os custos fixos referem-se a recursos econômicos, como aluguel e outros, geralmente adquiridos e relacionados a períodos de tempo, sem uma relação direta com os produtos elaborados.

b) Como muitos desses custos fixos são indiretos, ou seja, não identificados com os produtos, ao atribuí-los aos produtos é requerido um processo de alocação conhecido como rateio e este, muitas vezes, é realizado por meio de critérios que não proporcionam relacionamento de causalidade econômica, distorcendo a real lucratividade dos produtos e serviços.

c) A informação de custos por produtos com a inclusão de custos fixos tende a confundir os gestores, por exemplo, por incluir recursos em relação aos quais não exercem atuação, prejudicando a qualidade das decisões.

d) A demonstração de resultados do período, evidenciando o valor total dos custos fixos, já permite sua clara visualização e facilita seu gerenciamento.

e) Os resultados apurados a cada período podem acompanhar mais de perto os respectivos fluxos de caixa.

Todavia, a abordagem não pretende que os custos fixos sejam ignorados; eles são computados na apuração da margem de contribuição das áreas, segmentos, agências, filiais, unidades de negócio etc., fornecendo importantes informações para o processo de controle gerencial e de avaliação do desempenho dos gestores responsáveis. Portanto, devem ser computados, na apuração da margem de contribuição dessas unidades, todos os seus custos diretos – isto é, custos fixos identificados com as áreas ou unidades.

Assim, os custos fixos são reportados, nos relatórios gerenciais, por áreas e não por produtos; analisando-os em relação ao orçamento, viabiliza-se a sua atribuição e responsabilização aos respectivos gestores.

A viabilidade de aplicação do método é condicionada por uma série de variáveis, apresentadas no item 5.1, tais como as de ordem psicológica, motivacional, organizacional, legal, normativa etc. Não há evidências de que sua adoção seja afetada pelo setor de atuação da empresa nem por seu nível tecnológico; a composição da estrutura de custos tampouco é relevante: tanto podem utilizá-lo empresas que possuem alto montante de custos fixos como aquelas em que predominam os variáveis.

5.2.2 Custeio por absorção parcial

Considera como sendo dos produtos todos os custos de produção, variáveis e fixos, e somente eles. Por esse método, o resultado de cada produto é denominado *margem bruta ou lucro bruto*:

$$\text{MB ou LB} = \text{RL} - \text{Custos, em que:}$$

MB = Margem Bruta Total

LB = Lucro Bruto Total

RL = Receita Líquida do produto

Custos = Custo Total do produto, fixo e variável

Tanto no contexto do processo de controle gerencial como no atendimento à legislação e às normas contábeis, sob a ótica do Custeio por Absorção a lógica para inclusão dos custos fixos nos produtos leva em conta os seguintes argumentos:

a) A alocação de custos fixos proporciona informações de custos por produtos adequadas a certas finalidades, inclusive gerenciais, como, por exemplo, para formação de preços, inclusive preços de transferência, quando baseados em custo mais margem, garantindo que todos os gastos com todos os recursos utilizados na produção foram considerados.

b) As economias ou deseconomias de escala provocadas pela oscilação do valor do custo unitário médio em função de oscilações no volume produção permitem mensurar ganhos ou perdas de eficiência.

c) A alocação de custos fixos aos produtos fornece uma *proxy* do custo de oportunidade dos recursos utilizados no processo produtivo.

A primeira etapa do processo do Custeio por Absorção é a acumulação dos custos relativos aos recursos humanos, materiais, tecnológicos etc., elemento a elemento, em centros de custos; na maioria das empresas esses centros são as próprias unidades organizacionais – diretorias, superintendências, gerências etc., havendo, portanto, um gestor responsável para cada uma dessas unidades. Exemplos: Almoxarifado, Calandragem, Soldagem, Pintura, Montagem, Manutenção etc.

Em seguida, os custos são transferidos dos centros de custos de apoio, como Almoxarifado e Manutenção, que prestam serviços, para os que recebem esses serviços; finalmente, os custos são transferidos dos centros de custos de produção aos produtos. Em muitas empresas essa transferência é realizada, apenas, ao final de cada mês, quando já se conhecem os valores reais dos custos, das horas trabalhadas, dos volumes produzidos etc.

Por essa razão, para transferirem-se os custos dos centros de custos aos produtos e conhecer-se o valor do custo durante o mês (antes do seu encerramento), sugere-se utilizar taxas predeterminadas de custos por hora-máquina, por hora de mão de obra direta etc.; portanto, é necessário projetar tanto o valor monetário dos custos como a quantidade de horas-máquina, horas de mão de obra direta etc., e isso leva à adoção de padrões atrelados ao orçamento. O uso do orçamento e do custo padrão para formação de taxas predeterminadas fornece parâmetros importantes para a avaliação de desempenho dos gestores responsáveis pelos centros de custos. Essa integração entre orçamento e custo padrão é recomendável, mas não significa que seja mandatória: na prática, pode haver custo padrão sem orçamento e vice-versa, mas isso enfraquece o sistema de informação gerencial como um todo.

As diferenças entre os custos predeterminados e os reais devem ser apuradas e informadas em relatórios de controle gerencial, para que sejam investigadas e medidas corretivas sejam implementadas.

Embora a maioria dos autores de Custos e de Contabilidade Gerencial desaconselhe o uso do Custeio por Absorção para fins gerenciais, ele é necessário em várias circunstâncias no mundo das organizações. Alguns exemplos dessas situações são:

a) Em universidades e institutos de pesquisas: para prestação de contas de verbas recebidas de órgãos públicos para o desenvolvimento de pesquisas.

b) Em organizações do terceiro setor: prestação de contas por doações recebidas de órgãos públicos e de entidades privadas para o desenvolvimento de projetos.

c) Em empresas de prestação de serviços de utilidade pública: para formação de tarifas.

d) Em situações de prestação de serviços compartilhados, tais como contabilidade, recursos humanos etc.: para rateio de custos entre entidades beneficiárias dos serviços etc.

Para que se possa garantir a eficácia do processo de controle gerencial o Custeio por Absorção, por alocar custos fixos aos produtos, não deve ofuscar a controlabilidade desses custos fixos; assim, é importante que estes sejam reportados, também, por áreas de responsabilidade e por períodos, para que se possa avaliar o desempenho dos gestores.

5.2.3   Custeio pleno ou integral

Considera como sendo dos produtos todos os custos de produção, fixos e variáveis, e as despesas fixas; por esse método, o resultado de cada produto é denominado *margem operacional ou lucro operacional*:

$$\text{MO ou LO = RL – Custos – Despesas}$$

Em que:

MO = Margem Operacional

LO = Lucro Operacional e

RL = Receita Líquida

Para fins de controle gerencial, sob a ótica do Custeio Pleno, justifica-se a inclusão das despesas fixas no custo dos produtos pelo fato de que o custo pleno proporciona informações de custos adequadas a certas finalidades, como, por exemplo, para formação de preços, inclusive preços de transferência, quando baseados em custo mais margem.

5.2.4   Custeio baseado em atividades

Tendo em vista que o conceito de custo está relacionado ao consumo, utilização ou transformação de recursos econômicos, é natural que a primeira abordagem para a gestão de custos seja a sua identificação, mensuração e reporte, focados nas rubricas contábeis que identificam esses recursos; cada rubrica é um elemento que reflete a natureza do recurso utilizado no processo produtivo. Assim, têm-se, como exemplos de elementos de custos: salários, benefícios e encargos sociais; energia, telefone, depreciação, seguros etc. Esses elementos, com a indicação de seus respectivos valores, indicam *em que tipo de recursos a organização vem dedicando seus esforços*.

Diferentemente do Custeio por Absorção, pelo ABC nem todos os custos de produção devem ser atribuídos aos produtos, só os rastreáveis por meio de direcionadores; logo, não devem ser alocados aos produtos os custos fixos estruturais, que, geralmente, são indiretos não rastreáveis, tais como Imposto Predial e depreciação do imóvel, aluguel, segurança, vigilância, honorários dos diretores, manutenção das instalações, manutenção de sistemas de informação etc.

Com o passar do tempo, à medida que as organizações foram-se tornando maiores e mais complexas – sobretudo em relação à forma de estrutura organizacional – o processo de gestão foi passando a requerer que os custos, além de reportados por elementos, fossem também informados por departamentos ou outro tipo de função, como gerências, superintendências, diretorias etc.; surgiu então a figura dos centros de custos. Agora, o sistema de informação passa a identificar, mensurar e reportar os custos por centros de custos e, para cada centro, os elementos. Os gestores passam a entender não só em que tipo de recursos a organização vem dedicando seus esforços, como na visão primeira, mas, também, *quem deve ser responsabilizado por aqueles custos*, já que, em geral, há um responsável para cada unidade organizacional. Embora, na maioria das empresas, cada unidade organizacional corresponda a um centro de custos, nem sempre essa relação é biunívoca: os sistemas de custeio mais sofisticados – e, portanto, com maiores graus de acurácia – possuem centenas e até milhares de centros de custos, ou seja, cada unidade do organograma é subdividida em vários centros de custos.

Nas últimas décadas, com a ampla divulgação do Custeio Baseado em Atividades (ABC), uma terceira questão vem sendo respondida pelo sistema de custeio nas empresas que o adotam: esses custos – por elementos e por centros de custos – vêm sendo realizados *para se fazer o quê*? A resposta a essa pergunta vem na forma de custos por atividades: desenvolver fornecedores, inspecionar materiais, movimentar materiais, inspecionar produtos, atender clientes etc.

A preocupação e a necessidade de se saber *para que* os recursos vêm sendo utilizados são reforçadas pela cada vez maior proporção do custo de *overhead* nas empresas, ou seja, no ambiente contemporâneo de negócios observa-se que:

a) Tanto em termos absolutos como relativos, os custos diretos com materiais e mão-de-obra direta vêm diminuindo, enquanto os de *overhead* crescem.

b) Identificar, mensurar, reportar e administrar custos diretos com materiais e mão de obra direta são atividades maduras, para as quais há grande experiência acumulada há mais de um século, desde os primórdios da administração científica, incluindo, especificamente, o custo padrão.

c) Identificar, mensurar, reportar e administrar custos com *overhead*, geralmente indiretos, são atividades relativamente novas, para as quais não há, ainda, experiência acumulada.

d) As empresas que melhor dominam a tecnologia de gestão de custos de *overhead* têm maior probabilidade de conquistar vantagens competitivas de custos.

O Custeio Baseado em Atividades tem por objetivo principal fornecer os elementos para isso; trata-se, portanto, de um método de análise de custos, principalmente de *overhead*, focado nos processos e nas atividades mais relevantes das organizações.

O *overhead* é o custo das atividades de natureza preponderantemente administrativa; compreende as despesas da administração geral e o custo das atividades de apoio ao processo produtivo, tais como planejamento e controle da produção, gerência, supervisão, controle de qualidade, logística etc.

Para calcular o custo dos produtos, utilizam-se direcionadores de custos, que são fatores que influenciam o custo das atividades. Tomando-se como exemplo a atividade de Comprar, um possível direcionador de seus custos é a quantidade de pedidos de compra; esse direcionador será confirmado e validado se for verificada uma relação de causa e efeito entre a variação da quantidade de pedidos e a variação do custo da atividade de Comprar.

Sob a ótica do processo de controle gerencial, o Custeio por Atividades pode ser um instrumento importante, sobretudo se utilizado em conjunto com um sistema de padrões e orçamentos integrado a uma contabilidade eficiente e eficaz. Isso porque o ABC, além de proporcionar uma alocação de custos indiretos mais criteriosa – e, nesse aspecto, é considerado uma espécie de evolução do Custeio por Absorção –, também proporciona informações que fornecem as bases para a melhoria dos processos, identificação e eliminação de atividades desnecessárias e a minimização de desperdícios. Neste último aspecto reside sua interface com a Gestão Baseada em Atividades (ABM, de *Activity-Based Management*).

Por outro lado, alguns fatores podem limitar, ou até inviabilizar, sua eficácia, como, por exemplo: dificuldade na identificação dos direcionadores de custos, necessidade de coletar muitos dados manualmente, quantidade excessiva de atividades, criação de sistemas adicionais, planilhas e *time sheets* trabalhosos etc.

Do ponto de vista do controle gerencial, principalmente no que se refere ao planejamento e controle de custos, os processos e atividades constituem-se no foco principal; nesse sentido, o Custeio Baseado em Atividades é mais do que apenas um método de mensuração e análise de custos: é um instrumento de gestão de custos – principalmente de *overhead*. A utilização das informações de custos fornecidas pelo ABC para a tomada de decisão denomina-se Gestão Baseada em Atividades (ABM).

Por ser considerado um custeio estratégico, devido à natureza e à relevância das decisões propiciadas, recomenda-se que o Custeio por Atividades seja utilizado apenas periodicamente, em complemento ao sistema de custeio recorrente da empresa, o qual, seja pelo Absorção ou pelo Custeio Variável, assim como o orçamento, é usado para dar suporte a decisões corriqueiras, enquanto o ABC e o ABM requerem intervenções e decisões menos frequentes, como, por exemplo, a revisão de processos e a eliminação de atividades que não estejam agregando valor.

Em resumo, o Custeio Baseado em Atividades, no processo de controle gerencial, deve revestir-se das seguintes características: (a) deve ser utilizado no processo de planejamento e orçamento e (b) deve ser usado como instrumento gerencial, não societário ou tributário.

5.2.5 *Influência dos métodos no controle gerencial*

As decisões permeiam todo o processo de controle gerencial e, portanto – como vem sendo dito ao longo desta obra –, devem ser respaldadas por informações. Nesse sentido, as informações de custos e resultados – por produtos, famílias ou linhas de produtos, filiais, unidades de negócio etc. – são essenciais para várias finalidades, como: formação de preços, avaliação de desempenho dos executivos das empresas. Como o valor de custo dos produtos e das unidades organizacionais depende do método de custeio adotado, deduz-se que a escolha do método exerce importante influência em todo o processo.

Para ilustrar o impacto da utilização dos diferentes métodos de custeio no processo de controle gerencial, considerem-se os seguintes dados, extraídos de Martins e Rocha (2006):

Seja uma empresa do setor de autopeças cujo plano operacional para o próximo período contém as seguintes informações:

Produtos	Volume de Produção (un.)	Preço de Venda (PV)	Custos Variáveis (CV)
Rodas	20.000	$ 280	$ 150
Para-lamas	20.000	$ 480	$ 200
Para-choques	10.000	$ 400	$ 150
Grades	10.000	$ 500	$ 300

Sua estrutura de Custos Fixos departamentais identificados diretamente é a seguinte:

(em $):

Pintura	2.200.000
Niquelagem	3.000.000
Estamparia	1.500.000
Usinagem	900.000
Montagem	1.600.000

Sabe-se que apenas as rodas e os para-lamas são pintados e que somente para-choques e grades são niquelados; pela Estamparia, Usinagem e Montagem passam, necessariamente, todos os quatro produtos. Caso fossem terceirizados, os serviços de pintura custariam $ 70 por unidade e os de niquelagem, $ 100 por unidade; nesse caso, os respectivos custos fixos departamentais seriam eliminados. As despesas fixas de administração e de vendas são orçadas em $ 800.000. Para fins de simplificação, desconsideram-se tributos e despesas variáveis de venda, como comissões etc. No âmbito do processo de controle gerencial e, principalmente, no que se refere à avaliação de desempenho dos gestores dos departamentos, algumas questões relacionadas à escolha do método de custeio podem ser colocadas, como:

a) Quais são os custos sob responsabilidade dos gestores dos departamentos pelos quais eles deveriam responder?

b) Quais são os parâmetros de apuração de resultado dos produtos, linhas ou famílias de produtos?

c) Quais são os parâmetros de avaliação do desempenho dos gestores das áreas?

d) A empresa deveria terceirizar o processo de pintura? E o de niquelagem? Por quê?

e) A empresa deveria descontinuar a produção de rodas? E a de grades? Por quê?

f) Quais são as consequências possíveis da utilização de um método ou outro na avaliação de desempenho e na remuneração dos executivos?

Para responder essas e outras perguntas com base nas informações geradas pelos diferentes métodos de custeio e seus efeitos sobre o processo de controle gerencial, os dados de custos podem ser assim trabalhados, analisados e interpretados:

a) Os custos sob responsabilidade dos gestores dos departamentos são os variáveis incorridos em cada um deles e os fixos com eles identificados. Isso significa que os executivos poderão ser cobrados em relação aos custos e resultados atribuíveis às suas respectivas áreas, desde que tenham autonomia de gestão sobre essas variáveis; essa visão deve ser consistente com o modelo de gestão de cada empresa em particular. Como, nesse caso, não há informação sobre custos variáveis incorridos em cada departamento, a responsabilidade dos gestores limita-se aos custos fixos identificados, ou seja:

Pintura	$ 2.200.000
Niquelagem	$ 3.000.000
Estamparia	$ 1.500.000
Usinagem	$ 900.000
Montagem	$ 1.600.000
Total	**$ 9.200.000**

Portanto, partindo-se do pressuposto de que os gerentes têm autonomia sobre esses custos fixos identificados, esse deve ser o parâmetro a ser adotado para fins de avaliação de desempenho, no que se refere à variável *custo*.

b) Quanto à apuração de custos por produto e do resultado (margem) de cada produto, aqui reside o grande debate entre os defensores de cada um dos dois principais métodos, o Variável e o Absorção Parcial, tanto no que se refere à apuração do custo e da lucratividade por produto como à avaliação de desempenho dos gestores departamentais. Para os primeiros, os custos fixos são custos estruturais; por isso, devem ser considerados na apuração do resultado dos departamentos, mas não na dos produtos. Vejamos.

b1) Sob a ótica do Custeio Variável, o parâmetro de lucratividade dos produtos é a Margem de Contribuição, tal como foi discutido no item 5.2.1. Assim, tem-se:

Receita	Custo	Variável	Margem de Contribuição
Rodas	5.600.000	3.000.000	2.600.000
Para-lamas	9.600.000	4.000.000	5.600.000
Para-choques	4.000.000	1.500.000	2.500.000
Grades	5.000.000	3.000.000	2.000.000
Totais	24.200.000	11.500.000	12.700.000

Portanto, partindo-se do pressuposto do Custeio Variável, de que só os custos variáveis devem ser atribuídos aos produtos e de que os fixos são atribuíveis apenas aos departamentos, o resultado de cada produto é a sua Margem de Contribuição. Observe-se que o produto *Para-lamas* é o que mais contribui, em valor absoluto, para a cobertura dos custos e despesas fixas, e as *Grades* são as que menos contribuem ($ 5.600.000 e $ 2.000.000), respectivamente.

Subtraindo-se da Margem de Contribuição Total os custos e as despesas fixas, chega-se ao resultado da empresa como um todo:

Resultado da empresa = 12.700.000 – 9.200.000 – 800.000 = 2.700.000

b2) Sob a ótica do Custeio por Absorção Parcial, o parâmetro de lucratividade dos produtos é o Lucro Bruto (por produto), do qual deriva a Margem Bruta, conforme foi discutido no item 5.2.2. Assim, rateando-se os custos fixos aos produtos proporcionalmente ao volume de produção de cada um, tem-se:

CUSTO FIXO DEPARTAMENTAL POR UNIDADE DE PRODUTO (em $):

| DEPARTAMENTOS | PRODUTOS (un.) | | | | | Custo Fixo por unidade |
	RODAS	PARA-LAMAS	PARA-CHOQUES	GRADES	TOTAL	
Pintura	20.000	20.000			40.000 u	$ 55/u
Niquelação			10.000	10.000	20.000 u	$ 150/u
Estamparia	20.000	20.000	10.000	10.000	60.000 u	$ 25/u
Usinagem	20.000	20.000	10.000	10.000	60.000 u	$ 15/u
Montagem	20.000	20.000	10.000	10.000	60.000 u	$ 26,67/u

CUSTO TOTAL DE CADA PRODUTO (em $):

| PRODUTOS | | | | |
RODAS	PARA-LAMAS	PARA-CHOQUES	GRADES	TOTAL
CUSTOS VARIÁVEIS:				
3.000.000	4.000.000	1.500.000	3.000.000	11.500.000
CUSTOS FIXOS:				
Pintura 1.100.000	1.100.000			2.200.000
Niquelação		1.500.000	1.500.000	3.000.000
Estamparia 500.000	500.000	250.000	250.000	1.500.000
Usinagem 300.000	300.000	150.000	150.000	900.000
Montagem 533.333	533.333	266.667	266.667	1.600.000
TOTAL 5.433.333	6.433.333	3.666.667	5.166.667	20.700.000

LUCRO BRUTO DE CADA PRODUTO (em $):

Demonstração de Resultados (em $)					
	PRODUTOS				**TOTAL**
	RODAS	**PARA-LAMAS**	**PARA-CHOQUES**	**GRADES**	
Receita	5.600.000	9.600.000	4.000.000	5.000.000	24.200.000
(–) CDV	(3.000.000)	(4.000.000)	(1.500.000)	(3.000.000)	(11.500.000)
MCT	2.600.000	5.600.000	2.500.000	2.000.000	12.700.000
(–) CF	(2.433.333)	(2.433.333)	(2.166.667)	(2.166.667)	(9.200.000)
LUCRO BRUTO	166.667	3.166.667	333.333	(166.667)	3.500.000

Demonstração de Resultados (em $)					
	PRODUTOS				
	RODAS	**PARA-LAMAS**	**PARA-CHOQUES**	**GRADES**	**TOTAL**
Receita	5.600.000	9.600.000	4.000.000	5.000.000	24.200.000
(–) CPV	(5.433.333)	(6.433.333)	(3.666.667)	(5.166.667)	(20.700.000)
LUCRO BRUTO	166.667	3.166.667	333.333	(166.667)	3.500.000
(–) Despesas Fixas					(800.000)
LUCRO OPERACIONAL					2.700.000

Observe-se que o produto *Para-lamas* é o que apresenta o maior lucro bruto não só em valor absoluto ($ 3.166.667), como também em termos relativos (33% da receita), e as *Grades* encontram-se no limite inferior, com lucro bruto negativo. Note-se que esses valores de lucro bruto por produto são afetados por duas variáveis: (a) o critério de rateio e (b) o volume de produção. Nesse caso, os custos fixos foram alocados aos produtos segundo o critério de volume de produção.

Subtraindo-se do Lucro Bruto Total as despesas fixas, chega-se ao resultado da empresa como um todo:

Resultado da empresa = 3.500.000 − 800.000 = 2.700.000

Observe-se que o resultado global da empresa é o mesmo ($ 2.700.000), tanto pelo Custeio Variável como pelo Absorção; isso acontece sempre que o valor dos custos fixos contidos no estoque final é o mesmo do inicial; no caso presente não há estoque iniciais nem finais; logo, não há diferença no resultado global.

O uso do Custeio por Absorção Integral (Custeio Pleno) segue a mesma lógica do Absorção Parcial, porém muitas vezes alocando os gastos com Controladoria, Marketing, Jurídico, Recursos Humanos etc. somente às áreas, departamentos, unidades de negócio etc. Há, também, empresas que rateiam esses gastos para os produtos.

c) Parâmetros de apuração de resultado das famílias de produtos. Sob essa perspectiva, os quatro produtos podem ser agrupados em duas famílias, a saber: uma reunindo Rodas e Para-lamas, que são os únicos a utilizar o Departamento de Pintura, outra agregando Para-choques e Grades, que são os únicos a transitar pelo Departamento de Niquelagem. Os custos fixos da Pintura ($ 2.200.000) serão integralmente debitados à primeira e os da Niquelagem ($ 3.000.000) à segunda. Assim, tem-se a seguinte demonstração de resultados por famílias:

MARGEM DE CONTRIBUIÇÃO POR FAMÍLIA DE PRODUTO (em $):

Demonstração de Resultados (em $)				
	PRODUTOS			
	RODAS	**PARA-LAMAS**	**PARA-CHOQUES**	**GRADES**
Receita	5.600.000	9.600.000	4.000.000	5.000.000
(−) CDV	(3.000.000)	(4.000.000)	(1.500.000)	(3.000.000)
MCT	2.600.000	5.600.000	2.500.000	2.000.000
MCT$_{POR\ FAMÍLIA}$	8.200.000		4.500.000	
(−) CF$_{COMUNS}$	(2.200.000)		(3.000.000)	
MARGEM DIRETA	6.000.000		1.500.000	

Note-se que, somando-se as Margens de Contribuição das duas famílias tem-se o total de $ 7.500.000; como os custos fixos da Estamparia, Usinagem e Montagem, comuns às duas famílias, somam $ 4.000.000, há uma "sobra" de $ 3.500.000. Deduzindo-se o valor das despesas fixas de administração ($ 800.000) chega-se ao valor do resultado global da empresa, de $ 2.700.00.

d) Quanto à possível decisão de se terceirizar, ou não, o processo de pintura, considerando-se já resolvidos os aspectos legais, regulatórios, nível de qualidade, nível de serviço etc., há que se considerar que o custo da terceirização seria: 40.000 unidades a $ 70/un. = $ 2.800.000. Com isso, a empresa eliminaria os custos fixos identificados com o seu Departamento Pintura, ou seja, $ 2.200.000. Deduz-se, portanto, que haveria uma diminuição de $ 600.000 no resultado atual da empresa, decorrente do acréscimo de custo total. Conclusão: não deve terceirizar.

e) Vejamos, agora, a análise da alternativa de terceirização da niquelagem.

> Custo que seria incorrido: 20.000 unidades a $ 100/un. = $ 2.000.000.
> Custo que seria eliminado (Departamento de Niquelagem): $ 3.000.000.

Deduz-se, portanto, que haveria um aumento de $ 1.000.000 no resultado atual da empresa, decorrente do decréscimo de custo total. Conclusão: considerando-se, apenas, a variável custo, a empresa deve terceirizar a niquelagem.

f) A decisão de descontinuar, ou não, a produção de rodas é bastante fácil: não deveria, pois a empresa estaria abrindo mão de uma Margem de Contribuição de $ 2.600.000 (conforme Item b1, acima), mas não poderia eliminar o custo fixo da Pintura, já que a produção de para-lamas continuaria. O resultado global atual da empresa cairia dos $ 2.700.000 para $ 100.000.

g) Quanto à possível descontinuação da produção de grades: perda da Margem de Contribuição de $ 2.000.000 (ver Item b1, acima) sem eliminar o custo fixo da Niquelagem, pois a produção de para-choques prosseguiria. O lucro atual cairia para $ 700.000.

h) Para fins de remuneração variável de vendedores a margem de contribuição dos produtos vendidos em cada período é uma base consistente; nesse caso, o método de custeio subjacente é o Variável.

i) Para avaliação de desempenho e possível remuneração variável dos gestores das áreas – departamentos, gerências, superintendências, coordenadorias etc. – por meio de bônus, é interessante e consistente tomar por base a margem de contribuição das áreas, a qual é afetada pelos custos fixos identificados, ou seja, custos fixos diretos das gerências, superintendências etc. O uso do construto do Custeio por Absorção, rateando para as áreas os gastos corporativos como os de Controladoria, Recursos Humanos etc., tende a infringir o conceito de que os custos devem ser atribuídos a quem tem responsabilidade sobre eles (Contabilidade por Responsabilidade), gerando confusão e insatisfação, sob o argumento de que os gestores das áreas não têm autonomia sobre esse tipo de gasto. Todavia, há empresas que adotam esse procedimento com sucesso, tomando o cuidado de estabelecer previamente as bases de alocação; o importante é que os gerentes não sejam surpreendidos, a cada mês, com diferentes valores de custos rateados e que conheçam, de antemão, as bases e os critérios de rateio.

j) Quando se trata da utilização da informação de custo para gestão de preços o que prevalece, na prática empresarial, é o Custeio por Absorção, tanto Parcial como Integral (Custeio Pleno). Isso não significa, necessariamente, que os preços são formados exclusivamente com base nos custos, até porque isso varia conforme a estrutura do mercado em que a empresa atua (monopólio, oligopólio, concorrência etc.). Significa que a informação do custo dos produtos é um elemento importante para ser usado juntamente com informações do mercado, tais como o valor dos atributos do produto para os consumidores, o preço dos concorrentes, a elasticidade-preço da demanda etc.

Como foi enfatizado no início deste item, as decisões são o cerne do processo de controle gerencial. As informações sobre custos e margens – por produtos, famílias ou linhas de produtos, unidades de negócio etc. – são fundamentais para que se possa avaliar o desempenho dos gestores; daí a importância da correta análise, interpretação e utilização das informações proporcionadas pelos diferentes métodos de custeio.

5.3 Influência de fatores institucionais, comportamentais e de contingência na adoção dos métodos de custeio

A adoção dos artefatos de controle gerencial nas organizações – e, entre eles, o uso dos métodos de custeio – não depende, apenas, de posturas gerenciais embasadas na racionalidade econômica nem de imposições legais e regulatórias: fatores institucionais, comportamentais, contingenciais etc. e até mesmo elementos não racionais podem afetar as escolhas contábeis gerenciais e, entre elas, a adoção dos métodos de custeio. Nesse sentido, as várias teorias apresentadas no Capítulo 11 – Teoria Institucional, Teoria da Contingência, Teoria de Agência etc. – podem ajudar a explicar a prática dos diferentes artefatos de controle gerencial e a entender os porquês da utilização deste ou daquele método de custeio. Algumas dessas abordagens são comentadas a seguir.

Fatores contingenciais, tais como o ambiente em que a empresa atua, a tecnologia que utiliza, a configuração da estrutura organizacional, o modelo de gestão, o modelo de decisão etc. exercem influência sobre a adoção de artefatos gerenciais e também na escolha do método de custeio.

Sob uma perspectiva sociológica, o contexto organizacional das empresas, a relação de força entre os grupos de pessoas etc. influem direta ou indiretamente na definição do método ou métodos de custeio.

Utilizando o arcabouço da Psicanálise Junguiana, Guerreiro et al. (2000) estudaram a questão dos arquétipos dos contadores para explicar a predominância do Custeio por Absorção na maioria das empresas.

Além desses fatores, há vários outros – alguns de natureza ética questionável –, como, por exemplo, a alternância de métodos e critérios de custeio com o objetivo de manipular resultados e a utilização de determinadas bases de rateio para induzir comportamentos.

5.4   O papel da controladoria

Como foi estudado no Capítulo 2, dentre as funções da controladoria encontra-se a de mensuração dos eventos econômicos, o que é feito tanto no âmbito da Contabilidade Societária como no da Gerencial.

Assim, no contexto da Contabilidade Societária cabe à Controladoria zelar para que, nas demonstrações contábeis preparadas para usuários externos, o valor dos estoques seja mensurado segundo o Custeio por Absorção, que é o único exigido pela legislação brasileira e está em consonância com as Normas Internacionais de Contabilidade. Nesse caso, os auditores independentes têm por dever verificar se o método está sendo corretamente aplicado, inclusive no que se refere à consistência dos critérios de rateio de custos indiretos aos produtos ao longo do tempo.

No âmbito da Contabilidade Gerencial, a Controladoria deve funcionar como consultora dos executivos principais e dos gestores das áreas, esclarecendo as características dos diferentes métodos de custeio, seus pontos fortes e fracos e a utilidade de cada um para diferentes finalidades, tais como para formação de preços, apuração de resultados e avaliação de desempenhos etc.

5.5 Verificação de aprendizagem

1. Salvo algumas poucas exceções, a valoração dos estoques no balanço, segundo os Princípios Fundamentais de Contabilidade e as Normas Internacionais de Contabilidade, deve seguir o Custeio por Absorção. Isso significa que deve contemplar:

    a) Apenas os custos fixos de produção.

    b) Apenas os custos diretos de produção.

    c) Apenas os custos com a transformação.

    d) Todos os custos de produção, e só eles.

    e) Custos de produção e de administração.

2. Na queda-de-braço entre indústrias e supermercados em 2002, a lucratividade das primeiras foi praticamente zero, pois, ao subtrair da receita líquida todos os custos de produção, quase nada sobrou. O método ou critério de custeio implícito no texto é o:

    a) Por atividades.

    b) Absorção.

    c) Variável.

    d) Direto.

    e) Pleno.

3. Quando há diferença no valor do resultado operacional de uma empresa entre o Custeio Variável e o Custeio por Absorção, ela está sempre, apenas, no tratamento dos (das):

    a) Despesas.

    b) Custos fixos.

    c) Custos diretos.

    d) Custos indiretos.

    e) Custos variáveis.

Questões de números 4 a 9: Uma empresa produz um único produto que é vendido, em média, por $ 9,50 cada unidade (preço líquido de tributos). Em determinado mês, em que não houve estoques iniciais, produziu 15.000 (quinze mil) unidades, vendeu 13.000 (treze mil) unidades e incorreu nos seguintes custos e despesas (em $):

Supervisão da produção	14.000
Aluguel do galpão industrial	4.750
Administração geral da empresa	30.000
Material direto	2,00 por unidade
Mão de obra direta	1,50 por unidade
Comissão sobre vendas	0,75 por unidade

Pede-se para calcular o valor:

4. Do resultado operacional da empresa no período (lucro ou prejuízo) segundo o Custeio por Absorção.

5. Do custo do estoque final de produtos acabados, segundo o Custeio por Absorção.

6. Do resultado operacional da empresa no período (lucro ou prejuízo) segundo o Custeio Variável.

7. Do custo do estoque final de produtos acabados, segundo o Custeio Variável.

8. Da diferença entre os dois resultados.

9. Da diferença entre os dois estoques finais.

Questão de número 10: Os principais dados de custos de uma indústria de embalagens são os seguintes:

Quantidade produzida em unidades	10.000
Custos variáveis por unidade:	
Material direto	29
Mão de obra direta	25
Custos fixos por período	150.000

Pede-se calcular o valor do custo unitário do produto, utilizando o método de Custeio por Absorção.

Recomendações de bibliografia para aprofundamento do tema

ABERNETHY, Margaret A.; BROWNELL, Peter; CARTER, Paul; LILLIS, Anne M. *Product diversity and costing system design choice: field study evidence.* **Management Accounting Research**, 12, p. 261-279, 2001.

BHIMANI, Alnoor; PIGOTT, David. *Implementing ABC: a case study of organizational and behavioural consequences.* **Management Accounting Research**, 3, p. 119-132, 1992.

BLOOMFIELD, Robert J.; LUFT, Joan L. *Responsibility for Cost Management Hinders Learning to Avoid the Winner's Curse.* **The Accounting Review**, 81, p. 1, 2006.

COOPER, Robin. *Costing techniques to support corporate strategy: evidence from Japan.* **Management Accounting Research**, 7, p. 219-246, 1996.

GUERREIRO et al. Algumas reflexões sobre os arquétipos e o inconsciente coletivo na contabilidade de custos: um estudo exploratório. **Revista de Contabilidade**. São Paulo: CRC SP, n° 15, p. 4-21, mar. 2001.

HOPPER, Trevor. *Cost accounting, controlling labour and the rise of conglomerates.* **Accounting, Organizations and Society**, v. 16, n° 5/6, p. 405-438, 1991.

_____; MAJOR, Maria. *Managers divided: implementing ABC in a Portuguese tele-communications company.* **Management Accounting Research**, 16, p. 205-229, 2005.

KRISHNAN, Ranjani; LUFHT, Joan L.; SHIELDS, Michael D. *Competition and cost accounting: adapting to changing markets.* **Contemporary Accounting Research**, 19, p. 2, 2002.

6 Divisionalização e preços de transferência

Objetivos de aprendizagem

1. **Definir** contabilidade divisional, centros de responsabilidade e seus diferentes tipos.
2. **Apresentar** a integração entre a descentralização e a necessidade de aplicação dos conceitos da contabilidade divisional.
3. **Indicar** os tipos de controle e a interação a partir da aplicação das diferentes formas de centro de responsabilidade.
4. **Definir** preço de transferência.
5. **Apresentar** os diversos tipos de preços de transferência e suas contribuições para a apuração dos resultados das áreas na contabilidade divisional.
6. **Indicar** as vantagens e desvantagens dos diversos tipos de preço de transferência para a avaliação do desempenho dos gestores e da organização.

Tópicos tratados

QUESTÕES PROVOCATIVAS

1. Quando uma organização deveria começar a pensar em estruturar-se sob a forma de áreas de responsabilidade?
2. O estabelecimento de áreas de responsabilidade numa organização pode afetar sua eficiência?
3. O que é melhor: uma administração centralizada ou descentralizada?
4. Quem deveria tomar decisões sobre preços de transferência em uma empresa?
5. Qual é o impacto da legislação sobre a definição dos preços de transferência?

6.1   Descentralização da gestão das organizações

À medida que as organizações crescem, tendem a aumentar a diversidade de produtos e serviços oferecidos, a área geográfica de atuação e, consequentemente, a complexidade de sua gestão. Enquanto as pequenas organizações podem ser gerenciadas como uma unidade singular, a maioria das médias e grandes empresas é dividida em várias unidades operacionais e divisões.

Por trás desse modelo de gestão está a ideia de que a organização pode funcionar de maneira mais eficaz em relação aos seus objetivos estratégicos se for gerenciada como um conjunto de unidades, ou divisões, relativamente pequenas. A premissa em questão é a de que os gestores dessas unidades, no intuito de garantir a sua sobrevivência na organização, estariam fortemente interessados no bom desempenho das áreas sob as quais lhes foram delegadas responsabilidades.

Muitas das grandes organizações oferecem uma grande variedade de produtos e serviços e possuem unidades operacionais localizadas em diferentes municípios, estados e até mesmo países. Quando as operações nessas empresas se tornam complexas, é necessário ampliar os níveis hierárquicos gerenciais para que algumas decisões relacionadas com operações específicas das unidades possam ser tomadas pelos níveis hierárquicos inferiores. Conforme destacado anteriormente, não é normalmente viável para os gestores posicionados nos mais altos níveis hierárquicos saber tudo o que está acontecendo nas diversas unidades operacionais e, portanto, seria extremamente difícil para eles tomar todas as decisões relacionadas a essas divisões.

Outra questão importante do processo de descentralização é que uma empresa pode ser desmembrada em qualquer tipo de divisão que os gestores considerarem apropriada. Entretanto, normalmente, esse desmembramento é feito em função: (i) dos produtos ou serviços produzidos, dando origem a unidades de negócio; ou (ii) pela localização geográfica, dando origem a áreas de negócio.

Além disso, cada unidade é normalmente criada e organizada ao longo da estrutura funcional da empresa. Entretanto, determinadas funções, que fornecem suporte às diversas divisões (por exemplo, recursos humanos, contabilidade, auditoria e departamento jurídico etc.), podem ter seus quadros unificados em um ou mais escritórios centrais com o intuito de obter economias de escala e de escopo, evitando-se duplicação de esforços e, consequentemente, otimizando os custos. Essas unidades de apoio são também denominadas *centros de serviços compartilhados.*

A divisão de atividades e tarefas permite aos gestores da alta administração deixar de se preocupar com as operações do dia a dia como, por exemplo, a compra de peças de reposição realizada pelo departamento de manutenção de uma fábrica. Nas organizações descentralizadas, é natural que esse processo esteja sob a responsabilidade do gestor daquela área e que somente periodicamente os gestores da alta administração venham a analisar o desempenho obtido.

Por outro lado, a divisão de responsabilidades está associada ao aumento da complexidade dos processos produtivos e logísticos, o que muitas vezes demanda ajuste na configuração da estrutura da organização, que poderá ser desmembrada juridicamente ou simplesmente dividida em unidades ou áreas de negócio. Entretanto, independentemente de como ocorra a reestruturação, ela geralmente não decorre de imposição legal e sim da percepção dos gestores quanto a sua necessidade.

Portanto, quando ocorre a descentralização, os gestores de nível hierárquico superior delegam autoridade, permitindo aos funcionários de níveis inferiores tomar decisões relacionadas à sua área, o que deveria ser um caminho natural do processo de gestão, com maior autonomia para os gestores do nível tático.

Naturalmente, essa descentralização demanda ajustes no sistema de informação, que passa a apurar não somente o resultado global da empresa, mas a contribuição das diversas áreas para a formação do mesmo. Essa apuração setorizada de resultados irá influenciar o comportamento e as decisões dos gestores dos níveis hierárquicos inferiores, o que demanda um adequado sistema de avaliação de desempenho dos mesmos, permitindo à alta administração priorizar as decisões estratégicas, com o foco principal nos problemas de longo prazo da organização (ver Capítulo 8).

Numa primeira leitura, o leitor que não vivenciou o processo de descentralização na prática pode acreditar que a sua operacionalização seja simples, o que não é verdade. Ela demanda treinamento dos funcionários, identificação clara das responsabilidades de cada gestor e, principalmente, apoio da alta gestão.

Um ótimo plano de descentralização pode se tornar inviável em sua implantação caso a alta gestão não passe efetivamente a compartilhar o processo decisório com outros gestores. Como exemplo, seja o caso de várias empresas familiares que tentaram crescer sob a mão de ferro do patriarca fundador, centralizador de todas as decisões e que não permitia flexibilidade em suas filiais, o que acabava por engessar e atrasar o processo decisório das mesmas e, consequentemente, o poder competitivo em relação aos seus concorrentes.

6.2   Descentralização e contabilidade divisional

O ajuste no sistema de informações, destacado no tópico anterior, envolve a contabilidade. Isso porque os eventos econômicos das diversas unidades devem ser contabilizados de forma a identificar o valor efetivamente sob responsabilidade de cada gestor, que deverá ser comparado com metas anteriormente estabelecidas, normalmente no orçamento. Essa abordagem de contabilização por unidades ou áreas de responsabilidade é denominada de contabilidade divisional ou contabilidade por responsabilidade, assim como, também, a contabilidade segregada internamente entre as diversas áreas da empresa.

A Figura 6.1 representa a adaptação necessária no sistema de contabilidade. No sistema tradicional, o resultado é apurado pela diferença entre o valor dos produtos e serviços produzidos e os insumos consumidos pela organização como um todo, sem que os resultados das diversas áreas sejam conhecidos. Já no sistema de contabilidade divisional, os resultados são apurados por área organizacional ou unidade de negócio. Chamamos a atenção do leitor para o fato de que o resultado global não se altera, independentemente da forma de contabilização. A diferença está na possibilidade de apuração do resultado das diversas áreas e na identificação de sua contribuição para o resultado global da organização. O exemplo numérico apresentado no final deste capítulo demonstra a operacionalização da apuração desses resultados segregados.

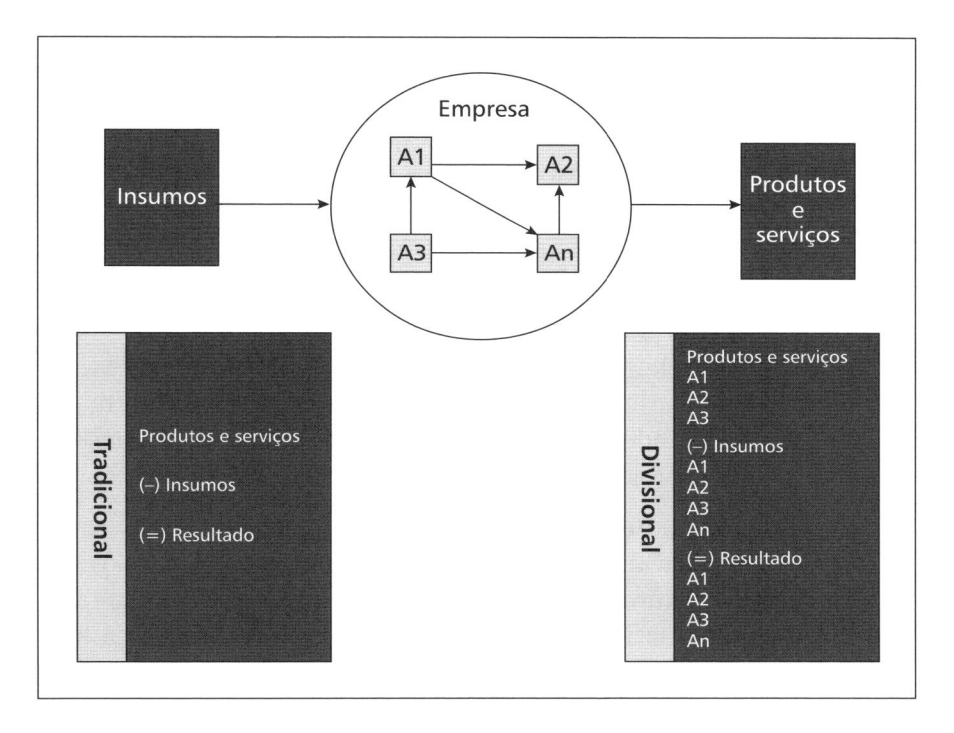

Figura 6.1   *Implantando a contabilidade divisional.*

Portanto, a contabilidade divisional é uma parte essencial de um adequado sistema de controle gerencial, em especial do controle orçamentário, ao permitir a comparação entre um padrão (meta) preestabelecido e o resultado das áreas. Entretanto, para que possa ser efetiva, deve permitir a distinção entre os itens controláveis, aqueles em que o gestor possui autoridade e responsabilidade pela decisão, e os não controláveis pelos gestores. Além desses aspectos, a estruturação da contabilidade deve ser precedida de uma organização funcional adequada onde as divisões, os gestores e sua alçada de decisão estejam claramente definidos.

6.3 Divisionalização: vantagens e desvantagens

6.3.1 Vantagens da divisionalização

A decisão de reorganizar a empresa em divisões pode trazer uma série de vantagens, como por exemplo:

a) **Qualidade das decisões.** A qualidade das decisões é afetada pela qualidade das informações disponíveis, que normalmente são mais específicas, mais detalhadas e atualizadas para os gestores das áreas quando comparadas com aquelas que a alta administração normalmente utiliza. Dessa forma, espera-se que esses gestores tomem decisões mais adequadas, mais focadas e mais ágeis.

b) **Motivação e redução da rotatividade de pessoal.** A delegação de autoridade para a tomada de decisões para os gestores das áreas aumenta a satisfação e motiva o gestor local a trabalhar mais e com maior afinco pela organização desde que, é claro, os critérios de avaliação de desempenho e as recompensas sejam adequados. Outra possível vantagem é a redução da rotatividade de funcionários e, consequentemente, dos custos de seleção e treinamento de novos funcionários.

c) **Foco da alta administração.** A alta administração pode focar-se em decisões mais estratégicas, deixando as operacionais para os gestores dos níveis hierárquicos inferiores. Além disso, mesmo em organizações em que as informações locais estejam disponíveis à administração central, limitações cognitivas impediriam que esses gestores tomassem melhores decisões.

d) **Redução do tempo de decisão.** O tempo de decisão é reduzido, evitando o tempo gasto entre a transmissão da informação aos gestores superiores e desses para seus subordinados, o que é comum em empresas de administração centralizada.

e) **Melhoria no atendimento das demandas dos clientes.** O poder decisório delegado a gerentes de nível hierárquico inferior permite uma reação mais rápida às necessidades de clientes, sejam esses internos ou externos.

f) **Treinamento.** A descentralização dá aos gestores o treinamento e a experiência necessários para substituir, posteriormente, os gestores de nível hierárquico superior.

g) **Melhoria na identificação de eficiências e ineficiências.** A descentralização permite identificar melhor as eficiências e ineficiências, ou seja, a contribuição das áreas, na formação do resultado global da organização. Consequentemente, os gestores tendem a comparar seus resultados com os dos demais, iniciando um processo de melhoria contínua das áreas.

6.3.2 Desvantagens da divisionalização

Por outro lado, a despeito das vantagens elencadas no tópico anterior, a divisionalização, quando mal implantada ou mal conduzida, pode trazer uma série de problemas, como, por exemplo:

a) **Conflito de metas.** Esse problema pode ocorrer quando os objetivos estabelecidos para determinada divisão são incompatíveis ou contrastantes com os de outras divisões ou até mesmo da empresa como um todo. A falta de alinhamento de interesses entre o gestor e a empresa e o acirramento da divergência de interesses, se não forem bem administrados através de um correto sistema de avaliação de desempenho, podem causar esse tipo de problema.

b) **Fuga do risco.** Esse problema pode ocorrer quando gestores das divisões são envolvidos em um projeto que envolve um alto nível de risco e acabam decidindo contra o projeto, mesmo ele tendo um alto potencial de retorno. Normalmente, a razão para esse comportamento pode ser a insegurança quanto às consequências de uma falha no projeto para o seu emprego e remuneração e ocorre porque, enquanto os acionistas analisam o risco através de uma série de projetos que serão desenvolvidos pela empresa diversificando, portanto, o risco e obtendo o retorno global necessário, nem sempre o gestor divisional terá a mesma possibilidade.

c) **Aumento de custos.** A empresa pode incorrer em custos adicionais como resultado da organização em divisões que poderão ter algumas áreas desenvolvendo o mesmo trabalho, por exemplo, divisão de extração e divisão de transportes, o que acaba por multiplicar os esforços em setores que são repetidos nas diversas divisões.

d) **Competição.** Divisões da empresa que oferecem produtos similares ou substitutos podem entrar em concorrência. Quando essa concorrência é intensa, os preços podem ser reduzidos e, consequentemente, o lucro da organização. Para evitar ou minimizar esse tipo de problema, as divisões não deveriam produzir produtos ou serviços similares e, quando isso for necessário, as mesmas deverão operar em diferentes regiões geográficas.

e) **Autopremiação.** A autonomia atribuída ao gestor da divisão pode levá-lo a determinar regalias para ele próprio. Esses benefícios podem incluir hospedagens em hotéis cinco estrelas, refeições em restaurantes caros, passagens de primeira classe, aluguéis de jatos, dentre outros. Consequentemente, esses benefícios adicionais podem levar muitos diretores divisionais a ganharem um pacote de remuneração superior ao que é oferecido pelo mercado para o tipo de serviços por eles prestado. Embora pareça óbvia a necessidade de acompanhamento do comportamento dos gestores divisionais para evitar esse tipo de problema, muitas vezes o custo desse controle supera os benefícios da identificação e redução dessas regalias.

Na tentativa de evitar esses problemas o gestor, além de participar do planejamento de suas atividades, deve conhecer as variáveis controláveis e as não controláveis por ele. O objetivo é atribuir ao centro de responsabilidade somente os gastos e os ganhos sobre os quais o gestor responsável tenha perfeito controle.

Ao analisar esse problema, Garrison e Noreen (2001, p. 389) afirmam que, na elaboração de relatórios segmentados, deve-se distinguir entre os gastos identificáveis a determinada divisão e os gastos comuns da organização. Isso se faz necessário porque, enquanto os primeiros devem ser imputados às divisões, os outros, não. "A norma geral é considerar como identificáveis somente os custos que desapareceriam com o tempo se o segmento desaparecesse."

Além disso, embora os problemas levantados não possam ser totalmente eliminados, é possível reduzi-los significativamente com a implementação, pela alta administração, de uma estrutura divisional capaz de obter os benefícios da delegação de autoridade e responsabilidade e ainda minimizar os problemas que podem ocorrer com a descentralização do poder.

6.4 Centros de responsabilidade

De acordo com Hansen e Mowen (2001, p. 317) um centro de responsabilidade é um segmento de uma empresa cujo gestor é responsável por um conjunto específico de atividades. Para controlar e avaliar o desempenho desse gestor é necessário um sistema de apuração do resultado de cada centro de responsabilidade, comparando-o com algum padrão preestabelecido, normalmente através do orçamento.

Uma divisão pode fornecer produtos ou serviços para outras divisões da própria organização. Quando isso ocorre, a mensuração do desempenho divisional pode se tornar mais difícil, porque os preços pelos quais esses produtos ou serviços são transferidos para a divisão compradora influenciarão os indicadores de desempenho, como por exemplo a receita de vendas da divisão vendedora, o custo da divisão compradora e o lucro de ambas.

Atkinson et al. (2000, p. 616) comparam um centro de responsabilidade a um pequeno negócio em que o gestor responsável é escalado para administrá-lo a fim de promover os interesses da empresa. Com a implantação da contabilidade divisional, os gestores passam a controlar, de acordo com a responsabilidade que lhe foi atribuída: (i) decisões sobre gastos (custos ou despesas); (ii) decisões sobre receitas; (iii) decisões sobre custos e receitas; ou (iv) decisões sobre custos, receitas e investimentos. O Quadro 6.1 apresenta as características dos principais centros de responsabilidade e a quem normalmente é atribuída a responsabilidade pelo controle.

Quadro 6.1 *Características dos centros de responsabilidade.*

Responsabilidade pelo controle	Centro de custo	Centro de receita	Centro de resultado	Centro de investimento
Controlado pelo gestor	*Custos e despesas*	*Receitas*	*Custos, despesas e receitas*	*Custos, despesas, receitas e investimentos*
Controlado pela alta administração	Receitas e investimentos	Custos, despesas, receitas e investimentos	Investimentos	———
Foco para avaliação de resultado e desempenho	Custos e despesas relativos a alguma meta	Receitas em relação a alguma meta	Lucro relativo a alguma meta	Retorno do investimento em relação a alguma meta

Normalmente, independentemente do tipo de centro de responsabilidade utilizado, a meta para acompanhamento do gestor é estabelecida, comunicada e avaliada a partir do orçamento.

6.4.1 Centros de Custos (CC)

Os centros de custos, ou de despesas, são centros de responsabilidade nos quais o gestor é responsável por controlar somente os custos e as despesas da área sob sua responsabilidade. Normalmente, o desempenho da área e do gestor é associado a uma meta preestabelecida durante a elaboração do orçamento. Esse enfoque pode criar sérios problemas para a organização quando o foco da avaliação do desempenho fica restrito à redução de gastos. Normalmente, quando se trabalha com a divisionalização, são tratadas como centros de custos as áreas administrativas e as de apoio a produção e vendas.

6.4.2 Centros de Receita (CRc)

Normalmente, um centro de receita é aquele que recebe os produtos ou serviços produzidos pelas demais divisões da organização, sendo responsável pela venda e distribuição dos mesmos aos consumidores finais. Dessa forma, o gestor é responsável somente pelas receitas geradas pela área, sem que haja a devida cobrança em relação aos seus custos e despesas. O desempenho, normalmente, é comparado com: (i) uma meta de vendas orçada; (ii) a variação nas vendas; (iii) variações nos preços de venda; e (iv) volume de vendas.

6.4.3 Centros de Resultado (CR)

Embora normalmente seja denominado de centro de lucro, consideramos mais adequado adotar o termo centro de resultado porque nem sempre este será positivo. Corresponde ao centro de responsabilidade onde o gestor é responsável tanto pelos custos e despesas quanto pelas receitas da divisão. Normalmente, seu desempenho é avaliado comparando-se o resultado obtido, lucro ou prejuízo, a uma meta orçada. Está relacionado às divisões que funcionam como unidades de negócio, filiais ou departamentos com produtos ou serviços claramente identificados e que podem ser negociados tanto internamente quanto externamente. A principal diferença para um centro de investimento está no fato de que, na divisão por centros de resultado, as decisões de investimento ficam sob o controle da administração central.

6.4.4   Centros de Investimento (CI)

Nesse tipo de centro de responsabilidade, o gestor é responsável por controlar os gastos, as receitas e os investimentos, normalmente limitados a um montante que, para ser ultrapassado, deve ser autorizado pela alta administração. Os centros de investimento podem ser vistos como Unidades de Negócio e o seu desempenho, normalmente, é avaliado por alguma medida de retorno sobre o capital investido (Retorno sobre o Ativo, Retorno sobre o Investimento, Retorno sobre o Patrimônio Líquido etc.). Um aspecto relevante, nos CI, é a determinação da liberdade do gestor em relação ao orçamento. Em um extremo, a organização pode cobrar somente o resultado em termos do retorno sobre o capital investido, autorizando o gestor a tomar todas as decisões relacionadas a gastos, políticas de preços e investimento; trata-se, portanto, nesse caso, de unidades de negócio. No outro, a organização pode exigir que o gestor cumpra um conjunto de metas individuais de custos, despesas, receitas e investimento.

6.5   Considerações gerais sobre centros de responsabilidade

Um aspecto importante da divisionalização está na determinação da unidade de gestão e mensuração do resultado. Nesse sentido, uma filial pode ser classificada como centro de investimento, com um gestor responsável pelo retorno do capital investido na mesma e, ao mesmo tempo, possuir centros de resultado e centros de custos dentro da própria filial, com diferentes gestores e com diferentes métricas para avaliação do resultado e do desempenho.

Independente do tipo de centro de responsabilidade, o mais importante é que os gestores que possuam o seu controle sejam cobrados predominantemente por aquilo sobre o qual lhe foi atribuída responsabilidade. Nesse sentido, um gestor responsável por um centro de custos deve ser avaliado pelo desempenho no controle de custos sobre o qual predominantemente possui controle e poder de decisão. Da mesma forma, um gestor responsável por um centro de investimento deve ter o seu desempenho avaliado sobre o retorno do investimento medido, por exemplo, pelo ROI, dos ativos sobre os quais predominantemente possui poder de decisão de investir ou não.

Dessa forma, as receitas, os custos ou investimentos controlados por gestores que não pertencem àquele centro de responsabilidade devem ser excluídos da avaliação do desempenho daquele centro, lembrando sempre que todos os gastos devem ser controlados em algum nível hierárquico da organização.

6.6 Preços de transferência: apurando o resultado e avaliando o desempenho das unidades ou áreas de negócio

Após a opção pela divisionalização, os gestores da empresa precisam determinar o tipo de centro de responsabilidade que será aplicado a cada área ou divisão; a partir daí, são estabelecidos valores para a transferência de produtos e serviços entre as diversas divisões da organização. Esses valores são denominados de preços de transferência.

Portanto, o preço de transferência representa o valor cobrado por uma divisão organizacional pelos produtos ou serviços que fornece aos demais segmentos da mesma organização. É um mecanismo gerencial utilizado para apurar os resultados das diversas áreas a partir do estabelecimento de critérios para a sua implantação e o estabelecimento do valor a ser cobrado. Normalmente o preço de transferência é estruturado para unidades de negócios e centros de investimento, mas nada impede que seja utilizado para os demais tipos de centros de responsabilidade.

Nesse sentido, é o estabelecimento do preço de transferência entre as diversas divisões da organização que permite a operacionalização da apuração do resultado das mesmas, sendo, portanto, parte essencial da aplicação da contabilidade divisional.

De acordo com Ghosh (2000), esse preço normalmente é estabelecido através de negociação entre os gestores das divisões, mesmo nos casos em que há um mercado externo que indique claramente o valor do produto ou serviço que está sendo negociado internamente.

Kachelmeier e Towry (2002) apresentam como motivo para a prática da negociação a possibilidade de equilibrar questões econômicas, claramente identificadas quando o preço é estabelecido através do preço de mercado, com questões sociais decorrentes das interações entre as diversas divisões, como por exemplo o poder entre as áreas, custos que não são incorridos em operações realizadas internamente, dentre outros.

De um ponto de vista operacional, é importante destacar que os preços de transferência têm por finalidade apurar resultados internos, entre as diversas interações entre as áreas da organização e, portanto, esses resultados não alteram o resultado global da organização, sendo anulados no momento de sua apuração; o processo é análogo à consolidação de demonstrações contábeis de empresas de um mesmo conglomerado, sem o impacto tributário.

Dessa forma, por exemplo, numa operação em que a divisão de montagem de uma montadora de veículos recebe peças de outra divisão do grupo, a receita interna reconhecida pela divisão de peças representa o custo do produto, que é registrado na divisão de montagem, anulando o efeito sobre o resultado global da organização no momento da apuração do resultado do grupo, conforme detalhado no exemplo numérico apresentado no final do presente capítulo.

Mas, afinal, qual é o objetivo da utilização desse artefato gerencial? A resposta está na tentativa de identificar a contribuição das diversas divisões para o resultado da organização, impedindo, ou pelo menos minimizando, o repasse de eficiências ou ineficiências entre as mesmas. Dessa forma, o resultado de determinada área, seja ele positivo ou não, deverá ficar sob a responsabilidade do gestor da área.

Uma questão fundamental para o sucesso desse artefato gerencial é o grau de maturidade da organização. Nesse sentido, empresas que se encontram nos estágios iniciais do ciclo de vida organizacional, muitas vezes com o poder decisório centralizado nas mãos de um único proprietário ou de alguns poucos sócios, não encontrarão uma relação favorável entre o custo e os benefícios para a sua implantação.

Outro ponto importante é a preparação da empresa, com treinamento de pessoal, reestruturação organizacional (quando necessária), adequação do sistema de informação, dentre outros, para a implantação desse instrumento de gestão. Ou seja, a simples decisão de utilizar a contabilidade divisional com preços de transferência entre as divisões, sem a devida preparação para tal, pode significar o seu fracasso.

6.6.1 *Principais critérios de preços de transferência*

Existem diversas abordagens para definir um preço de transferência para produtos e serviços entre as divisões. Nessa seção, iremos explorar algumas dessas principais abordagens, procurando identificar as vantagens e desvantagens da aplicação de cada um desses preços. Entretanto, para facilitar o raciocínio do leitor, gostaríamos de destacar que, do ponto de vista teórico, quanto mais próximo do custo de oportunidade, melhor será o preço de transferência aplicado. Dessa forma, o raciocínio para descrever vantagens e desvantagens de cada um dos modelos segue esse racional. Do ponto de vista prático, operacional, acreditamos que o preço de transferência negociado seja o mais aplicável, dado o estado da arte da ciência contábil e a capacidade dos sistemas de informação existentes.

a) Critério baseado no custo

Sob essa perspectiva, os preços de transferência dos bens e serviços são definidos exclusivamente com base nos custos da área que os produz. Por essa razão, a abordagem baseada no custo leva em conta apenas fatores internos da empresa e decorre de uma maior objetividade, o custo apurado, no estabelecimento dos valores que serão estimados para a transferência entre as áreas.

Em termos práticos apresenta a facilidade de ser disponível de maneira consistente ao longo do tempo. Ou seja, o sistema de informação contábil permite uma análise histórica dos gastos das diversas áreas, o que facilita a estimativa dos custos e despesas divisionais. Entretanto, apresenta a desvantagem de inviabilizar a comparação dos valores da empresa com os dos concorrentes, ou seja, se os gastos estimados no orçamento forem estabelecidos fora da realidade do mercado, a identificação de eficiências ou ineficiências pode ficar prejudicada, exatamente por não retratar a realidade do mercado.

Quando os preços de transferência são formados com base nos custos, a administração deve decidir sobre qual será o método de custeio adotado: variável, por absorção, parcial ou pleno (ver Capítulo 5). Além disso, também precisa definir se os bens e serviços serão transferidos somente ao valor de custo ou se lhe será agregada uma margem; o conceito de unidades de negócio pressupõe o uso de margem, pois se espera que o capital investido seja remunerado.

b) Critério baseado no preço de mercado

Sob essa perspectiva, os preços de transferência dos bens e serviços são definidos exclusivamente com base nos preços de mercado dos produtos gerados na área. Por essa razão, a abordagem baseada no mercado leva em conta apenas fatores externos à empresa e, portanto, possui um grau de objetividade inferior ao método baseado em custos.

A abordagem baseada no preço de mercado decorre da tentativa de uma aproximação entre os valores praticados internamente e os valores de comercialização no mercado em que a empresa atua.

Conceitualmente, esse é o modelo que mais se aproxima da completa visão de unidades de negócio independentes, que devem ser competitivas em relação a um mercado estabelecido. Em uma visão extrema desse modelo, divisões que não sejam competitivas – isto é, lucrativas –, quando comparadas à realidade do mercado, devem ter seus processos revistos e, no limite, serem substituídas por fornecedor externo.

As empresas que mais facilmente podem utilizar esse critério de preço de transferência são as que produzem e comercializam *commodities*, pois possuem preços de mercado mais facilmente determinados. Por exemplo, é mais fácil identificar o preço de mercado de uma saca de café de determinado tipo, que deverá ser transferido da fazenda para a fábrica de pó de café de um mesmo grupo empresarial, do que identificar o preço de mercado do chassi de um modelo de carro específico de uma montadora.

Entretanto, embora os custos para obtenção das informações de preço de *commodities* sejam relativamente reduzidos, quando comparados aos de empresas que trabalham com produtos ou serviços de difícil identificação de equivalentes de mercado, é necessário tomar as devidas precauções em períodos em que os preços de mercado apresentam fortes oscilações, sob pena de adotarem-se parâmetros equivocados.

c) Critério baseado em negociação de preços

Sob essa perspectiva, os preços de transferência dos bens e serviços são definidos com base na negociação entre os gestores das áreas fornecedora e compradora. Por essa razão, a abordagem baseada em negociação leva em conta tanto fatores externos como internos à empresa e, portanto, possui um grau de objetividade inferior ao método baseado em custos, por exemplo.

Quando é muito difícil ou impossível identificar um preço de mercado para produtos equivalentes aos da empresa ou quando os custos para sua identificação são elevados, e a empresa não deseja adotar a base de custos, então o preço negociado entre os gestores das divisões passa a ser uma alternativa.

De acordo com Chang, Cheng e Trotman (2008), essas negociações são importantes para que os gestores percebam como o preço influencia tanto os seus próprios lucros quanto os dos demais gestores.

Além disso, o preço negociado em condições normais acaba por considerar os referenciais que as duas partes da negociação possuem tanto do mercado quanto de seus custos de produção, ou seja, há alguma percepção do mercado de produtos e serviços similares, bem como o histórico dos custos é utilizado como parâmetro para negociação.

Nesse sentido, o estabelecimento de preços de transferência é afetado tanto por fatores econômicos, como, por exemplo, o preço de mercado, quanto por fatores comportamentais, como, por exemplo, lealdade e justiça (LUFT; LIBBY, 1997).

Entretanto, não se pode deixar de considerar que, como a abordagem envolve a negociação entre os gestores das áreas, as relações de poder e o prestígio deles perante a administração central podem influenciar fortemente na negociação. Nesses casos, é fundamental a interferência da controladoria como mediadora desses conflitos.

6.6.2 Exemplo numérico

Com o objetivo de ilustrar e de facilitar o entendimento da aplicação prática do conceito de preços de transferência segundo os três métodos – custo, mercado e negociação – desenvolveu-se um exemplo de uma empresa com três divisões: extração, usinagem e transporte, adaptado de Junqueira e Moraes (2005).

Trata-se de uma empresa do setor siderúrgico que opera com a extração, a usinagem e o transporte de seus produtos. Essas divisões são separadas gerencialmente, podem negociar com clientes externos e possuem mercado firme para seus produtos. Para facilitar o entendimento do exemplo, o custo do transporte da extração para a usinagem é nulo. Os demais dados necessários para o desenvolvimento dos cálculos são apresentados na Tabela 6.1.

Para simplificar e tornar didático o exemplo, considerou-se que todas as operações foram realizadas a vista e que a inflação do período era igual a zero. Além disso, considerou-se que todos os gastos e ativos à disposição de cada divisão poderiam ser diretamente identificados com as unidades.

Tabela 6.1 *Dados para aplicação do modelo.*

EVENTOS	VALORES
Extração de 10.000 toneladas minério	$ 10,00 por tonelada
Mão de obra direta e outros custos variáveis (usinagem)	$ 5,00 por tonelada
Comissões sobre transporte	10% sobre a receita

Despesas administrativas (identificadas diretamente às áreas)
    Extração
    Usinagem
    Transporte
	
	$ 10.000,00
	$ 15.000,00
	$ 12.000,00

Preço de venda do produto acabado	$ 30,00 por tonelada
Mark-up para transferência pelo custo total + margem	20%

Preços de transferência negociados
    Extração (matéria-prima)
    Usinagem (produtos em processo)
Preços correntes de mercado
    Extração (matéria-prima)
    Usinagem (produtos em processo)
	
	$ 15,00 por unidade
	$ 19,00 por unidade
	
	$ 13,00 por unidade
	$ 24,00 por unidade

Custo de oportunidade
    Extração (matéria-prima)
    Usinagem (produtos em processo)
	
	$ 12,00 por unidade
	$ 23,50 por unidade

Ativos à disposição das áreas
    Extração
    Usinagem
    Transporte
	
	$ 200.000,00
	$ 500.000,00
	$ 300.000,00

Taxa exigida de retorno	9,00%

a) Solução com base no modelo baseado no custo

A1) Custo total realizado

Dentre todos os métodos de adoção de preços de transferência possíveis, esse pode ser considerado o mais simples, embora, provavelmente, o menos eficaz, do ponto de vista de mensuração de desempenho de uma unidade isolada. Nele, o produto ou serviço é transferido pelo custo total incorrido na área produtora dividido pelo volume de produção do período.

Tabela 6.2   *Preço de transferência com base no custo total realizado.*

	Extração	Usinagem	Transporte	Total
Receita de Vendas Externas	*****	*****	300.000,00	300.000,00
Receita de Vendas Internas	110.000,00	175.000,00	*****	285.000,00
Custos e Despesas Variáveis	*****	*****	*****	*****
Matéria-prima	100.000,00	*****	*****	100.000,00
Mão de obra direta	*****	50.000,00	*****	50.000,00
Comissões	*****	*****	15.000,00	15.000,00
Custos identificáveis	10.000,00	15.000,00	12.000,00	37.000,00
Custos e despesas transferidos	*****	110.000,00	175.000,00	285.000,00
RESULTADO	0,00	0,00	98.000,00	98.000,00
Ativos à disposição das áreas	200.000,00	500.000,00	300.000,00	1.000.000,00
ROI	0,00%	0,00%	32,67%	9,80%
Taxa exigida de retorno	9,00%	9,00%	9,00%	9,00%
Retorno residual	**– 9,00%**	**– 9,00%**	**23,67%**	**0,80%**

Quando os custos indiretos são relevantes – e geralmente o são –, esse método pode não contribuir para a avaliação do desempenho dos gestores, ao permitir o repasse de eficiências ou ineficiências. No caso deste exemplo, a eficiência ou ineficiência da divisão de extração seria transferida para as demais áreas, não estaria sendo identificando o resultado gerado pela divisão de usinagem e somente o da divisão de transporte apresentaria o resultado global da organização. Nessa abordagem todos pagam tudo. Ainda que o custo total da organização seja adequado, quando atribuído às áreas, devido ao repasse incorreto de custos e despesas, poderá trazer distorções e não permitir que os gestores identifiquem sua rentabilidade efetiva; como consequência, conviva com distorções na avaliação de desempenho.

Uma forma de minimizar os problemas desse método é praticar o custo orçado, considerando que esse pode ser estabelecido a partir de uma discussão ampla entre os gestores das mais diversas áreas e possui o aval da alta administração.

A2) Custo total mais margem

Representa uma variante do método baseado no custo total realizado. Nesse método, aplica-se uma margem desejada (*mark-up*) sobre o custo-base, numa tentativa de aproximação ao preço de mercado e de remunerar o capital investido na unidade sob análise. Nesse exemplo, foi determinada uma margem de 20%. Observe que essa margem é arbitrária e poderia assumir qualquer valor durante a negociação entre as áreas. Para evitar esse tipo de discrepância, normalmente, o nível superior hierárquico, por exemplo, a controladoria, é convidada a mediar o estabelecimento dessa margem, o que conduziria ao estabelecimento do preço negociado que será discutido no tópico a seguir.

O estabelecimento de uma margem deve refletir o potencial de ganho das divisões e a expectativa de retorno desejada. Recomenda-se o uso de preços de transferência baseados no custo pleno mais lucro somente quando não for possível identificar o preço de mercado do produto ou serviço que será transferido, o que normalmente ocorre nos casos de produtos ou serviços de produção exclusiva, como por exemplo um terno feito sob encomenda ou o projeto de uma casa.

Tabela 6.3 *PT com base no custo total mais margem* (mark-up *de 20%).*

	Extração	Usinagem	Transporte	Total
Receita de Vendas Externas	*****	*****	300.000,00	300.000,00
Receita de Vendas Internas	132.000,00	236.400,00	*****	368.400,00
Custos e Despesas Variáveis	*****	*****	*****	*****
Matéria-prima	100.000,00	*****	*****	100.000,00
Mão de obra direta	*****	50.000,00	*****	50.000,00
Comissões	*****	*****	15.000,00	15.000,00
Custos fixos identificáveis	10.000,00	15.000,00	12.000,00	37.000,00
Custos transferidos	*****	132.000,00	236.400,00	368.400,00
RESULTADO	22.000,00	39.400,00	36.600,00	98.000,00
Ativos à disposição das áreas	200.000,00	500.000,00	300.000,00	1.000.000,00
ROI	11,00%	7,88%	12,20%	9,80%
Taxa exigida de retorno	9,00%	9,00%	9,00%	9,00%
Retorno residual	**2,00%**	**– 1,12%**	**3,20%**	**0,80%**

b) Preços de transferência negociados

Como foi dito antes, nesse método o produto ou serviço é transferido com base em valor negociado e aceito pelos gestores envolvidos na transação.

Jiambalvo (2002, p. 261) destaca que a permissão para que os gestores das divisões negociem os preços de transferência acaba por submetê-los à mesma situação enfrentada quando da negociação de preços para com clientes ou fornecedores externos.

Tabela 6.4   *Preços de transferência negociados.*

	Extração	Usinagem	Transporte	Total
Receita de Vendas Externas	*****	*****	300.000,00	300.000,00
Receita de Vendas Internas	150.000,00	190.000,00	*****	340.000,00
Custos e Despesas Variáveis	*****	*****	*****	*****
Matéria-prima	100.000,00	*****	*****	100.000,00
Mão de obra direta	*****	50.000,00	*****	50.000,00
Comissões	*****	*****	15.000,00	15.000,00
Custos identificáveis	10.000,00	15.000,00	12.000,00	37.000,00
Custos transferidos	*****	150.000,00	190.000,00	340.000,00
RESULTADO	40.000,00	– 25.000,00	83.000,00	98.000,00
Ativos à disposição das áreas	200.000,00	500.000,00	300.000,00	1.000.000,00
ROI	20,00%	– 5,00%	27,67%	9,80%
Taxa exigida de retorno	9,00%	9,00%	9,00%	9,00%
Retorno residual	**11,00%**	**–14,00%**	**18,67%**	**0,80%**

c) Preços de transferência baseados no mercado

c1) Custo corrente de mercado

A transferência por um valor baseado no preço corrente de mercado representa um avanço significativo em relação aos métodos baseados em custos. Entretanto, o preço de mercado normalmente incorpora elementos nos quais a empresa não incorre necessariamente durante a transferência interna, tais como: impostos, comissões, seguros, fretes, provisão para devedores duvidosos, dentre outros.

Dessa forma, quando a empresa opta pela adoção desse método de transferência, o correto é ajustar o preço de mercado, excluindo-se os custos em que a empresa não incorre com a venda interna e incluindo outros em que incorra para geração de valor, como, por exemplo, para fornecer um maior nível de produtos ou serviços aos clientes externos. Nesse caso, o preço de transferência praticado se aproxima ao custo de oportunidade. Isso porque, no momento das operações que envolvem o seu estabelecimento, a melhor opção abandonada está restrita a uma operação semelhante feita com um fornecedor externo.

Tabela 6.5 *PT com base nos preços correntes de mercado.*

	Extração	Usinagem	Transporte	Total
Receita de Vendas Externas	*****	*****	300.000,00	300.000,00
Receita de Vendas Internas	130.000,00	240.000,00	*****	370.000,00
Custos e Despesas Variáveis	*****	*****	*****	*****
Matéria-prima	100.000,00	*****	*****	100.000,00
Mão de obra direta	*****	50.000,00	*****	50.000,00
Comissões	*****	*****	15.000,00	15.000,00
Custos identificáveis	10.000,00	15.000,00	12.000,00	37.000,00
Custos transferidos	*****	130.000,00	240.000,00	370.000,00
RESULTADO	20.000,00	45.000,00	33.000,00	98.000,00
Ativos à disposição das áreas	200.000,00	500.000,00	300.000,00	1.000.000,00
ROI	10,00%	9,00%	11,00%	9,80%
Taxa exigida de retorno	9,00%	9,00%	9,00%	9,00%
Retorno residual	**1,00%**	**0,00%**	**2,00%**	**0,80%**

Itens como impostos e comissões, por exemplo, seriam excluídos do preço de mercado. Embora as empresas normalmente devam acompanhar os preços de mercado dos seus produtos, a adoção do método pode ficar prejudicada em decorrência do alto custo para obtenção detalhada das informações necessárias para sua aplicação.

C2) Custo de oportunidade

De acordo com Jiambalvo (2002, p. 5), o custo de oportunidade representa o valor e o benefício "que se renunciam quando uma alternativa de decisão é selecionada em detrimento de outra".

Portanto, esse critério de definição de preço de transferência é estabelecido a partir da identificação e mensuração do benefício da decisão de produzir internamente o produto ou o serviço comparando-o com o benefício da melhor alternativa desprezada, isto é, ao melhor preço de mercado do produto ou serviço transferido. Ou seja, o preço de transferência baseado no conceito de custo de oportunidade estrutura-se a partir da premissa de que o valor dos produtos e serviços transacionados entre as unidades deveria refletir o valor do benefício possível de ser auferido na melhor alternativa econômica de obtenção dos bens e serviços demandados.

Como um exemplo do estabelecimento desse tipo de preço de transferência, podemos imaginar a empresa do exemplo tomando a decisão de transportar, ela mesma, através da sua própria divisão de transportes, o seu produto para os clientes externos. Ao fazê-lo, estaria deixando de utilizar o serviço de empresas transportadoras já estabelecidas no mercado a determinado custo. E é exatamente o melhor preço cobrado por aquelas empresas, para um transporte nas mesmas condições, que representa o custo de oportunidade da nossa empresa neste caso.

Tabela 6.6   *Preço de transferência com base no custo de oportunidade.*

	Extração	Usinagem	Transporte	Total
Receita de Vendas Externas	*****	*****	300.000,00	300.000,00
Receita de Vendas Internas	120.000,00	235.000,00	*****	355.000,00
Custos e Despesas Variáveis	*****	*****	*****	*****
Matéria-prima	100.000,00	*****	*****	100.000,00
Mão de obra direta	*****	50.000,00	*****	50.000,00
Comissões	*****	*****	15.000,00	15.000,00
Custos identificáveis	10.000,00	15.000,00	12.000,00	37.000,00
Custos transferidos	*****	120.000,00	235.000,00	355.000,00
RESULTADO	10.000,00	50.000,00	38.000,00	98.000,00
Ativos à disposição das áreas	200.000,00	500.000,00	300.000,00	1.000.000,00
ROI	5,00%	10,00%	12,67%	9,80%
Taxa exigida de retorno	9,00%	9,00%	9,00%	9,00%
Retorno residual	**– 4,00%**	**1,00%**	**3,67%**	**0,80%**

6.6.3 Análise dos resultados dos diferentes preços de transferência

Conforme demonstrado nas Tabelas de 6.1 a 6.6, o valor do resultado global da empresa independe do critério de formação de preços de transferência utilizado. A empresa apresentou, no período, um lucro de $ 98.000,00 e um retorno (lucro) residual de 0,80% em todos os casos.

Entretanto, conforme se vê na Tabela 6.7, o resultado apurado para as áreas difere significativamente, dependendo do critério adotado:

a) **Custo total realizado.** Apenas o departamento de transporte, por negociar e vender para clientes externos, apresentou resultado positivo. Os demais departamentos, por transferirem pelo custo efetivo, apresentaram resultado igual a zero, o que na prática não é verdade. Se fosse, essas áreas seriam simplesmente excluídas da organização. Nesse sentido, eficiências ou ineficiências nessas áreas foram transferidas para o departamento de transporte que, em contrapartida, teve parte do seu resultado e desempenho também não evidenciado.

b) **Custo total realizado mais margem.** Nesse caso, o resultado foi distribuído pelos departamentos. Entretanto, da mesma forma que na utilização do método do custo total realizado, as eficiências ou ineficiências das diversas áreas são não evidenciadas.

c) **Preço negociado.** O preço negociado pode, eventualmente, apresentar o mesmo problema dos dois métodos anteriores; entretanto, esse problema tende a ser minimizado a partir do conhecimento que os gestores devem possuir do mercado de atuação e dos custos da organização.

d) **Preço de mercado.** Apresenta uma comparação do desempenho de todas as áreas com o preço de mercado. Entretanto, conforme destacado anteriormente, pode ser de difícil aplicação prática, em decorrência dos altos custos em que se pode incorrer para obtenção desses valores ou na hipótese de inexistência de mercado equivalente para os produtos e serviços oferecidos. O grande problema é que o preço de mercado deve referir-se a produtos com o mesmo nível de qualidade do da empresa – inclusive o mesmo nível de serviço.

e) **Custo de oportunidade.** Teoricamente, no momento de seu estabelecimento, equivaleria ao valor de mercado do produto ou serviço negociado. Entretanto, para o seu estabelecimento são encontradas as mesmas dificuldades do preço de mercado.

Tabela 6.7 *Comparação dos diferentes preços de transferência.*

	CUSTO DE OPORTUNIDADE			MERCADO			NEGOCIADO			CUSTO TOTAL MAIS MARGEM			CUSTO TOTAL		
	Extração	Usinagem	Transporte	Extração	Usinagem	Transporte	Extração	Usinagem	Transporte	Extração	Usinagem	Transporte	Extração	Usinagem	Transporte
RESULTADO	10.000,00	50.000,00	38.000,00	20.000,00	45.000,00	33.000,00	40.000,00	– 25.000,00	83.000,00	22.000,00	39.400,00	36.600,00	0	0	98.000,00
Ativo à disposição das áreas	200.000,00	500.000,00	300.000,00	200.000,00	500.000,00	300.000,00	200.000,00	500.000,00	300.000,00	200.000,00	500.000,00	300.000,00	200.000,00	500.000,00	300.000,00
ROI	5,00%	10,00%	12,67%	10,00%	9,00%	11,00%	20,00%	– 5,00%	27,67%	11,00%	7,88%	12,20%	0,00%	0,00%	32,67%
Taxa exigida de retorno	9,00%	9,00%	9,00%	9,00%	9,00%	9,00%	9,00%	9,00%	9,00%	9,00%	9,00%	9,00%	9,00%	9,00%	9,00%
Retorno residual	– 4,00%	1,00%	3,67%	1,00%	0,00%	2,00%	11,00%	–14,00%	18,67%	2,00%	– 1,12%	3,20%	– 9,00%	– 9,00%	23,67%

Numa análise global, verifica-se que, se a empresa optar por preços negociados, o departamento com melhor desempenho é o de transporte, seguido
pelo de extração, sendo que o de usinagem apresentaria resultado negativo. Em
comparação com o preço de mercado e com o custo de oportunidade, podemos
observar que, nesse caso, o departamento de usinagem estaria com baixo poder de
negociação, considerando-se as distorções de seu resultado quando comparados
com o resultado de mercado. Na mesma linha de raciocínio, o departamento de
transporte apresentaria um forte poder de influência dentro da organização, ao
conseguir estabelecer preços negociados bem superiores aos de mercado.

Já o resultado obtido com a aplicação de preços de transferência baseados
em custos fica prejudicado, por apresentar os problemas anteriormente rela-
tados. Ou seja, quando a transferência ocorre pelo custo total, não é possível
identificar a contribuição das áreas de extração e usinagem. Já quando a transferência ocorre pelos métodos do custo total mais margem ou do custo negociado, o risco de repasse de eficiência ou ineficiência são mantidos. Entretanto,
conforme destacado anteriormente, a solução de preços negociados pode ser útil
para a organização, facilitando a comunicação entre as áreas e o entendimento
dos gestores locais quanto ao funcionamento da organização como um todo.

6.7   Qual deve ser o preço de transferência praticado?

Os preços de transferência podem derivar de várias abordagens ou mesmo
de uma combinação entre elas. A sua utilização direta ou combinada decorre
de vários elementos, dentre os quais: (i) o grau de autonomia dos gestores;
(ii) capacidade da organização para buscar a mudança nos processos com o
objetivo de aumentar a eficiência; (iii) percepção da empresa da necessidade
de buscar uma maior competitividade; (iv) agressividade da concorrência; (v)
capacidade do sistema de informações para sua implementação; e (vi) estágio
de maturidade da organização para adoção dessa prática. A implantação da
contabilidade por responsabilidade nos diversos níveis hierárquicos está condicionada ao atendimento dos seguintes aspectos:

1. Custos, receitas e investimento devem ser diretamente associados a
   um único nível de responsabilidade gerencial.
2. Os custos, receitas e investimentos devem ser controlados no nível
   de responsabilidade com o qual foram associados.

3. A elaboração do orçamento deve permitir a avaliação do desempenho dos gestores que controlam esses custos, receitas e investimentos.

Nesse sentido, cabe à administração central da organização decidir pelo método que melhor atenda às necessidades informacionais da organização. Entretanto, vale ressaltar que "[...] o método de preço de transferência escolhido deve levar o gerente de cada subunidade a tomar as melhores decisões para a organização como um todo [...]. Eles devem, em particular, promover a congruência dos objetivos e um alto nível sustentado de empenho administrativo" (HORNGREN, FOSTER; DATAR, 2000, p. 639).

Conforme foi demonstrado no exemplo numérico, todos os métodos de formação de preços de transferência apresentam o mesmo resultado global para a organização. Portanto, pode-se questionar: afinal, qual é a diferença entre utilizar-se este ou aquele modelo, se o resultado final será sempre o mesmo?

Ao analisar a aplicação do custo de oportunidade como preço de transferência, Catelli (2001, p. 398) afirma: "como o melhor uso alternativo dos recursos pode ser encontrado internamente (produzir) ou externamente à empresa (comprar), o menor preço de mercado desses recursos constitui uma base objetiva, segura e validada pelo mercado para a determinação de preços de transferência".

Além disso, a utilização do preço de transferência formado pelo custo de oportunidade permite, dentre outras ações:

1. Avaliar os níveis de eficiência e eficácia da empresa, a partir da comparação das relações econômicas entre suas atividades e os melhores valores praticados pelo mercado.
2. Avaliar de forma justa o desempenho dos executivos, a partir da correta mensuração da contribuição das divisões para o resultado global da empresa.
3. Simular e avaliar as decisões tomadas pelos gestores.
4. Induzir o comportamento dos gestores para que os mesmos atendam aos interesses dos proprietários.
5. Permitir a identificação das divisões ineficientes.
6. Promover um maior desenvolvimento da capacidade competitiva da empresa ao avaliá-la, comparando-a com empresas concorrentes.

Na prática, entretanto, essa implantação pode não ser tão simples, principalmente quando a empresa possui unidades que produzem produtos ou serviços de difícil equivalência no mercado, o que dificulta o estabelecimento de metas e a comparabilidade com o mercado de atuação da organização.

Além disso, conforme destacado pelas pesquisas citadas, a negociação entre as áreas é fundamental para a troca de informações entre os gestores, que passam a identificar melhor o trabalho que é desenvolvido pelas divisões com as quais mantêm algum tipo de relação.

6.7.1 Implicações legais referentes aos preços de transferência

Não é objetivo deste livro tratar dos aspectos tributários da organização. Afinal, os artefatos existem e podem ser aplicados independentemente dessas questões.

Entretanto, no que diz respeito a preços de transferência, é importante chamar a atenção do leitor para a diferença de sua utilização como artefato gerencial da utilização para fins fiscais.

Isso porque os objetivos da fixação de preços de transferência se alteram quando se trata de uma empresa que possui filiais ou sucursais em diferentes estados, ou até mesmo em diversos países, e os bens e serviços são transferidos entre essas unidades.

Por exemplo, a cobrança de um preço alto de transferência de uma fábrica situada na Zona Franca de Manaus para sua subsidiária localizada no Estado da Bahia pode reduzir o pagamento de tributos, em decorrência dos benefícios fiscais das empresas situadas naquele Estado. Por outro lado, a fixação de um preço em uma operação que envolva a filial de uma empresa em que a outra unidade esteja localizada fora do país pode afetar tributariamente as operações, em função da legislação sobre preços de transferências em operações internacionais.

De qualquer forma, é importante destacar que a função gerencial da aplicação do preço de transferência para avaliação das divisões e dos gestores pode ser mantida desde que a organização elabore relatório interno específico para isso, visto que dificilmente o preço praticado com o objetivo de planejamento tributário será aquele que melhor avaliará o desempenho organizacional.

6.8 Avaliando o desempenho dos gestores das unidades de negócio

A transformação das divisões da organização em centros de investimento permite a avaliação do desempenho destas através de índices de retorno em relação ao capital investido, possibilitando a identificação das divisões que estão contribuindo de forma positiva para o resultado, bem como aquelas que estão deficitárias.

As medidas de rentabilidade comumente utilizadas para avaliação de uma divisão são o retorno sobre o investimento (ROI), o lucro residual (LR) e o valor econômico adicionado (EVA).

A análise do retorno do capital investido nas unidades de negócio, aplicando-se os diversos modelos de preços de transferência descritos no capítulo, permite a constatação dos seguintes resultados:

a) Custo Total Realizado: a utilização desse método não permitiu a apuração do retorno das divisões de compra e usinagem.

b) Custo Total Realizado mais Margem: a utilização desse método possibilitou a transferência de ineficiência do departamento de extração para os departamentos de usinagem e transporte, prejudicando a avaliação do retorno das divisões.

c) Preços Correntes de Mercado: a utilização desse método distorceu o resultado das três divisões por considerar custos que não existem internamente, prejudicando a avaliação do retorno das divisões.

d) Preço Negociado: a utilização desse método, quando comparado com o custo de oportunidade, indica que houve problemas na negociação entre as divisões e, consequentemente, a avaliação do retorno das divisões foi prejudicada.

e) Custo de Oportunidade: a utilização desse método demonstrou o retorno de cada divisão, comparado com o preço de mercado, permitindo avaliar a competitividade das mesmas em relação aos seus concorrentes.

Para a correta avaliação dos gestores, é fundamental que se identifique com quanto cada um dos centros de responsabilidade está contribuindo para o resultado global da empresa. Entretanto, para que isso seja possível, todos os setores da organização devem ser tratados como centros de investimento.

Para elaboração dos relatórios de resultados por centros de responsabilidade, o preço de transferência baseado no custo de oportunidade é o que permite a simulação de resultados comparáveis com o mercado, e, consequentemente, com os concorrentes da organização, possibilitando ao gestor a escolha entre as alternativas "produzir ou comprar", a alternativa que otimize o resultado da empresa. Entretanto, na impossibilidade de identificar um produto equivalente no mercado, ou quando os custos para adoção desse preço de transferência superarem seus benefícios, a empresa deve adotar um preço negociado entre o fornecedor e o cliente interno.

Quando isso ocorrer, a base para formação do preço, ou seja, o ponto de partida para a negociação do preço, poderia ser um custo-padrão, formado a partir da análise dos custos que compõem o produto ou serviço.

O importante é entender que todas as divisões contribuem, de forma positiva ou não, para o resultado global da empresa e por isso devem ter seus resultados apurados da maneira mais correta possível. Essa apuração permite avaliar e melhorar o desempenho das áreas e, consequentemente, o resultado da organização.

6.9 Verificação da aprendizagem

1. Representam vantagens da divisionalização, **exceto**:
   a) Melhoria da qualidade das decisões.
   b) Motivação e redução da rotatividade de pessoal.
   c) Redução do tempo de decisão.
   d) Aumento da competição entre as divisões.

2. Representam desvantagens da divisionalização, **exceto**:
   a) Conflito de metas.
   b) Fuga do risco.
   c) Redução do tempo de decisão.
   d) Aumento de custos.

3. Um centro de custo é aquele em que o gestor controla:
   a) Receitas, custos e despesas.
   b) Custos e receitas.
   c) Custos e despesas.
   d) Custos e investimentos.

4. Um centro de resultado é aquele em que o gestor responsável controla:
   a) Somente custos, receitas e despesas.

b) Somente custos e receitas.

c) Somente custos, despesas e investimentos.

d) Custos, despesas, receitas e investimentos.

5. O preço de transferência que é estabelecido por um acordo entre os gestores da área compradora e vendedora é denominado:

a) De mercado.

b) Custo mais margem.

c) Custo de oportunidade.

d) Negociado.

6. O preço de transferência ideal do ponto de vista teórico é:

a) Custo mais margem.

b) Negociado.

c) Custo de oportunidade.

d) Custo padrão.

Utilize as seguintes informações para responder às questões 7 e 8.

A Empresa Modelo incorreu nas seguintes operações em determinado mês:

✓ O Departamento de Compras comprou matérias-primas no valor de $ 10 e incorreu em gastos próprios no valor de $ 2.

✓ O Departamento de Produção recebeu a matéria-prima do Departamento de Compras e incorreu em gastos próprios no valor de $ 20 para produzir o produto.

✓ O Departamento de Vendas recebeu o produto produzido pelo Departamento de Produção e incorreu em gastos próprios no valor de $ 8.

✓ O preço de venda para o consumidor final foi de $ 50.

7. Considerando que a transferência entre as divisões ocorreu pelo custo total realizado, o resultado do departamento de compras e do departamento de vendas, respectivamente, foi de:

a) $ 12 e $ 10.

b) $ 0 e $ 10.

c) $ 12 e $ 50.

d) $ 8 e $ 10.

8. Considerando que a transferência entre as divisões ocorreu pelo custo total realizado mais 20%, o resultado da empresa foi de:

a) $ 20.

b) $ 0.

c) $ 10.

d) $ 40.

9. O desempenho de um gestor de um centro de custos, do ponto de vista econômico-financeiro, deve ser avaliado pelo seguinte indicador:

a) Variação entre o custo real e o orçado.

b) ROI.

c) EVA.

d) Lucro operacional.

10. O desempenho de um gestor de um centro de investimento, do ponto de vista econômico-financeiro, pode ser avaliado pelo seguinte indicador:

a) Lucro operacional.

b) Variação entre o custo real e o orçado.

c) Lucro residual.

d) Variação entre o lucro operacional real e o orçado.

Recomendação de bibliografia para aprofundamento do tema

ANCTIL, Regina M.; DUTTA, Sunil. Negotiated transfer pricing and divisional vs. firm-wide performance evaluation. **The Accounting Review**, 74, 1, p. 87, 1999.

ARYA, Anil; MITTENDORF, Brian. Interacting supply chain distortions: the pricing of internal transfers and external procurement. **The Accounting Review**, 82, 3, p. 551, 2007.

BALDENIUS, Tim; MELUMAD, Nahum D.; REICHLSTEIN, Stefan. Integrating managerial and tax objectives in transfer pricing. **The Accounting Review**, 79, 3, p. 591, 2004.

BOYNS, Trevor; EDWARD, John Richard; EMMANUEL, Clive. A longitudinal study of the determinants of transfer pricing change. **Management Accounting Research**, 10, p. 85-108, 1999.

CHANG, Linda; CHENG, Mandy; TROTMAN, Ken T. The effect of framing and negotiation partner's objective on judgments about negotiated transfer prices. **Accounting, Organizations and Society**, 33, p. 704-717, 2008.

COOLS, Martine; EMMANUEL, Clive; JORISSEN, Ann. Management control in the transfer pricing tax compliant multinational enterprise. **Accounting, Organizations and Society**, 33, p. 603-628, 2008.

FJELL, Kenneth; FOROS, Øystein. Access regulation and strategic transfer pricing. **Management Accounting Research**, 19, p. 18-31, 2008.

GöX, Robert F. Strategic transfer pricing, absorption costing, and observability. **Management Accounting Research**, 11, p. 327-348, 2000.

HARRISON, Graeme L.; McKINNON, Jill L.; PERERA, Sujatha. Diffusion of transfer pricing innovation in the context of commercialization: a longitudinal case study of a government trading enterprise. **Management Accounting Research**, 14, p. 140-164, 2003.

KACHELMEIER, Steven J.; TOWRY, Kristy L. Negotiated transfer pricing: is fairness easier said than done? **The Accounting Review**, 77, 3, p. 571, 2002.

MALINA, Mary A.; SELTO, Frank H. *Communicating and controlling strategy: an empirical study of the effectiveness of the Balanced Scorecard.* **Journal of Management Accounting Research**, 13, p. 47, 2001.

MASQUEFA, Bertrand. Top management adoption of a locally driven performance measurement and evaluation system: a social network perspective. **Management Accounting Research**, 19, p. 182-207, 2008.

MORAES, Romildo de Oliveira; JUNQUEIRA, Emanuel Rodrigues. Preços de transferência: reflexos de sua utilização na avaliação do desempenho de gestores e áreas de responsabilidade. **Revista Universo Contábil** (Online), Blumenau-SC, v. 1, nº 3, p. 39-50, 2005.

SAHAY, Savita A. Transfer pricing based on actual cost. **Journal of Management Accounting Research**, 15, p. 177, 2003.

SMITH, Michael J. Ex ante and ex post discretion over arm's length transfer prices. **The Accounting Review**, 77, 1, p. 161, 2002.

SPICER, Barry H. Towards an organizational theory of the transfer pricing process. **Accounting, Organizations and Society**, v. 13, nº 3, p. 303-322, 1999.

WEBB, R. Alan. Managers' Commitment to the goals contained in a strategic performance measurement system. **Contemporary Accounting Research**, 21, 4, p. 925, 2004.

7 Controle gerencial no ambiente internacional

Objetivos de aprendizagem

1. Identificar como a cultura de diferentes países pode afetar o desenho e a utilização do sistema de controle gerencial.
2. Compreender o contexto organizacional de atuação das empresas globalizadas.
3. Entender o papel da contabilidade gerencial na coordenação e controle de empresas globalizadas.

Tópicos tratados

7.1 A contabilidade em ambientes globalizados: a importância do contexto social e organizacional
7.2 Modelos de gestão de empresas internacionais
    7.2.1 Empresas globais
    7.2.2 Empresas multinacionais
    7.2.3 Empresas transnacionais
7.3 O papel da contabilidade e controle gerencial nas empresas internacionais
7.4 A questão das diferenças culturais entre países e a contabilidade gerencial
    7.4.1 Hofstede (1980)
    7.4.2 O arcabouço Gray (1988)
7.5 Verificação da aprendizagem

Questões provocativas

1. O que provoca diferenças entre sistemas de controle gerencial entre empresas de diferentes países?
2. Como a cultura local de um país pode afetar o desenho e utilização dos sistemas de controle gerencial?
3. Como a configuração organizacional de uma empresa globalizada afeta o desenho de sua contabilidade gerencial?

7.1 A contabilidade em ambientes globalizados: a importância do contexto social e organizacional

As empresas que operam em uma dimensão global possuem uma série de questões técnicas que devem ser observadas no desenho e no uso de seus sistemas de contabilidade e controle gerencial. Essas questões compreendem itens tais como diferenças nas taxas de câmbio entre os países em que a empresa opera, questões relacionadas a riscos, diferenças nos ambientes regulatórios, cultura dos países, padrões de conduta, dentre outros.

Além dessas questões específicas, existem elementos organizacionais, culturais e sociais que irão afetar os mecanismos formais e informais de controle gerencial utilizados por essas organizações. Conforme já vem sendo discutido neste livro, a contabilidade não é neutra e não pode ser analisada sem a consideração dessas questões. Nesse sentido, este capítulo discutirá o contexto organizacional e cultural específico dessas organizações, o que pode contribuir para a compreensão de problemas desafiadores para a controladoria.

7.2 Modelos de gestão de empresas internacionais

Na literatura, os principais tipos de modelos de gestão de empresas internacionais são denominados modelos de gestão de empresas globais, multinacionais ou transnacionais (BUSCO; GIOVANNONI; SCAPENS, 2008). Cada um desses modelos requer diferentes configurações do sistema de controle gerencial. Cada um desses tipos de empresas é discutido a seguir.

7.2.1 *Empresas globais*

Nesse tipo de organização, as diretrizes estratégicas normalmente são determinadas pela matriz. Há um alto nível de centralização das decisões, os produtos são padronizados e a premissa é de que as necessidades atendidas pela empresa são iguais em todos os países em que ela opera.

Esse tipo de empresa tem como característica uma visão de mundo de seus principais executivos, uma visão etnocêntrica de mundo. Perlmutter (1969), em seu já clássico estudo sobre empresas internacionais, indica que a visão de mundo (estados mentais, crenças ou atitudes) de uma empresa etnocêntrica é aquela em que os executivos da matriz têm uma visão de superioridade em relação às subsidiárias estabelecidas em países estrangeiros.

Características adicionais apresentadas por essas empresas são que os executivos expressam a nacionalidade da empresa como aquela da matriz, os executivos da matriz são designados para assumir posições-chave no mundo e os mecanismos de avaliação de desempenho de pessoas e da organização são definidos unilateralmente pela matriz. Além disso, existe uma variação maior nos sistemas de recompensas, punições e incentivos na matriz do que nas filiais (PERLMUTTER, 1969).

Além da prevalência de uma cultura etnocêntrica, as empresas globais têm como outras características (BUSCO; GIOVANNONI; RICCABONI, 2007, p. 70):

a) Alto grau de centralização das decisões pela matriz.

b) Alta centralização de atividades e escala global de eficiência.

c) Alto grau de padronização dos produtos e marketing global.

d) Implementação de estratégias globais, direção centralizada.

Assim, em empresas globais, o modelo de controle gerencial adotado é fortemente hierarquizado, baseado no modelo de comando e controle.

A Figura 7.1 apresenta o modelo de gestão usual de empresas globais.

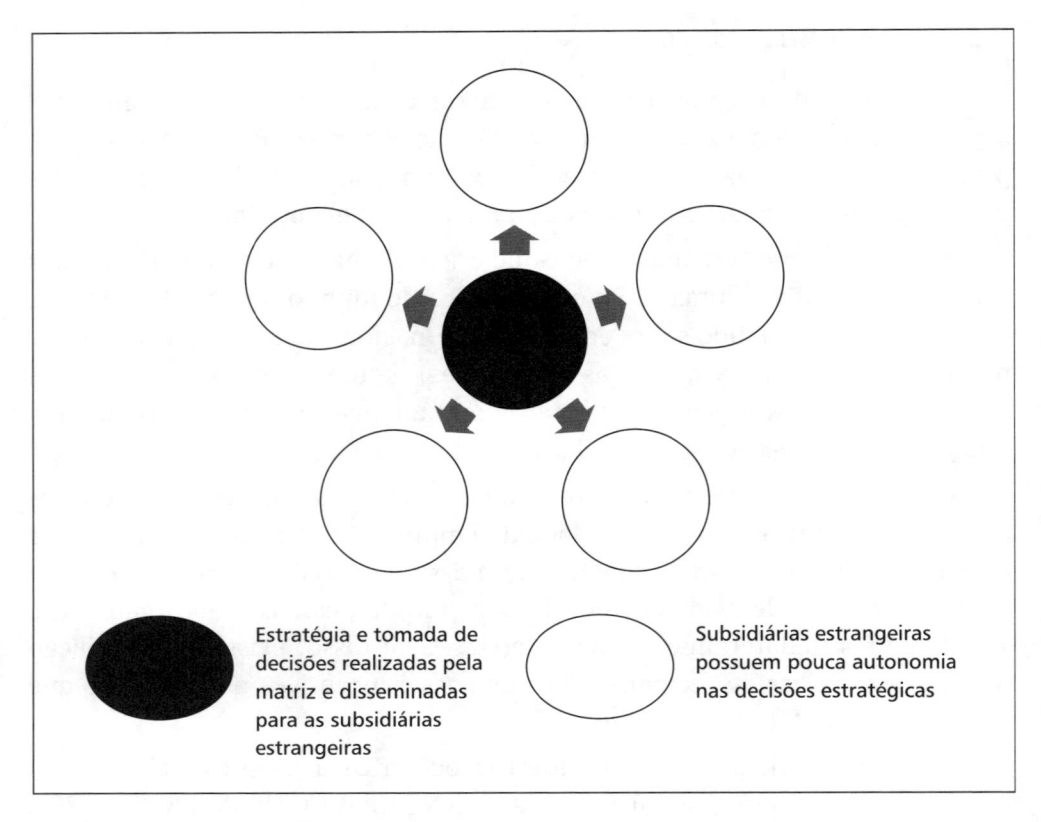

Fonte: Adaptada de Dent (1996).

Figura 7.1 *Modelo de gestão de empresas globais.*

7.2.2 *Empresas multinacionais*

As empresas multinacionais têm como principais características a descentralização das decisões da matriz para as subsidiárias com o reconhecimento das diferentes necessidades entre os países em relação aos produtos fornecidos pela organização. Além disso, há uma maior consideração da cultura local (BUSCO; GIOVANNONI; RICCABONI, 2007, p. 70).

A característica comportamental desse tipo de empresa é ser policêntrica (PERLMUTTER, 1969). Conforme explicitado pelo autor, essas empresas têm como premissa básica a aceitação de que as culturas das subsidiárias são diferentes e difíceis de entender e que as pessoas do local sabem o que é melhor para elas.

Como a matriz delega autoridade para os gestores das suas subsidiárias e existe um alto grau de descentralização das atividades, os executivos da matriz acreditam que a estruturação de sistemas adequados de controle é que permitirão a governança de suas filiais.

Como consequência dessas características e da consideração do ambiente social, político e econômico local, os sistemas de treinamento, avaliação de desempenho e incentivos são estabelecidos pelas próprias subsidiárias (PERL-MUTTER, 1969). Em função disso, não há muita necessidade de um alto fluxo de informações entre as subsidiárias e também entre as subsidiárias e a matriz. O pessoal local é designado para assumir cargos de alto nível no próprio país das subsidiárias (PERLMUTTER, 1969).

Além das atitudes gerenciais policêntricas, outras características são encontradas nesse tipo de empresa (BUSCO; GIOVANNONI; RICCABONI, 2007, p. 68):

a) Alta autonomia nas subsidiárias e descentralização da gestão.

b) Pouca integração entre as atividades das subsidiárias.

c) Alta diferenciação de produtos e adaptação local.

d) Múltiplas estratégias nacionais.

A Figura 7.2 evidencia esse modelo de gestão.

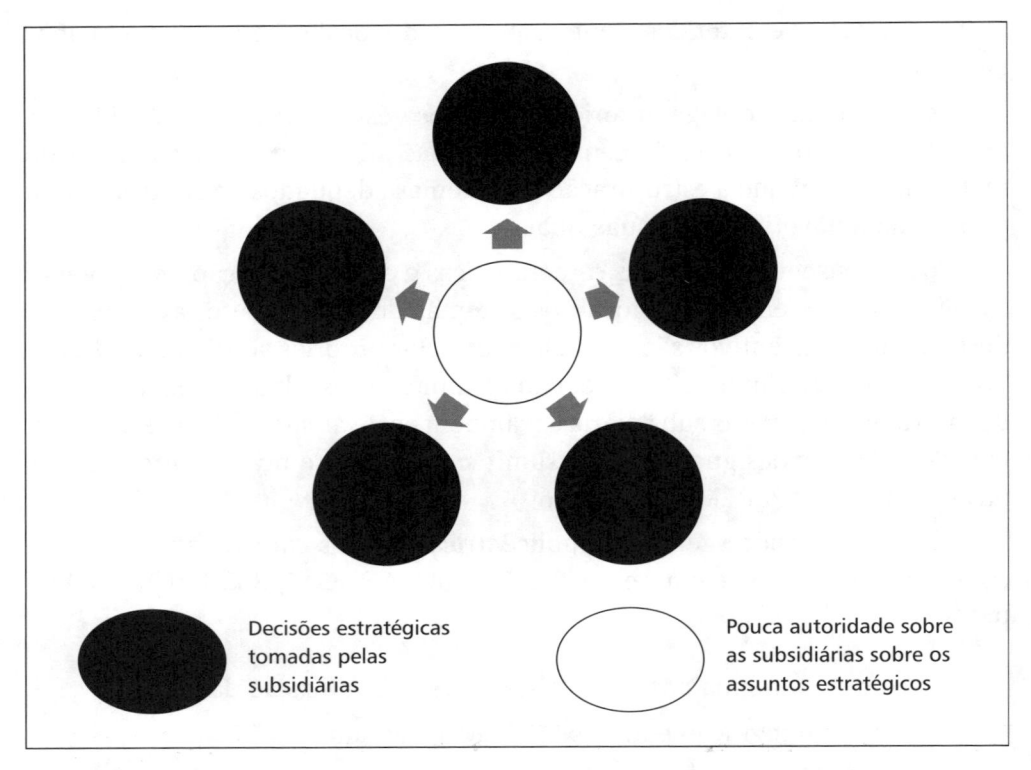

Decisões estratégicas tomadas pelas subsidiárias

Pouca autoridade sobre as subsidiárias sobre os assuntos estratégicos

Fonte: Adaptada de Dent (1996).

Figura 7.2   *Modelo de gestão de empresas multinacionais.*

7.2.3   *Empresas transnacionais*

As empresas transnacionais são derivadas das organizações de aprendizagem, que são aquelas voltadas ao conhecimento intensivo, e possuem uma rede de relacionamentos entre as diversas empresas espalhadas pelo mundo. Elas buscam maximizar as vantagens competitivas globais e locais nas diversas especialidades organizacionais, desde finanças até pesquisa e desenvolvimento (DAFT, 2002).

Em geral são grandes companhias de alta complexidade, e interdependência, com um processo decisório bastante compartilhado entre as próprias subsidiárias e a matriz. Essa tem sido a tendência dos projetos contemporâneos de estrutura organizacional para empresas internacionais (DAFT, 2002). É uma tipologia que se assemelha a uma rede.

Perlmutter (1969) advoga que a característica comportamental desse modelo é ser geocêntrico, ou seja, esse tipo de empresa procura infundir em suas crenças um balanceamento entre uma visão local e global de mundo. As subsidiárias contribuirão com o próprio país de atuação e também com a comunidade internacional. Não há uma prevalência de cultura da subsidiária ou da matriz; o foco deve ser de ambos. Assim, os mecanismos de controle, avaliação de desempenho e recompensas individuais são definidos de forma compartilhada entre a matriz e as subsidiárias. Além disso, a nacionalidade do país não é um fator relevante para a escolha de quem vai assumir os principais cargos gerenciais.

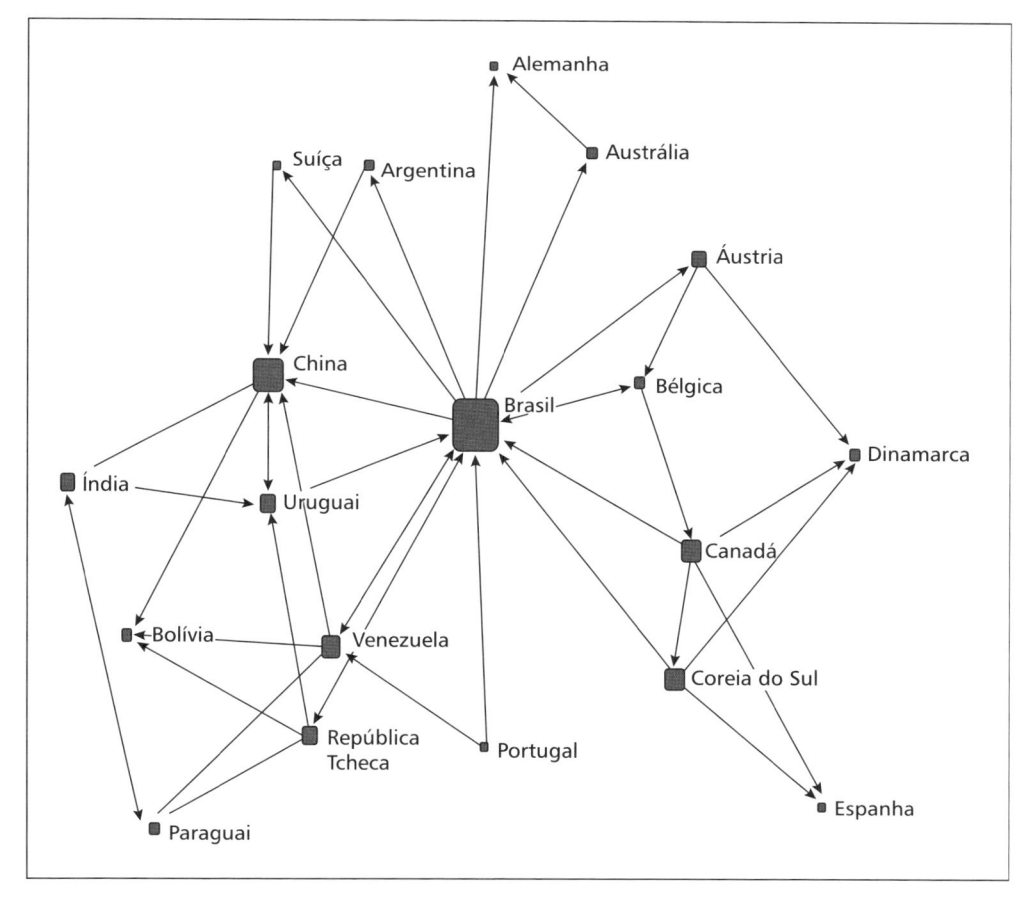

Figura 7.3 *Modelo de gestão de empresas transnacionais.*

Em um ambiente como esse, o papel do controle gerencial é permitir o compartilhamento de informações e conhecimento entre as unidades, bem como contribuir para a qualidade da rede de relacionamento organizacional.

A Figura 7.3 evidencia um modelo de empresa transnacional como um modelo de redes de organizações espalhada por vários países.

7.3 O papel da contabilidade e controle gerencial nas empresas internacionais

Algumas questões devem ser observadas no que se refere aos mecanismos de controle e da contabilidade gerencial dessas organizações.

No contexto de uma empresa internacional, além do papel técnico da contabilidade, há o aspecto social e institucional dos sistemas de controle gerencial nesse ambiente. Eles permitem coordenar e integrar atividades em diferentes países, criar entendimento do mundo através de representações simbólicas, controlar a distância e integrar atividades de organizações geograficamente dispersas (MOURITSEN, 1995; BUSCO; GIOVANNONI; SCAPENS, 2008).

Adicionalmente, algumas tensões existentes no relacionamento entre a matriz e as subsidiárias têm sido encontradas em empresas que operam no ambiente globalizado. Essas tensões correspondem ao conflito entre centralização *versus* descentralização, relações verticais *versus* relações laterais, convergência *versus* diferenciação (BUSCO; GIOVANNONI; SCAPENS, 2008). Nesse sentido, os sistemas de controle gerencial têm um papel fundamental no gerenciamento dessas tensões.

A questão da centralização × descentralização diz respeito ao montante de delegação de autoridade na tomada de decisão delegada pela matriz para as subsidiárias. Empresas centralizadas concentram suas decisões estratégicas na matriz, enquanto que nas descentralizadas, as decisões são tomadas nas subsidiárias.

Nesse caso, os sistemas de controle gerencial podem ajudar a reduzir essa tensão de duas formas. Em empresas descentralizadas esses sistemas podem reduzir as distâncias entre a matriz e subsidiárias através de um fluxo de informações em tempo real, particularmente através de sistemas integrados (ERP), permitindo a descentralização das decisões (BUSCO; GIOVANNONI; SCAPENS, 2008; QUATTRONNE; HOPPER, 2005).

Em empresas centralizadas, o sistema de contabilidade e controle gerencial pode contribuir para subsidiar a matriz no que tange às informações das filiais (BUSCO; GIOVANNONI; SCAPENS, 2008; QUATTRONNE; HOPPER, 2005).

Nas relações laterais e verticais, o que distingue é se o relacionamento é mais intenso entre si ou apenas com a matriz. Enquanto nas relações hierárquicas, ou seja, verticais, entre matriz e filiais, a informação contábil tem um papel negativo, muitas vezes de fiscalização, nas relações laterais, a contabilidade gerencial pode facilitar a comunicação, articular a tomada de decisão e compartilhamento das informações, bem como construir confiança entre as subsidiárias (BUSCO; GIOVANNONI; SCAPENS, 2008, p. 111; MEER-KOISTRA; SCAPENS, 2008).

As tensões entre convergência e diferenciação são ocasionadas essencialmente pelas diferenças culturais entre países. Os indivíduos das subsidiárias compartilham crenças, vivências e histórias da sociedade, muitas vezes diferentes da matriz. Isso pode ser uma grande fonte de conflito, dificultando a comunicação entre as partes, com o aumento dos problemas de coordenação entre as unidades da empresa global.

Os sistemas contábeis podem contribuir para mitigar ou reduzir esse problema através da difusão de uma cultura global de controle que respeite elementos do contexto local e ao mesmo tempo incorpore variáveis de uma linguagem global de contabilidade. Isso pode contribuir para a criação de uma linguagem comum entre as subsidiárias e a própria matriz (BUSCO; GIOVANNONI; SCAPENS, 2008, p. 111; BUSCO; GIOVANNONI; SCAPENS, 2006).

A Figura 7.4 sintetiza as três tensões que devem ser geridas pelos sistemas de contabilidade e controle gerencial.

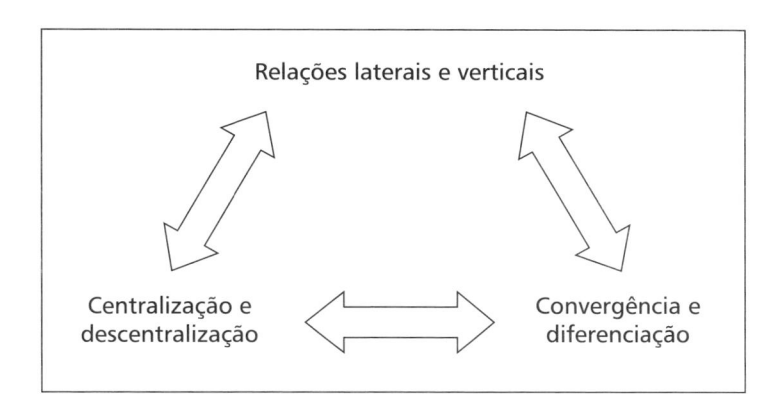

Fonte: Adaptada de BUSCO; GIOVANNONI; SCAPENS, 2008.

Figura 7.4 *O papel dos sistemas de controle gerencial na integração de empresas internacionais.*

7.4 A questão das diferenças culturais entre países e a contabilidade gerencial

Conforme exposto nas seções precedentes, as diferenças culturais entre países representam uma variável fundamental no uso, desenho e sucesso dos sistemas de controle gerencial. A cultura, nesse contexto, compreende o conjunto de valores, significados, crenças, hábitos, instituições compartilhadas por uma determinada comunidade.

No intuito de incorporar a dimensão da cultura de diferentes países na contabilidade, os pesquisadores têm procurado entender esse fenômeno e assim ajudar a prática da contabilidade. Nesse sentido, dois arcabouços teóricos têm sido as principais estruturas conceituais para essas questões: Hofstede (1980) e Gray (1988).

7.4.1 Hofstede (1980)

O trabalho de Hofstede é fruto de uma pesquisa do tipo *survey* conduzida com funcionários da IBM em 66 países, concluída na década de 70. Esse trabalho deu origem a um estudo bastante utilizado com impacto em diversas áreas, inclusive na pesquisa contábil: Culture's consequences – International Differences in Work-related Values (1980). Nesse estudo, Hofstede criou índices quantitativos para designar os aspectos culturais de um país. Esses indicadores foram classificados em quatro dimensões:

a) Aversão à incerteza: grau em que determinado país tem dificuldade em lidar com a ambiguidade/incerteza ambiental.

b) Individualismo *versus* coletivismo: sociedades individualistas possuem poucos laços de interação entre os seus membros, enquanto que, nas coletivistas, os laços relacionais são mais intensos e sólidos.

c) Distância do poder: corresponde à extensão em que a sociedade aceita a assimetria da distribuição do poder. Em lugares em que há pouca distância do poder, existe baixa tolerância em relação a desigualdade na distribuição de autoridade e essas diferenças precisam ser justificadas. Em sociedades em que a distância do poder é alta, a assimetria da distribuição do poder é mais aceita e não precisa ser justificada.

d) Masculinidade *versus* feminilidade: sociedades "masculinas" privilegiam valores como competitividade, assertividade e heroísmo, enquanto que as "femininas" enfatizam valores como cooperação, pre-ocupação com o bem-estar do outro e solidariedade.

e) Longo prazo *versus* curto prazo: essa foi uma dimensão recente de-senvolvida pelo pesquisador, baseada em pesquisa *survey* com socie-dades chinesas. Sociedades com visão de longo prazo têm valores associados a prosperidade, parcimônia e perseverança, enquanto no curto prazo, com tradição e cumprimento de obrigações.

A título de exemplo, a Tabela 7.1 evidencia os indicadores de alguns países selecionados.

Tabela 7.1   *Escores entre alguns países selecionados.*

País	PDI	IDV	MAS	UAI	LTO
Mundo Árabe	80	38	52	68	
Argentina	49	46	56	86	
Austrália	36	90	61	51	31
Áustria	11	55	79	70	
Bangladesh	80	20	55	60	40
Bélgica	65	75	54	94	
Brasil	69	38	49	76	65
Bulgária	70	30	40	85	
Canadá	39	80	52	48	23
Chile	63	23	28	86	
China	80	20	66	30	118
Colômbia	67	13	64	80	
Costa Rica	35	15	21	86	
República Tcheca	57	58	57	74	13
Dinamarca	18	74	16	23	
Equador	78	8	63	67	

Fonte: Disponível em: <http://www.geert-hofstede.com/hofstede_dimensions.php>.

Legenda:

PDI – Distância do poder

IDV – Individualismo *versus* coletivismo

MAS – Masculinidade *versus* feminilidade

UAI – Aversão à incerteza

LTO – Longo prazo *versus* curto prazo

Nesse caso, a característica do país (se é predominantemente individualista ou coletivista, por exemplo) impacta o desenvolvimento da contabilidade gerencial. Enquanto que em países com determinada cultura um determinado modelo pode afetar o comportamento das pessoas, em outros pode produzir um efeito oposto. A título de exemplo, algumas questões relevantes que o órgão de controladoria deve observar em relação às diferenças culturais são apresentadas a seguir:

a) Remuneração e incentivos para gestores (JANSEN; MERCHANT; VAN DER STEDE, 2009).

b) A demanda por *accountability* e informação em países pode ser determinada por questões culturais (BIRNBERG; HOFFMAN; YUEN, 2008).

c) Efeitos da cultura no processo de mudança em contabilidade gerencial (WILLIANS; SEAMAN, 2001).

d) Tipo de sistema de avaliação de desempenho (CHOW; LINDQUIST; WU, 2001).

Apesar de ser muito popular, o arcabouço de Hofstede tem sido muito criticado, principalmente reduzir a questão da cultura a indicadores quantitativos. Muitas vezes as intensas diferenças existentes em uma região (América Latina, por exemplo) não podem ser reduzidas a um indicador e a complexidade da cultura, com fortes elementos simbólicos e de significado, tal como propugnado por Geertz (1989), é muito complexa para ser vista de forma reducionista (LENARTOWICA; JOHNSON, 2003; BASKERVILLE, 2003).

Para mitigar esse problema, pesquisadores contábeis têm defendido a adoção de métodos qualitativos de campo, como etnografia e métodos originários da antopologia (HARRISON; McKINNON, 2007). Um exemplo é o estudo de etnográficos de Hopper e Efferin (2007), que estudou, a partir de uma perspectiva interpretativa, a atuação de empresas em uma cultura bastante específica.

7.4.2 O arcabouço Gray (1988)

Enquanto o modelo de Hofstede tem um enfoque geral, o arcabouço de Gray (1988) é específico para estudar questões contábeis. O autor procura identificar o relacionamento entre influências externas, ecológicas e institucionais e o sistema contábil de um país, particularmente na contabilidade financeira. Entretanto, como o relacionamento entre a contabilidade gerencial e a financeira é gerenciado pelo órgão de controladoria, faz-se necessária a compreensão dessas questões.

Gray (1988) estabeleceu quatro parâmetros de características institucionais do ambiente contábil que podem ser utilizadas para classificar um país: Profissionalismo *versus* Controle Legal, Uniformidade *versus* Flexibilidade, Conservadorismo *versus* Otimismo e Confidencialidade *versus* Transparência (GRAY, p. 8):

> Profissionalismo *versus* Controle Legal – Preferência pelo exercício de julgamento profissional individual e manutenção de autorregulação profissional em oposição a adoção de prescrições legais.
>
> Uniformidade *versus* Flexibilidade – Preferência por imposição de uniformidade nas práticas contábeis entre companhias e pela consistência do uso de cada prática ao longo do tempo, em oposição a flexibilidade em aceitar práticas específicas de cada empresa.
>
> Conservadorismo *versus* Otimismo – Preferência por cautela para mensurar incertezas em relação a eventos futuros, em oposição a uma visão contábil otimista.
>
> Confidencialidade *versus* Transparência – Preferência por confidencialidade e restrição de evidenciar informações sobre negócios em oposição a uma abordagem mais transparente e aberta da contabilidade.

As análises apresentadas evidenciam a importância dos elementos culturais para a área de contabilidade e controle gerencial. Questões de natureza técnica são importantes; entretanto, a consideração do ambiente em que as organizações operam com seus elementos sociais e institucionais pode influenciar de forma significativa a qualidade do trabalho realizado pelo *controller*.

7.5 Verificação da aprendizagem

1. Indique a alternativa que se refere a empresas globais:
   a) Alto grau de centralização das decisões pela matriz.
   b) Vocação para inovação.
   c) Gestão crítica dos *stakeholders*.
   d) Pouca padronização de produtos.

2. Sobre empresas transnacionais, é correto afirmar:
   a) Geralmente possui estrutura organizacional em forma de rede.
   b) Sua gestão tributária é sempre centralizada.
   c) Os mecanismos de avaliação de desempenho são definidos pelo governo.
   d) O balanço patrimonial segue as regras fiscais.

3. Indique a alternativa incorreta em relação ao papel da contabilidade em empresas internacionais:
   a) Contribui para coordenar e integrar atividades em diferentes países.
   b) Permiti o controle a distância.
   c) Integra as atividades da organização.
   d) Educa os gestores.

4. Indique a alternativa correta em relação aos sistemas de contabilidade e controle gerencial:
   a) Manter alinhamento organizacional entre a matriz e as filiais.
   b) Ajudar na terceirização.
   c) Difundir a estrutura de cargos e salários.
   d) Alinhar o interesse do governo ao dos executivos.

5. Sobre as relações entre matriz e filiais é incorreto afirmar:
   a) Nas relações hierárquicas, a informação contábil tem um papel de fiscalização entre matriz e filiais.
   b) Nas relações laterais a informação contábil dificulta o relacionamento entre matriz e filiais.
   c) A contabilidade ajuda a construir confiança nas relações laterais.

d) Nas relações laterais a contabilidade contribui para o compartilhamento das informações.

6. Sobre cultura e controle gerencial é incorreto afirmar:
   a) A cultura afeta apenas a forma de utilização do controle gerencial.
   b) Valores e crenças compõem a cultura.
   c) Instituições são componentes da cultura.
   d) Hábitos e significados compartilhados são elementos da cultura.

7. Indique a alternativa correta em relação aos elementos de cultura em Hofstede:
   a) É composto de aversão a incerteza, individualismo *versus* coletivismo, distância do poder, masculinidade *versus* feminilidade e longo prazo *versus* curto prazo.
   b) Em países em que há pouca distância do poder, existe alta tolerância a desigualdade na distribuição de autoridade.
   c) A aversão a incerteza compreende o grau de facilidade de lidar com a ambiguidade do ambiente.
   d) É composto de aversão a incerteza, individualismo *versus* coletivismo, distância do poder, masculinidade *versus* feminilidade tolerância.

8. Indique a alternativa incorreta em relação a itens que a controladoria deve observar em relação ao impacto da cultura:
   a) Remuneração e incentivos de gestores.
   b) Efeito da cultura na implantação de novos sistemas contábeis.
   c) O tipo de demanda por *accountability*.
   d) O tipo de equipamento a ser utilizado na contabilidade.

9. Indique o item que não compõe relação ao arcabouço de Gray:
   a) Profissionalismo *versus* Controle Legal.
   b) Uniformidade *versus* Flexibilidade.
   c) Conservadorismo *versus* Otimismo.
   d) Origem da colonização do país.

10. Indique o item que não compõe relação ao arcabouço Hofstede:
   a) Individualismo *versus* coletivismo.

b) Aversão a incerteza.

c) Distância do Poder.

d) Sistema jurídico.

Recomendação de bibliografia para aprofundamento do tema

BIRNBERG, Jacob G.; HOFFMAN, Vicky B.; YUEN, Susana. The accountability demand for information in China and the US – a research note. **Accounting, Organizations and Society**, 33, p. 20-32, 2008.

CHAN, Yoke Kai; CHOW, Chee W.; SHIELDS, Michael D. *The effects of management controls and national culture on manufacturing performance: an experimental investigation.* **Accounting, Organizations and Society**, v. 16, nº 3, p. 209-226, 1991.

CHOW, Chee W.; SHIELDS, Michael D.; W, Anne. *The importance of national culture in the design of and preference for management controls for multi-national operations.* **Accounting Organizations and Society**, 24, p. 441-461, 1999.

CHOW, Chee W.; KATO, Yaka; SHIELDS, Michael D. *National culture and the preference for management controls; an exploratory study of the firm-labor market interface.* **Accounting, Organizations and Society**, v. 19, 1994.

CHUA, Wai Fong; POULLAOS, Chris. *The Empire Strikes Back? An exploration of centre–periphery interaction between the ICAEW and accounting associations in the self-governing colonies of Australia, Canada and South Africa, 18801907.* **Accounting, Organizations and Society**, 27, p. 409-445, 2002.

EFFERIN, Sujoko; HOPPER, Trevor M. *Management control, culture and ethnicity in a Chinese Indonesian company.* **Accounting, Organizations and Society**, 32, p. 223-262, 2007.

GROOT, Tom L. C. M.; MERCHANT, Kenneth A. *Control of international joint ventures.* **Accounting, Organizations and Society**, 25, p. 579-607, 2000.

MILLER, Peter; O'LEARY, Ted. *Accounting expertise and the politics of the product economic citizenship and modes of corporate governance.* **Accounting, Organizations and Society**, v. 18, nº 2/3, p. 187-206, 1993.

_____. *Making accountancy practical.* **Accounting Organizations and Society**, v. 15, nº 5, p. 479-498, 1990.

MOURITSEN, Jan. Five aspects of accounting departments' work. **Management Accounting Research**, 7, p. 283-303, 1996.

8 Avaliação de desempenho

OBJETIVOS DE APRENDIZAGEM

1. **Conceituar** desempenho, indicadores e avaliação de desempenho.
2. **Apresentar** a integração entre planejamento e avaliação de desempenho.
3. **Inserir** aspectos de relacionamento entre indivíduos e a entidade.
4. **Especificar** o que caracteriza o desempenho.

TÓPICOS TRATADOS

8.1 Avaliação de desempenho no contexto do controle gerencial
8.2 Operacionalização do desempenho
8.3 Sistemas de controle
8.4 Infraestrutura organizacional
8.5 Os atributos dos indicadores para a avaliação de desempenho
8.6 Indicadores para a avaliação de desempenho
8.7 Verificação da aprendizagem

QUESTÕES PROVOCATIVAS

1. Por que uma organização precisa do processo de avaliação de desempenho?
2. Quais as possíveis consequências da avaliação de desempenho?
3. O que realmente pode ser medido para fins de avaliação de desempenho?

8.1 Avaliação de desempenho no contexto do controle gerencial

O processo de gestão discutido no Capítulo 3 leva em conta que, em algum momento, a avaliação de desempenho da organização seja feita e também a avaliação das pessoas responsáveis pelo desempenho. Avaliação do desempenho da entidade e avaliação do desempenho dos gestores são coisas necessárias que se complementam mas que não necessariamente são confluentes. Por sua vez, o Capítulo 9 também está relacionado com o desenvolvimento deste na medida que trata indicadores de desempenho dentro da lógica de planejamento e controle como parte do sistema de gestão da entidade.

À medida que o *accountability* seja praticado a organização pode desenvolver a avaliação dos resultados e realimentar o processo, informando, orientando, premiando, ajustando as áreas e as pessoas. Trata-se de uma atividade sobre a qual a controladoria tem influência no sentido de proporcionar apoio no que se refere ao sistema de informações, orientação e mesmo integração.

O ciclo completo do processo de controle gerencial possui quatro fases distintas: (i) estabelecimento de padrões; (ii) comparação do desempenho real com o esperado (padrão); (iii) identificação de eventuais desvios; e (iv) ações corretivas, quando necessário. As unidades básicas subordinadas a determinada área da organização estarão sujeitas ao controle gerencial pelo nível imediatamente superior até o mais alto escalão da hierarquia organizacional. Os ciclos decorrem do inter-relacionamento dessas áreas, o que exige estrutura bem definida e canais de comunicação eficientes para a troca segura e oportuna de informações; caso contrário, tem-se a ruptura do ciclo de controle, o que poderá repercutir negativamente no desempenho da organização. De qualquer forma, a avaliação de desempenho está inserida no modelo de gestão definido pela organização (vide Capítulo 3).

Para que seja efetiva para a organização, é fundamental que a forma de avaliar o desempenho seja alinhada com o processo de planejamento, mais especificamente, em termos operacionais, utilizando algum sistema orçamentário, tendo como foco principal a sustentabilidade da entidade. Isso proporciona uma hierarquia no processo que se inicia pela visão global da organização, para posteriormente tratar as unidades de negócios, os departamentos e os indivíduos.

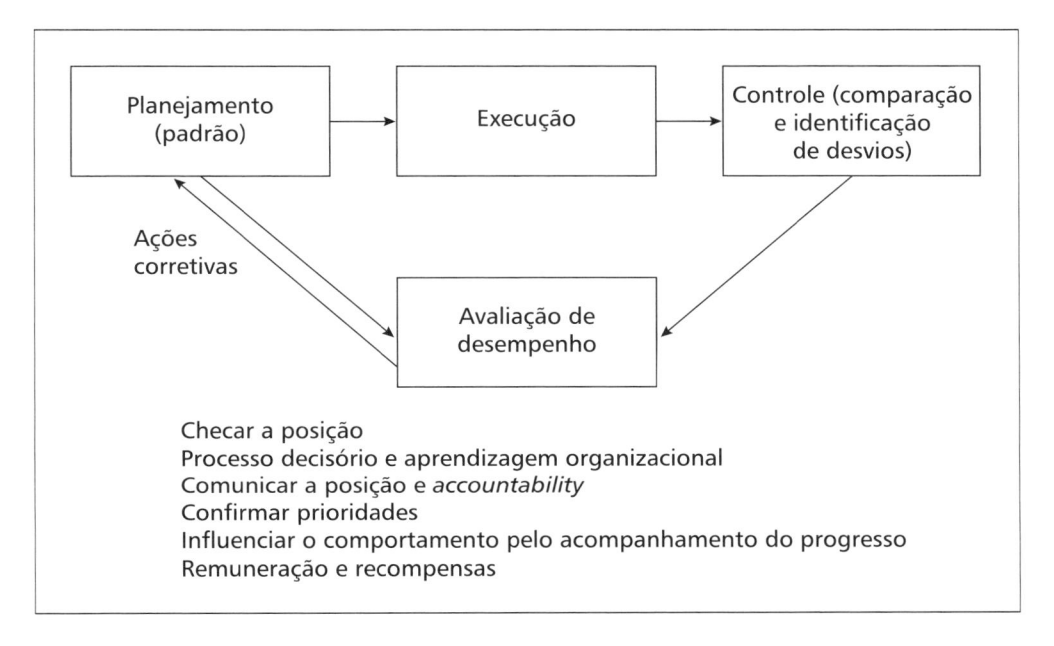

Figura 8.1   *Integração do planejamento e controle.*

Marr (2006) cita cinco razões para que as entidades desenvolvam a avaliação de desempenho:

a) **Checar a posição.** Identifica como a organização se apresenta. Como ela está? O que esperar no futuro? Caso não exista um processo de acompanhamento periódico essa percepção deixa de existir. Com isso a organização se mantém focada nas atividades prioritárias, sabendo como está.

b) **Processo decisório e aprendizagem organizacional.** A mensuração permite que se avalie e aperfeiçoe o processo de gestão, alterando, ajustando aspectos do processo de gestão que, de outra forma, não seriam evidenciados. Pode-se argumentar que os gestores, ao disporem de informações de acompanhamento, independentemente dos resultados, mas pelo fato de terem algo a comparar, podem se sentir bem, com a autoestima equilibrada.

c) **Comunicar a posição e *accountability*.** As mensurações proporcionam o sentido do desempenho que deve ser comunicado. A proliferação de informações internas sobre a avaliação de desempenho proporciona condições de ajustes nos rumos e motivação nos indivíduos que são envolvidos nesse processo.

d) **Confirmar prioridades.** Uma vez que a avaliação é desenvolvida, podem-se enfatizar aspectos mais relevantes. O controle, nesse sentido, permite que a organização persiga melhorias naquilo que é relevante para a sua existência. Aquilo que não é mensurado não pode ser gerenciado.

e) **Influenciar o comportamento pelo acompanhamento do progresso.** Dado que a evidenciação do progresso é apresentada, os gestores são encorajados a obter melhor desempenho. Deixa de existir argumento para dizer que não sabia que o desempenho era inadequado, por exemplo. Outro efeito decorre de o gestor perceber o desempenho de outro gestor, o que toca na questão competição entre eles.

f) **Remuneração, recompensa e promoção.** Na ligação entre o processo de avaliação de desempenho da entidade e áreas, é relevante o impacto sobre o indivíduo. Nesse sentido, a política de remuneração e recompensas da entidade deve estar atrelada a algum sistema de metas e acompanhamento. O modelo predominante é aquele em que as metas definidas no processo de planejamento (do estratégico para o orçamento) sejam disponibilizadas para gerenciar os gestores, nas suas várias especificações hierárquicas.

Particularmente no que se refere a remuneração e recompensas, devem ser mencionados alguns aspectos adicionais do relacionamento com o processo de avaliação de desempenho, principalmente por se tratar do elemento de relação com os indivíduos. São eles:

a) Toda a visão de remuneração e recompensa deveria estar ligada à própria definição estratégica da entidade, numa lógica consistente com a estrutura organizacional necessária, tanto no que se refere a abrangência como a níveis hierárquicos.

b) Dessa abordagem são estabelecidos os perfis de remuneração, levando em conta elementos como dificuldades, impacto no resultado e complexidades gerenciais requeridas.

c) Uma vez estabelecida a estrutura e o relacionamento da "relevância" entre as posições, expectativas de remuneração devem ser estabelecidas, ajustadas em termos de faixas. Em alguns ambientes, a ideia de remuneração leva em conta uma perspectiva anual, o que permite pensar na remuneração como salário, benefícios-caixa e benefícios-outros (como veículos, assistência médica etc., pagos pela entidade). Paralelamente, a remuneração leva em conta um fator fixo, normalmente operacionalizado pelo salário mensal e uma parte variável, paga em outra periodicidade, decorrente do desempenho do indivíduo, da área e da organização como um todo.

É nesse ponto que o tema avaliação de desempenho se relaciona com a remuneração, pois trata-se de uma intersecção de diferentes sistemas que se complementam no gerenciamento das pessoas.

O estabelecimento de metas desafiadoras ou acomodadas, metas que sejam entendidas ou, ao contrário, que não sejam claras para os gestores afeta diretamente não só o recebimento dos mesmos mas também o empenho e interesse que possam ter pelo trabalho e pela organização.

Complementarmente, além da remuneração, a entidade precisa de alguma sistemática que permita evidenciar o mérito de seus gestores para oportunidades de promoção. Isso se faz necessário para que as substituições no quadro de funcionários tenham uma lógica de aperfeiçoamento e melhoria, trazendo o respeito interno para mudanças. Dessa forma, dispor de um processo de avaliação de desempenho permite à organização utilizar informações para as mudanças ao longo do tempo.

8.2 Operacionalização do desempenho

Desempenho corresponde à identificação de resultados mensuráveis que foram alcançados em um dado período por uma entidade, uma unidade de negócios, um departamento ou um indivíduo. O desempenho deve ser medido periodicamente e proporcionar algum tipo de ação no gerenciamento das instituições. Trata-se de um tema muito atual e muito controvertido no ambiente empresarial, principalmente porque deve existir uma distinção entre o desempenho do indivíduo e suas características comportamentais. Avaliar desempenho não deveria abranger valores humanos, tais como lealdade, atitude, aparência física ou outras características que são virtudes e não desempenho (VAN METER, 2001, p. 6). Valores humanos são relevantes para guiar e dirigir comportamento de um indivíduo, podendo ou não trazer impacto no desempenho. Desempenho não se refere também a processos ou comportamento no trabalho requerido para atingir resultados. Desempenho é o resultado. É o que as pessoas realizam, atingem, produzem quando desempenham suas atividades adequadamente.

Uma questão crítica para que o tema seja útil para a organização é a identificação de como a avaliação de desempenho deve ser utilizada pela organização, ou seja, quais os objetivos principais da melhoria do desempenho. Ela deve apenas ser usada para corrigir desvios? Pode ser utilizada para transplantar conhecimentos de uma área para outra? Deve ser um instrumento robusto para apoiar o processo de promoção dos funcionários? Na verdade, pode ser utilizada de várias maneiras, inclusive integradas.

Ao considerar que, de alguma maneira, cada vez mais, os indivíduos são remunerados em decorrência do seu desempenho, mais relevante se mostra um sistema que permita identificar de maneira clara o desempenho e que melhorará a percepção de justiça pelo gestor. Este pode ser visto como uma rede de controles formada por diversos ciclos em conexão, o que exige um macro orientador para as organizações que tenham certa complexidade nas suas operações.

8.3 Sistemas de controle

Existem três subsistemas necessários para que o controle ocorra (ANTHONY; GOVINDARAJAN, 2008). São eles:

- *Sensor:* que é o subsistema que permite ao sistema detectar, perceber e registrar os dados considerados relevantes relativos a uma atividade ou evento. Numa visão mais restrita, é o responsável pela coleta e tratamento dos dados para gerar informações que atendam às necessidades dos diversos tipos de usuários. O papel da controladoria é crucial para o desenvolvimento e manutenção de sistema que permita identificar, registrar, processar e disponibilizar as informações úteis ao sistema.

- *Discriminador:* é o subsistema que compara o desempenho real do evento ou da atividade em execução com o padrão preexistente dessa atividade ou evento.

- *Tomador de decisão:* é o subsistema que deflagra uma ação corretiva em busca do padrão, ou permite o prosseguimento da atividade, caso ela esteja dentro do padrão. Pode também alterar o padrão, quando ele está mal dimensionado, ou modificar parâmetros do sistema, quando este for considerado inadequado. Diz-se que existe uma inadequação num sistema quando ele não consegue atingir seus objetivos, mesmo operando no melhor nível de desempenho que lhe é possível.

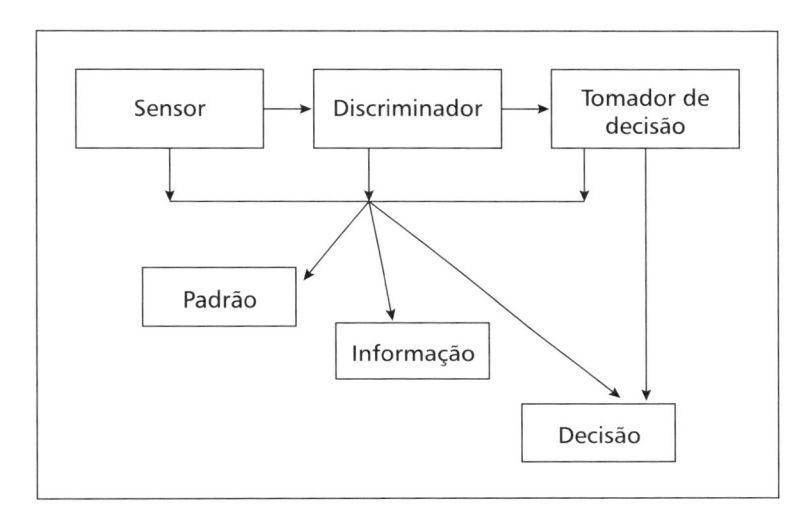

Figura 8.2 *Processo de controle.*

Para atingir seu objetivo, isto é, para que o controle seja eficaz, devem estar presentes os três fundamentos do controle, que são: padrão, informação e decisão.

- **Padrão** é a expressão qualitativa ou quantitativa do evento, atividade ou atributos do objeto que se pretende controlar. É ele que confere o caráter de objetividade ao processo de controle. Um exemplo seria o caso de um gestor que deseja avaliar a geração de valor de uma entidade utilizando-se do EVA (economic value added).

- **Informação** é a forma de comunicação entre as fases do processo de controle, que torna possível a sua execução. As informações referem-se ao padrão, à atividade, evento ou atributo real e aos eventuais desvios. No exemplo citado, o EVA projetado foi de R$ 980 e o real foi de R$ 1.000.

* **Decisão** é a conclusão do processo de controle gerencial, e depende de algum elemento que traduza as informações em ações. Uma vez apurada a variação favorável (R$ 1.000 – 980 = 20), a variação é relevante ou não? A variação deve ser mantida ou pode ser recuperada no período seguinte? O que deve ocorrer a partir dessa informação?

O controle é um processo, o que significa que não se realiza numa única etapa, mas envolve uma sucessão de fases que se finalizam com uma ação determinante, orientada para processos definidos. Significa dizer que deve estar presente em todas as áreas da entidade, nos vários níveis hierárquicos, a partir do sistema de informações disponível.

8.4 Infraestrutura organizacional

A avaliação de desempenho não é uma ferramenta dissociada dos outros elementos da gestão da entidade. Ela demanda uma infraestrutura para que faça sentido, e corresponde a um aspecto relevante dentro da modelagem de gestão. Van Meter (2001) propõe uma série de elementos para operacionalizar a referida estrutura, alguns dos quais existentes nas organizações e decorrentes do modelo de gestão estabelecido. Tais elementos são:

a) Processo de planejamento estruturado

Um processo de planejamento estruturado, com consistência entre o planejamento estratégico, o orçamento e o controle orçamentário, é o ponto de partida para o estabelecimento de um sistema de avaliação de desempenho. A missão explicita o porquê da existência da entidade e se constitui em ponto de partida para o desenvolvimento do trabalho dos gestores. Ela organiza e proporciona condições de alinhamento e de priorização do pensamento dos indivíduos e isso passa a ser sintetizado nos processos formalizados de planejamento. Longe de ser apenas uma etapa burocrática e abstrata para o planejamento da entidade, é seu direcionador maior. O modelo Malmi e Brown apresentado no Capítulo 3 permite entender a relação entre os vários elementos, lá denominados de "pacote" de controle gerencial.

b) Código de ética

No entender de Van Meter (2001, p. 22) ele se constitui em um tipo de contrato social, pois regula a conduta dos indivíduos. Deve ser constituído a partir da missão da entidade, permitindo que ela seja alcançada de maneira perene, sendo reforçado continuamente de maneira a ser contemporâneo, abrangente e útil. O código de ética está inserido no conceito apresentado pelas alavancas de Simons.

São regras normalmente estabelecidas pelos gestores e divulgadas em manuais de procedimentos da organização, que objetivam criar padrões de conduta esperados dos funcionários no seu relacionamento com a empresa. Devem conter itens como, por exemplo, relacionamento com o governo, relacionamento com concorrentes e clientes, relacionamento entre funcionários, dentre outros.

c) Garantidor do sistema

Consiste naquele que deve garantir o desenvolvimento do processo e, nos casos de violação, possa atuar. Não se trata de uma visão policial, mas todo o modelo exige que alguém tenha responsabilidades sobre ocorrências não desejadas. Em algumas empresas podemos ter um conselho, uma área de controle interno, por exemplo. Em algumas organizações encontramos uma pessoa responsável por tal atividade.

d) Descrição de cargo

É a fundamentação para as decisões que afetem os funcionários. Ela proporciona suporte para especificação de limite de alçada dos subordinados, identificação nos níveis de remuneração com base na estrutura de equidade que a organização queira dispor. As descrições devem especificar as responsabilidades, as funções essenciais e tarefas associadas a um dado cargo. Tanto o nível de formalização como detalhamento estão relacionados a várias questões no ambiente da empresa: porte, cultura, momento de vida da organização, tradição, o fato de ser globalizada ou não etc.

e) Conjunto de indicadores

Um conjunto de indicadores, tanto monetárias como não monetárias, estratégicas e operacionais, são demandadas para o desenvolvimento do processo de avaliação de desempenho da entidade. O Capítulo 9 trata especificamente dos indicadores que apresentam impacto nas ações estratégicas da entidade, fazendo parte do modelo do BSC. Por outro lado, se apenas indicadores estratégicos existirem, a operacionalização pode não ser viável e os gestores não reconhecerão seus esforços na operacionalização.

Alguns exemplos de indicadores monetários: taxa de retorno, receita, geração de caixa, produtividade por funcionário etc.; alguns exemplos de indicadores não monetários: satisfação de clientes, participação no mercado, % de desperdício etc.

De qualquer maneira, a entidade deve dispor de diferentes tipos de indicadores, pois, caso contrário, a sua avaliação de desempenho será por demais limitada, focada em dado aspecto da gestão, sem a necessária abrangência. Em outras palavras, uma entidade que tenha apenas um indicador financeira (portanto com construção monetária) olha para aspectos de curto prazo, ignora relacionamento entre elementos que hoje são desenvolvidos para trazer impacto no resultado de amanhã, deixa de fora algumas áreas da empresa etc.

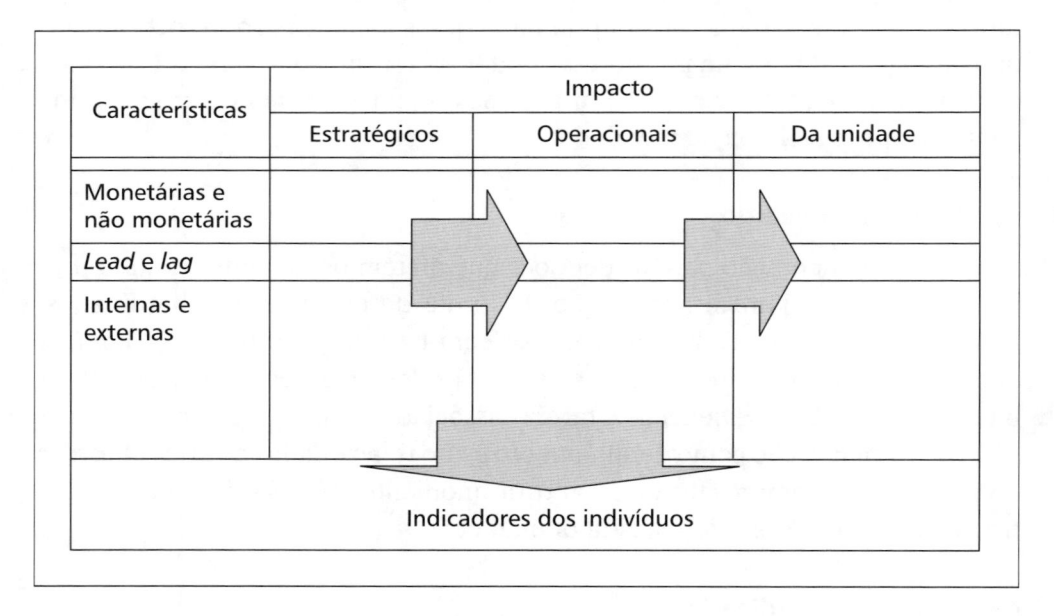

Figura 8.3   *Diferentes dimensões de indicadores de gestão.*

Se, por um lado, a escassez de indicadores pode ser um problema para analisar elementos relevantes, por outro, o excesso pode levar a organização a perder foco. Como se percebe, tanto objetivos estratégicos como táticos se relacionam e complementam no modelo de gestão. Handy, citado por Meyer (2002), menciona que: medir mais é fácil; medir melhor é mais difícil.

8.5   Os atributos dos indicadores para a avaliação de desempenho

O desempenho corresponde ao resultado obtido levando em conta cinco atributos, que são: (i) qualidade, (ii) quantidade, (iii) relevância, (iv) oportunidade e (v) velocidade. O equilíbrio na estruturação dos indicadores é essencial para que se tenha uma situação saudável, levando em conta elementos monetários e não monetários, estratégicos e operacionais, de curto e de longo prazos etc. Os atributos são relevantes no controle e entendimento do significado dos resultados. De maneira detalhada, inspirado em Crosby devem ser considerados:

- **Qualidade** (originalmente tratado como conformidade)

   Deve demonstrar como o desempenho foi alcançado, levando em conta o comportamento e conduta. Na área acadêmica publicar em periódicos reconhecidos é relevante e exterioriza a qualidade de gerar conhecimento.

- **Quantidade**

   Quantidade a ser entregue de algum tipo de produto é o que se pretende nesse atributo. Na área acadêmica, publicar quatro artigos em periódicos, no setor de vendas de uma empresa industrial, provocar a compra de x unidades no ano, por exemplo.

- **Relevância**

   Indica onde e qual a necessidade do desempenho. Deve responder a seguinte questão: esse desempenho é relevante para que tipo de necessidade da empresa?

- **Oportunidade**

   Esse atributo se refere ao momento em que o desempenho ocorre. Em atraso ou, eventualmente, adiantado pode não ser adequado para a entidade como um todo.

- **Velocidade**

   A velocidade em que a atividade deve ser desempenhada corresponde a um relevante aspecto a ser considerado, principalmente nos ambientes em que o número de profissionais atuando é reduzido e o acúmulo de trabalho pode ser uma constante. Por exemplo, é comum no período de entrega do imposto de renda o trabalho em período extra em escritórios de contabilidade. Atender o prazo é fundamental para o sucesso do processo; por outro lado, cansaço pode provocar erros na elaboração das declarações, por parte dos funcionários que têm que reduzir o tempo de elaboração dessas declarações para dar conta de todo o serviço. Em uma adequada avaliação de desempenho, esse aspecto deveria ser considerado.

Como um exemplo que leve em conta os vários elementos, pode-se apresentar: uma situação em que um vendedor de sapatos está analisando a sua meta de vendas. O sapato é a medida que qualifica o seu esforço e em relação ao qual se busca a análise da conformidade. A informação sobre quantidade deve refletir os sapatos vendidos. Tal quantidade prevista, bem como a quantidade realizada, devem ficar evidenciadas. Vender 1.000/mês é relevante para a entidade, face a sua configuração, concorrência, propriedades do produto etc. Quanto à oportunidade, devem ser vendidos no mês de abril, por exemplo. Quanto à velocidade, espera-se que os sapatos sejam vendidos em quantidades iguais ou assemelhadas por semana (250) para que a entidade possa otimizar seus recursos, o que não ocorreria se a concentração das vendas ocorresse ao final do mês.

O balanceamento desses atributos é muito importante não apenas para o indivíduo, mas para a organização como um todo. Como consequência, as prioridades da organização devem ser coordenadas para que se evitem problemas na relação sistêmica entre todo e partes.

8.6 Indicadores para a avaliação de desempenho

A caracterização dos indicadores definidas deve levar em conta alguns aspectos, tais como (MARR, 2006):

- Nome pelo qual devem ser claramente identificados. Exemplo: retorno sobre o patrimônio líquido, *turnover*, atrasos de clientes etc.

- Elemento estratégico a ser avaliado. Consiste na maneira como a métrica será relacionada com as prioridades estratégicas da entidade. Por exemplo, o percentual de participação da empresa no mercado, o *market share*, está ligado ao crescimento da empresa em um dado segmento e à preservação de sua atividade.

- Propósito. Qual o propósito principal e razão para avaliar o desempenho de um dado elemento? Por que o indicador foi introduzido?

A entidade realmente precisa dele ou pode captar a informação de outra maneira?

- Método de coleta de dados. Descreve o método de coleta, o constructo e a maneira como vai ser obtida. Automatizações desse processo são bem-vindas, mas é necessário cuidado para evitar que se distanciem do objetivo a ser perseguido com o indicador. São incluídos nesse aspecto: uma eventual fórmula e escala de medição, fonte da informação dentro do sistema de informações da entidade, frequência de coleta dos dados, responsável pela entrada de dados etc.

- "Dono" do indicador. Identifica o indivíduo numa área, na empresa, que é responsável pela gestão do quesito que está sendo avaliado. Pode ser uma pessoa ou uma área na entidade.

- *Targets* e tolerâncias. Além de ter as metas propriamente ditas, é relevante saber a tolerância possível em termos de oscilação.

- Comunicação. Identifica a maneira como os indicadores podem ser comunicadas, sejam elas por meio de relatórios, apresentações, combinação de formatos, frequência da ocorrência etc.

- Momentos de revisão. Alguns indicadores podem ser introduzidas para uma vida útil delimitada e demandam prazos específicos. Uma agenda de revisão proporciona organização desse processo.

- Custo de se avaliar desempenho. Uma periódica avaliação do custo e benefício tem-se mostrado útil.

- Nível de confiança. Está ligado à expectativa de atingir o resultado que diferentes indicadores podem apresentar. Dependendo da controlabilidade, podem ser mais ou menos voláteis é relevante que essa percepção seja disseminada.

- Outros efeitos. Alguns indicadores podem gerar efeitos contrários em outros indicadores. Por exemplo, não atingir a cota de vendas gera um impacto negativo na receita, mas um impacto favorável nas despesas de transporte, por exemplo.

8.7 Verificação da aprendizagem

Assinalar a alternativa correta

1. Avaliação de desempenho deveria ser desenvolvida nas empresas:

    a) Sempre que problemas surgirem.

    b) Ao menos uma vez na vida das empresas.

    c) Sistematicamente.

    d) Não agrega valor ao processo de gestão.

2. A controladoria, no que se refere à avaliação de desempenho:

    a) Participa do processo como cliente apenas.

    b) É fundamental para o estabelecimento do sistema de informações.

    c) Pode envolver-se desde que não exista outra área responsável.

    d) Nada tem a contribuir para o processo.

3. O ciclo do processo de controle gerencial, exceto:

    a) Comparar do desempenho real com o esperado.

    b) Identificar de eventuais desvios.

    c) Postergar ações corretivas.

    d) Estabelecer padrões.

4. Assinale verdadeiro ou falso sobre a avaliação de desempenho:

    a) (   ) Inclui o *accountability*.

    b) (   ) Contribui para o aprendizado organizacional.

    c) (   ) Separa aspectos estratégicos, operacionais e das unidades.

    d) (   ) Ignora variáveis não monetárias.

5. Para que serve a avaliação de desempenho?

    a) Checar a posição, confirmar prioridades e remuneração e recompensas.

    b) Influenciar o comportamento pelo acompanhamento do progresso.

    c) Para o processo decisório e aprendizagem organizacional.

    d) Todas as alternativas desta questão estão corretas.

6. Quais das diferenças entre a avaliação de desempenho da entidade ou suas unidades e a avaliação de desempenho dos indivíduos seriam verdadeiras?

    a) (   ) Autonomia.

    b) (   ) Amplitude.

c) ( ) Necessidade.

d) ( ) Impacto na entidade.

7. Os fundamentos do controle são:

a) Padrão.

b) Informação.

c) Envolvimento.

d) Decisão.

8. Dentre os elementos considerados relevantes na infraestrutura organizacional para dispor de um processo de avaliação de desempenho, não são encontrados:

a) Processo de planejamento estruturado.

b) Código de ética.

c) Garantidor do sistema.

d) Nenhuma das anteriores.

9. A definição de indicadores para a avaliação de desempenho requer:

Assinalar V (verdadeiro) ou F (Falso):

a) ( ) Velocidade e oportunidade só podem ser tratadas se a qualidade estiver definida.

b) ( ) Quantidade a ser entregue de algum tipo de produto é o que se pretende desse atributo.

c) ( ) Oportunidade não é um atributo de uma métrica.

d) ( ) Relevância não é um atributo de uma métrica.

10. Ao tratar o controle pode-se dizer que, em termos de subsistemas:

Assinalar V (verdadeiro) ou F (Falso):

a) ( ) A definição do sensor só depende do usuário da informação.

b) ( ) O subsistema discriminador decorre do desenho do sistema de informações gerenciais.

c) ( ) O discriminador pode ser definido independentemente do sensor.

d) ( ) Tomador de decisão é um subsistema que não depende do sensor e discriminador.

Recomendações de bibliografia para aprofundamento do tema

AHRENS, Thomas; CHAPMAN, Chris. *The structuration of legitimate performance measures and management: day-to-day contests of accountability in a U.K. restaurant chain.* **Management Accounting Research**, 13, p. 151-171, 2002.

_____. *Accounting for flexibility and efficiency: a field study of management control in a restaurant chain.* **Contemporary Accounting Research**, 21, p. 2, 2004.

ANDON, Paul; BAXTER, Jane; CHUA, Wai Fong. *Accounting change as relational drifting: a field study of experiments with performance measurement.* **Management Accounting Research**, 18, p. 273-308, 2007.

ARCHERL, Simon; OTLEY, David. *Strategy, structure, planning and control systems and performance evaluation-Rumenco Ltd.* **Management Accounting Research**, 2, p. 263-303, 1991.

AWASTHI, Vidya N.; CHOW, Chee W. *Performance measure and resource expenditure choices in a teamwork environment: the effects of national culture.* **Management Accounting Research**, 9, p. 119-138, 1998.

BAINES, Annette; LANGFIEL-SMITH, KIM. *Antecedents to management accounting change: a structural equation approach.* **Accounting, Organizations and Society**, 28, p. 675-698, 2003.

BHIMANI, Alnoor; LANGFIELD-SMITH, Kim. *Structure, formality and the importance of financial and non-financial information in strategy development and implementation.* **Management Accounting Research**, 18, p. 3-31, 2007.

FAKIOLAS, Alexander; OTLEY, David. *Reliance on accounting performance measures: dead end or new beginning?* **Accounting, Organizations and Society**, 25, p. 497-510, 2000.

GORDON, Francine E.; MERCHANT, Kenneth A.; RHODE, John Grant. *The effects of salary and human resource accounting disclosures on small group relations and performance.* **Accounting, Organizations and Society**, v. 2, nº 4, p. 295-305.

JANSEN, E. Pieter; MERCHANT, Kenneth A.; VAN DER STEDE, Wim A. *National difference in incentive compensation practices: the differing roles of financial performance measurement in the United States and the Netherlands.* **Accounting, Organizations and Society**, 34, p. 58-84, 2009.

KRISHNAN, Ranjani; LUFHT, Joan L.; SHIELDS, Michael D. *Effects of accounting-method choices on subjective performance-measure weighting decisions: experimental evidence on precision and error covariance.* **The Accounting Review**, 80, p. 4, 2005.

MARR, Bernard. **Strategic Performance Management**. Leveraging and measuring your intangible value drivers. 3. ed. Oxford: Elsevier, 2006.

MERCHANT, Kenneth A.; VAN DER STEDE, Win; ZHENG, Liu. *Disciplinary constraints on the advancement of knowledge: the case of organizational incentive systems.* **Accounting, Organizations and Society**, 28, p. 251-286, 2003.

MOERS, Frank. *Discretion and bias in performance evaluation: the impact of diversity and subjectivity.* **Accounting, Organizations and Society**, 30, p. 67-80, 2005.

_____. *Performance measure properties and delegation.* **The Accounting Review**, 81, p. 4, 2006.

SHIELDS, Michael D. *Some effects of information load on research patterns used to analyze performance reports.* **Accounting, Organizations and Society**, v. 5, nº 4, p. 429-442, 1980.

VAN METER, D. J. **Evaluating dysfunctional police performance**. A zero-based approach. Illinois: Thomas, 2001.

9 *Balanced Scorecard* – BSC

Questões provocativas

1. Por que se preocupar em monitorar resultados não monetários?
2. Como gerenciar resultados de longo prazo?
3. Considerando que um dos principais objetivos da empresa é a maximização do resultado dos acionistas, existe a necessidade de utilização de outras medidas de desempenho além do lucro?
4. É possível avaliar elementos, como por exemplo qualidade do produto e satisfação do cliente, através dos relatórios financeiros?
5. Como uma diretriz estratégica, por exemplo aumento de 10% no *market share*, pode impactar metas do orçamento?
6. Existe alguma forma de facilitar o caminho entre o objetivo e o efeito no resultado projetado?

9.1 Introdução

Este capítulo trata do tema *Balanced Scorecard* – BSC, uma das principais respostas da contabilidade gerencial às demandas estratégicas das organizações. A escolha do modelo BSC e não de outros artefatos que apresentam ou poderiam ser utilizados para o mesmo objetivo, como, por exemplo, o *Levers of Control* de Simon (1995) ou o *Tableau de Bord* (anos 1930) francês, deve-se exclusivamente à sua maior difusão tanto entre os praticantes quanto entre os pesquisadores da área, o que não significa que seja o único ou inquestionável. Isso porque, a despeito dessa difusão, o BSC sofre uma série de críticas da comunidade científica internacional. Essas críticas são apresentadas e discutidas no final do capítulo.

Durante as décadas de 1950 e 1960 os artefatos contábeis eram vistos como meios eficazes de coordenação e controle organizacional (CHAPMAN, 2005, p. 1). A contabilidade gerencial desempenhava um papel significativo nas organizações com a implantação de artefatos como o custeio padrão, a análise das variações entre o padrão e o real e outros sistemas a estes relacionados (ANTHONY, 1965). A crescente sofisticação das atividades de planejamento na época atribuiu ao orçamento, e consequentemente à contabilidade gerencial, maior importância e prestígio como prática eficaz para implementar a estratégia organizacional (CHAPMAN, 2005, p. 1). No entanto, a partir dos anos 1980, a contabilidade gerencial foi objeto de crítica generalizada e sustentada (HAYES; ABERNATHY, 1980; JOHNSON; KAPLAN, 1987).

É interessante observar que, a despeito de seu importante papel no planejamento estratégico das organizações nas décadas de 1950 e 1960, a contabilidade tenha recebido críticas nos anos 1980 exatamente por não contribuir para o mesmo. Essa perda de relevância deveu-se à percepção de que a gestão, com excessivo foco financeiro, levava a uma visão de curto prazo sobre a estratégia, inibindo um comportamento integrado entre as divisões e levando ao risco de uma série de comportamentos disfuncionais (CHAPMAN, 2005, p. 2).

Outros motivos para a perda da relevância da contabilidade gerencial são encontrados, por exemplo, em Kaplan (1984), que acredita que as mudanças no ambiente competitivo dos anos 1980 provocaram uma reavaliação dos sistemas de custos tradicionais e nos sistemas de controle de gestão, pois as técnicas utilizadas tinham sua origem na década de 1920. Ou seja, apesar da mudança das características organizacionais e do ambiente de competição, foram poucas as inovações no desenho e implantação da contabilidade gerencial.

Outro aspecto importante é que a década de 1980 marca um acelerado aumento da competição e da busca pela vantagem competitiva (PORTER, 1985), com o surgimento de vários novos conceitos de gestão da produção, como, por exemplo: (i) qualidade total; (ii) sistema de produção *just in time*; e (iii) linhas de produção totalmente informatizadas, dentre outros. Essas inovações produtivas acentuaram a necessidade de melhoria dos artefatos de contabilidade gerencial. Afinal, a produção em massa de produtos que sofriam poucas alterações ao longo do tempo havia sido a base do desenvolvimento da contabilidade de custos e gerencial nas décadas anteriores, e a realidade dos processos produtivos havia mudado. Um exemplo claro dessas alterações pode ser visto na indústria automobilística, com a sua extraordinária gama de opções de marcas, modelos, cores e opcionais.

Portanto, a preocupação da contabilidade com as questões estratégicas de longo prazo é relativamente nova e surgiu como resposta à perda de sua relevância no auxílio à gestão organizacional. Talvez a mais enfática crítica desse período tenha sido feita por Johnson e Kaplan (1987) na obra *Relevance Lost*, importante marco na área de contabilidade gerencial, em que os autores questionam duramente a utilidade da contabilidade como instrumento de auxílio à gestão, considerando as mudanças que estavam ocorrendo no ambiente empresarial da época.

O problema central, então, era identificar como a contabilidade gerencial poderia contribuir para alinhar os objetivos estratégicos de longo prazo da organização com as decisões tomadas no curto prazo. Outro autor que procurou apresentar respostas efetivas para a solução dos problemas foi Simmonds (1981), que apresentou o que chamou de contabilidade gerencial estratégica – CGE, como resposta da contabilidade gerencial aos novos tempos, em que o lucro passou a ser visto não mais apenas como resultado da eficiência interna da organização a curto prazo, mas de seu posicionamento competitivo ao longo do tempo, ou seja, tentando trazer a visão de maximização do resultado a longo prazo em detrimento da visão míope de curto prazo predominante à época.

9.2 Uma nova contabilidade

Provavelmente, a contabilidade no Brasil já possui problemas suficientes de tradução de nomenclaturas da língua inglesa e não queremos criar mais um. Na visão dos autores deste livro, o nome *contabilidade gerencial estratégica* está mais relacionado a uma questão de marketing do que a uma "nova" contabilidade. Autores como Wickramasinghe e Alawattage (2007, p. 239) vêm chamando a atenção para o modismo de batizar disciplinas com a palavra *estratégia*, o que conduziria a "novas" matérias como marketing estratégico, finanças estratégicas e contabilidade gerencial estratégica, sendo que na verdade essas disciplinas somente estão sendo reestruturadas sob uma perspectiva estratégica. Entretanto, apesar de não concordarmos, não podemos ignorar que contabilidade gerencial estratégica é o nome que popularizou o tema.

Retomando a discussão, a necessidade da mudança de foco foi identificada principalmente porque a contabilidade gerencial "tradicional" estava excessivamente focada no curto prazo e enfatizava o retorno de forma artificial, em períodos contábeis anuais, trimestrais e mensais, que não necessariamente retratam o verdadeiro ciclo de vida dos produtos e a ideia de alcance da vantagem competitiva no longo prazo. Como resposta, a contabilidade gerencial deveria possuir o foco no longo prazo, visualizando o resultado no contexto da posição competitiva alcançada pela organização ao longo do tempo (LORD, 2007, p. 137).

Essa "nova contabilidade gerencial" proposta por Simmonds (1981) pode ser entendida de três distintas formas (WICKRAMASINGHE; ALAWATTAGE, 2007, p. 240): (i) como solução de uma série de problemas associados ao paradigma tradicional da contabilidade gerencial; (ii) como um novo paradigma para a contabilidade gerencial; ou (iii) como uma interface entre a contabilidade gerencial e outras funções organizacionais, especialmente estratégia corporativa, marketing e operações. O Quadro 9.1 apresenta uma comparação entre as características da contabilidade gerencial "tradicional" e a "nova contabilidade".

Quadro 9.1   *Diferenças entre a contabilidade gerencial tradicional e estratégica.*

Contabilidade Gerencial Tradicional	Contabilidade Gerencial Estratégica
• Histórica	• Foco no futuro
• Introspectiva	• Voltada para fora da organização
• Escopo restrito	• Escopo amplo
• Análise do desempenho interno	• Análise do desempenho REM em relação aos concorrentes
• Análise por período	• Múltiplos períodos para análise
• Foco na produção (interno)	• Foco na competição (externo)
• Foco nas atividades existentes	• Foco nas possibilidades e potenciais
• Reativa às mudanças no ambiente	• Proativa às mudanças no ambiente
• Informação requerida é predefinida (normalmente)	• Identifica a demanda e fornece a informação
• Ignora as interações	• Explora as interações
• Baseada nos sistemas existentes	• Não limitada somente aos sistemas existentes
• Constituída sob convenções	• Não limitada às convenções
• Mensurações financeiras	• Mensurações financeiras e não financeiras
• Exatidão dos números	• Aceita trabalhar com valores aproximados

Fonte: Adaptada de Lord (2007, p. 137).

É importante destacar que, a despeito das três visões para o novo ambiente da contabilidade gerencial, o que deve prevalecer é a ideia de evolução e aproximação das demais disciplinas, da multidisciplinaridade, conforme demonstrado na Figura 9.1. O problema é que quando tentamos entender a natureza dessa nova contabilidade, em comparação com os artefatos tradicionais de contabilidade gerencial, inevitavelmente acabamos causando dualidade, como se as duas vertentes fossem opostas (WICKRAMASINGHE; ALAWATTAGE, 2007, p. 246), quando, na verdade são complementares.

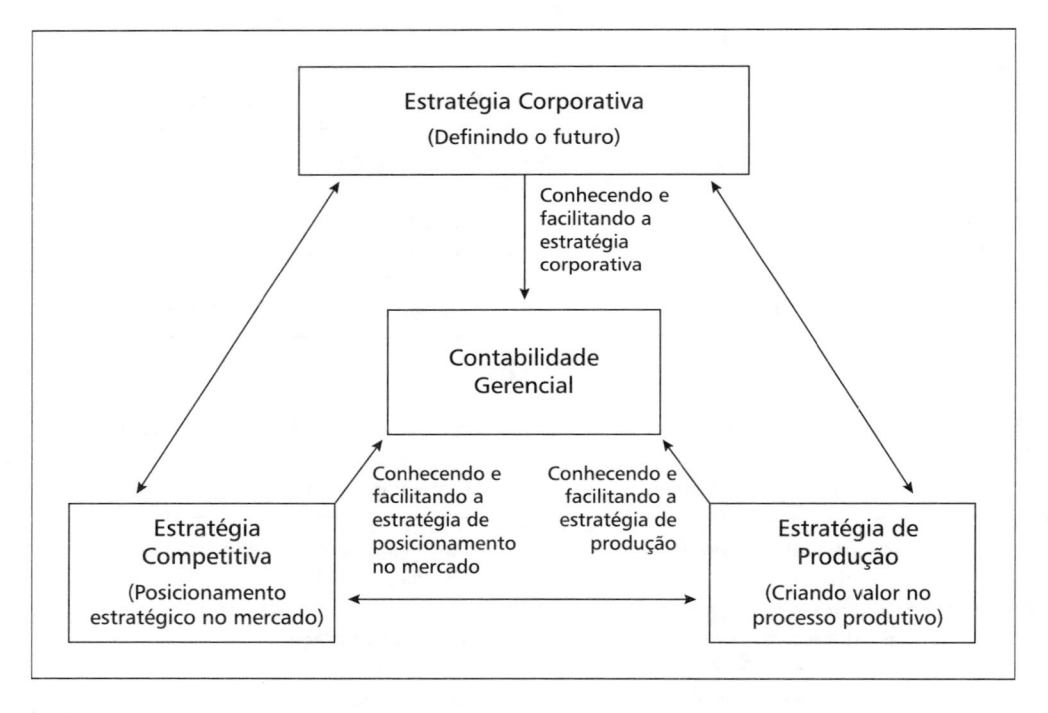

Fonte: Adaptada de Wickramasinghe e Alawattage (2007, p. 247).

Figura 9.1 *Três dimensões estratégicas da contabilidade gerencial.*

Nesse sentido, a integração da contabilidade gerencial ocorre em três partes. Primeiro, a integração com temas da gestão estratégica como visão, missão e estratégia do negócio, dentre outros. Com isso, a contabilidade gerencial ganha capacidade de alinhar as ações de curto prazo e avaliações de desempenho com os objetivos estratégicos. Segundo, a contabilidade gerencial move-se para maior análise do mercado através da integração com a área de marketing que lida com a segmentação e o posicionamento da marca e dos produtos da empresa em seu mercado de atuação, para finalmente alinhar-se à gestão da produção de produtos e serviços.

Essa gradual evolução da contabilidade gerencial para uma visão mais abrangente de negócios demandou uma série de artefatos, como os apresentados no Quadro 9.1. Muitos desses artefatos surgem de forma normativa, como uma resposta dos práticos e consultores aos problemas imediatos da organização. Logicamente, quando isso acontece, o sucesso ou o fracasso dos artefatos dependerá muito da capacidade de assimilação das pessoas da organização e da capacidade de adaptação do artefato ao mundo real, considerando que o mesmo não foi testado nem validado a *priori*. Entretanto, o ponto principal para o estabelecimento e a permanência de um artefato ao longo dos anos continua sendo a sua utilidade como instrumento de apoio à gestão. Como exemplos, podemos citar o orçamento empresarial e a demonstração do resultado do exercício, que logicamente sofreram adaptações ao longo do tempo, mas que permanecem úteis no auxílio à tomada de decisões.

Após essa nova revolução na contabilidade gerencial, ainda é cedo para indicar quais artefatos tradicionais e quais contemporâneos continuarão sendo utilizados pelos gestores em suas organizações. O fato é que, a partir dos anos 1980, a contabilidade gerencial procurou reagir aos novos desafios e novos artefatos foram apresentados para atender às novas demandas organizacionais, conforme podemos observar no Quadro 9.2.

Quadro 9.2 *Artefatos da contabilidade gerencial com foco na estratégia organizacional.*

Tipo de Foco	Exemplos de artefatos desenvolvidos
Foco externo à organização	• Análise dos concorrentes • Análise da cadeia de valor • Análise da rentabilidade dos clientes • Análise do custo total para o consumidor
Foco na concorrência e no cliente	• Custo total do produto (*total life-cycle costing*) • Custeio e gestão baseada em atividades • Custeio alvo • Custeio Kaizen
Foco na estratégia em ação	• *Tableau de bord* • *Balanced Scorecard* – BSC • *Levers of Control* – LOC

Conforme destacado anteriormente, é verdade que muitos desses artefatos surgiram de forma normativa e prescritiva, muitos deles em trabalhos de consultoria, sem um construto teórico que os apoiassem ou que comprovasse efetivamente a sua utilidade para a organização. Entretanto, inegavelmente, formam uma importante tentativa de resposta da contabilidade gerencial à relevância perdida e são consequência de uma disciplina que está extremamente ligada ao mundo real, que demanda novos artefatos para soluções dos problemas de gestão quase que diariamente. Cabe aos pesquisadores da área identificar os problemas com a implantação dos mesmos, apresentando propostas para o aperfeiçoamento desses artefatos, avaliando suas reais potencialidades de utilidade para a organização e, quando for o caso, descartando aqueles que não passam de um delírio de seu criador.

No centro dessa discussão, um dos temas que mais motiva os executivos e pesquisadores é o que diz respeito à pertinência e relevância do *balanced scorecard*, como artefato que apoie de maneira relevante os negócios. Trata-se de um artefato que foi apresentado a partir de alguns trabalhos de campo realizados por Kaplan e Norton nos Estados Unidos no final dos anos 1980 e início dos anos 1990, tendo começado relativamente simples, com um apelo a um maior nível de medição do desempenho não financeiro (CHAPMAN, 2005, p. 4), transformando-se em um importante instrumento de gestão empresarial.

Exatamente por ser o mais discutido dos artefatos que surgiram como respostas às novas demandas e por entendermos que de fato ele apresenta uma real contribuição à necessidade de alinhar a implementação da estratégia aos objetivos de curto prazo da organização, contribuindo para a recuperação da relevância da contabilidade gerencial, é que apresentamos nos tópicos a seguir os conceitos básicos do *Balanced Scorecard*. Chamamos a atenção para a necessidade de entender o problema estimulador, falta de alinhamento dos objetivos de curto e longo prazos da organização, para entendermos a proposta de Kaplan e Norton.

9.3   *Balanced Scorecard*: uma visão geral

Em vários capítulos deste livro procuramos destacar a crescente ênfase em fatores como a concorrência global, inovações tecnológicas, ambiente em constante mudança e aspectos estratégicos da gestão de negócios, ou seja, um mundo em constante mudança. Nesse cenário as limitações do sistema de controle gerencial ficaram mais evidentes. Como consequência, observa-se a proliferação de modelos que tentam integrar os sistemas de controle gerencial com as estratégias organizacionais e com os aspectos não financeiros dos negócios. Dada a forma como são concebidos, procuram enfatizar mais o resultado no longo prazo e, consequentemente, os objetivos estratégicos da organização, procurando preencher a lacuna dos sistemas tradicionais.

Essa alteração é necessária porque a visão de curto prazo tende a privilegiar a mensuração financeira, que de fato descreve vários aspectos da organização (por exemplo, receita de vendas, resultado, retorno sobre o capital empregado, dentre outros) que podem auxiliar os gestores a determinar se a organização está gerando riqueza para seus proprietários. Essas medidas de desempenho são importantes para a organização, mas, em um ambiente cada vez mais competitivo, é necessário compreender o que impulsiona a criação de riqueza para os acionistas no longo prazo.

Com a mudança de foco, informações importantes, como por exemplo nível de satisfação dos clientes, *market share*, nível de absenteísmo dos funcionários, lealdade dos clientes, dentre outros, passaram a ser consideradas no momento de avaliar o desempenho da organização. Para atender a essas necessidades informacionais, os gestores estabelecem um conjunto mais amplo de medidas, além das financeiras, para mensurar e avaliar o desempenho.

A proposta de Kaplan e Norton à nova demanda é o *Balanced Scorecard*, que foi apresentado em 1992. Na visão dos criadores, o BSC pode ser utilizado pelas organizações como um sistema de gestão estratégica, permitindo que as mesmas administrem o alcance de sua estratégia no longo prazo (KAPLAN; NORTON, 1996, p. 10) ao permitir:

a) Explicar e traduzir a visão e a estratégia.

b) Comunicar e ligar os objetivos estratégicos e a forma de mensurá-los.

c) Planejar, estabelecer metas e alinhar as iniciativas estratégicas.

d) Melhorar o *feedback* e a aprendizagem.

Otley (1999, p. 374) afirma que o BSC é essencialmente uma abordagem multidimensional de avaliação de desempenho que está ligada especificamente à estratégia organizacional, utilizando para isso medidas de desempenho que não necessariamente englobam toda a organização, mas que devem representar os fatores críticos de sucesso para a organização, ou, minimamente, para a sua sobrevivência. Assim, destina-se a ligar a estratégia adotada às medidas de desempenho organizacionais, integrando o uso de informações financeiras e não financeiras. Mesmo autores como Norreklit, talvez a mais incisiva crítica do BSC na atualidade, reconhecem que o mesmo é uma das últimas inovações em matéria de gestão, sendo um artefato para o controle estratégico (2003, p. 591). Para Atrill e McLaney (2007, p. 314), o BSC é tanto um sistema de gestão quanto de mensuração que, em essência, fornece uma estrutura que traduz os objetivos organizacionais em uma série de metas e indicadores de desempenho.

O fato é que o BSC é provavelmente o mais bem-sucedido sistema de avaliação de múltiplas perspectivas de desempenho. Isso ocorre porque é um artefato que tenta superar as deficiências dos sistemas convencionais através da integração entre medidas financeiras e não financeiras e da formação de indicadores de desempenho de maneira alinhadas com a estratégia organizacional (WICKRAMASINGHE; ALAWATTAGE, 2007, p. 271). O Quadro 9.3 apresenta uma comparação entre os sistemas convencionais e o BSC.

Quadro 9.3 *Comparação entre os sistemas contábeis tradicionais e o BSC.*

	Sistemas Convencionais de Gestão	BSC
Estrutura de mensuração	Contabilidade por responsabilidade	*Scorecards*
Dimensão crítica de mensuração	Apenas aspectos financeiros	Múltiplas dimensões, englobando aspectos financeiros e não financeiros.
Forma de operação	Não integrada e compartimentada	Integrada com diferentes perspectivas funcionais
Foco	Obediência ao orçamento	Alinhamento estratégico

Fonte: Adaptada de Wickramasinghe e Alawattage (2007, p. 272).

O ponto central é a premissa de que a combinação de medidas financeiras com medidas não financeiras orientará a organização para o alcance dos objetivos estratégicos. Isso é feito por um conjunto de medidas integradas de desempenho, divididas em quatro perspectivas: (i) financeira; (ii) dos clientes;

(iii) dos processos internos; e (iv) da aprendizagem e crescimento, apresentadas na Figura 9.2.

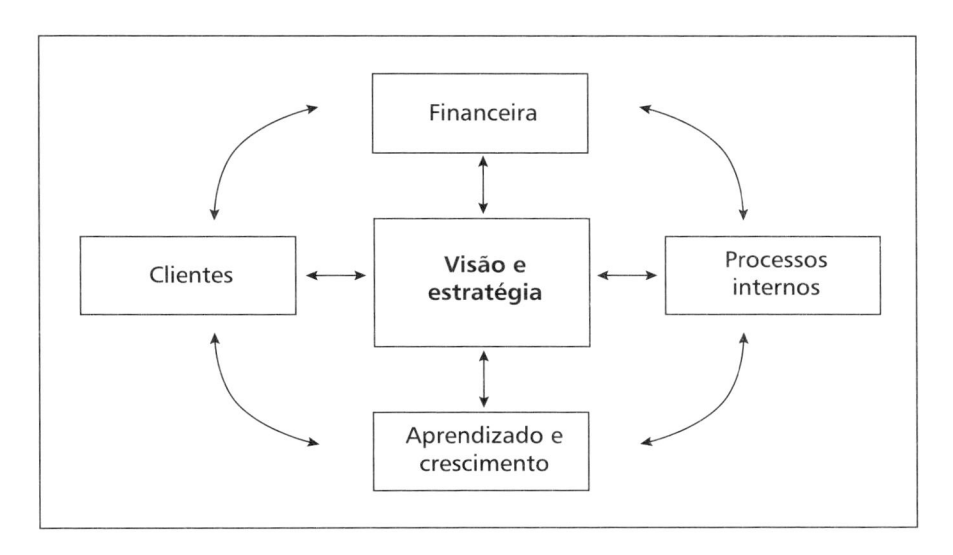

Fonte: Adaptada de Kaplan e Norton (1992, p. 72).

Figura 9.2   *Perspectivas do BSC.*

Essa quantidade de perspectivas (quatro), embora bastante divulgada, não é um número fixo, imutável; dependendo das circunstâncias pode ser aumentado ou diminuído. Entretanto, um ponto que vem recebendo o maior número de críticas por parte dos pesquisadores da área de contabilidade gerencial está na relação causal que é utilizada no modelo. Por essa relação, é a partir dos processos internos, levando em conta a capacidade de aprendizagem e crescimento da organização, que os clientes seriam conquistados e o resultado financeiro obtido. Entretanto, essa relação de causa e efeito não foi ainda comprovada e pesquisadores acreditam que seja impossível em virtude da dinâmica do sistema empresa, ou seja, independentemente do número de perspectivas utilizadas para entender a organização, todas as perspectivas são executadas ao mesmo tempo. Nesse sentido, determinada venda pode ser realizada no momento T_0 independentemente do treinamento e das melhorias do processo interno que estariam acontecendo na organização. Além disso, posteriormente ao treinamento e à reestruturação, é muito difícil associar uma nova venda a um específico treinamento ou a uma melhoria nos processos produtivos da organização, por exemplo.

Independentemente dessa discussão é necessário identificar medidas de desempenho para cada perspectiva com o objetivo de contribuir para a implantação da estratégia. Para cada perspectiva são criados objetivos, monitorados por indicadores e especificados por metas e correspondentes indicadores de desempenho, que serão utilizados para comunicar a estratégia da organização para os empregados e gestores, alinhando as ações aos objetivos da organização.

9.3.1 Perspectiva dos processos internos

Os processos internos da organização devem ter como foco a necessidade de criação de valor para os clientes e para os acionistas, identificando os processos mais críticos para a satisfação das necessidades dos mesmos (KAPLAN; NORTON, 1992, p. 75), respeitando os objetivos estratégicos da organização. A identificação dos fatores críticos de sucesso dos processos internos será utilizada para estabelecer os indicadores para avaliar o desempenho organizacional.

Para atingir esse objetivo, Kaplan e Norton recomendam aos gestores que definam uma cadeia de valor completa dos processos internos, a partir do processo de inovação, passando pelos processos de operações e terminando com o serviço de pós-venda. O Quadro 9.4 apresenta um exemplo de conjunto de objetivos e indicadores que poderiam ser constituídos para avaliar essa perspectiva.

Os processos internos são essenciais para a continuidade do negócio e, portanto, os gestores devem identificar as características de custo, qualidade, tempo e desempenho que lhes permitam oferecer produtos e serviços que atendam às necessidades dos clientes da organização.

Quadro 9.4 *Exemplos de objetivos e indicadores: perspectiva dos processos internos.*

Objetivos	Indicadores de Desempenho
• Aumentar o número de novos produtos	• Variação % do *mix* de produtos
• Reduzir o tempo de desenvolvimento de novos produtos	• Tempo médio de lançamento de novos produtos
• Aumentar a qualidade do processo de entrega de produtos e serviços	• Satisfação do cliente com a entrega
• Aumentar a eficiência do processo de entrega de produtos e serviços	• Tempo médio de entrega dos produtos e serviços
• Aumentar a qualidade do serviço pós-venda	• Satisfação do cliente com o serviço pós venda
• Reduzir o tempo de resposta do serviço pós-venda	• Tempo médio de resposta aos serviços de pós-venda

9.3.2 Perspectiva de aprendizagem e crescimento

Nessa perspectiva são desenvolvidos objetivos e medidas para orientar o aprendizado e o crescimento organizacional. Enquanto as demais perspectivas revelam onde a empresa deve se destacar para obter um desempenho excepcional, a perspectiva do aprendizado e crescimento oferece a infraestrutura que possibilita a consecução desses objetivos (KAPLAN; NORTON, 1992, p. 75). A perspectiva do aprendizado e crescimento pode ser dividida em três categorias principais: (i) capacidades dos funcionários; (ii) capacidades dos sistemas de informação; e (iii) motivação, *empowerment* e alinhamento.

9.3.2.1 Capacidades dos funcionários

Kaplan e Norton (1992, p. 134) afirmam que a maioria das empresas estabelece objetivos para os funcionários extraídos de uma base comum de três medidas essenciais de resultados: (i) satisfação dos funcionários; (ii) retenção de funcionários; e (iii) produtividade dos funcionários.

Nesse contexto de análise, a satisfação geralmente é considerada vetor das outras duas medidas.

A Figura 9.3 apresenta as medidas essenciais de resultados, que são complementadas por três vetores situacionais: (i) competências do quadro de funcionários; (ii) infraestrutura tecnológica; e (iii) clima para ação.

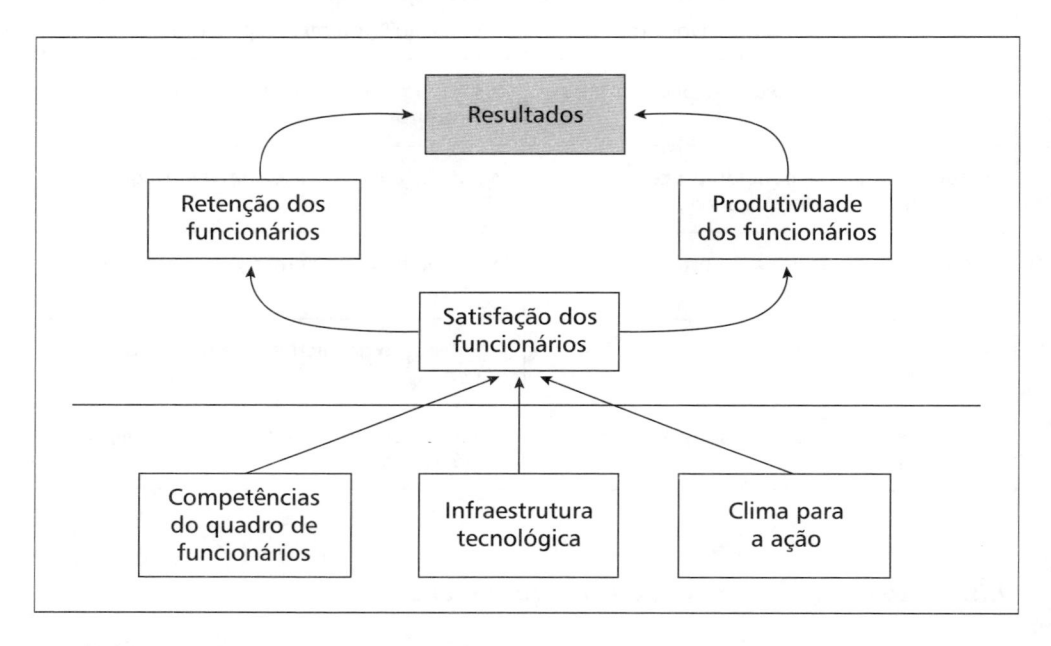

Fonte: Adaptada de Kaplan e Norton (1996, p. 129).

Figura 9.3   *Medidas essenciais e vetores situacionais.*

9.3.2.2   Retenção de funcionários

A medição do nível de retenção de funcionários tem por objetivo verificar se a organização está conseguindo reter aqueles colaboradores com os quais tem interesse em trabalhar a longo prazo. De acordo com Kaplan e Norton (1992, p. 136), a teoria subjacente a essa medida é de que a empresa deve investir na permanência dos funcionários essenciais à organização para que qualquer saída indesejada não represente perda do capital intelectual da organização. O indicador que normalmente é utilizado para medir a retenção é o percentual de rotação dos funcionários essenciais.

9.3.2.3 Nível de produtividade dos funcionários

A produtividade tem por objetivo medir o impacto da elevação da habilidade e do moral dos funcionários, através da inovação, da melhoria dos processos internos e pelos clientes satisfeitos. De acordo com Kaplan e Norton (1992, p. 136), a meta é estabelecer a relação entre a produção e o número de funcionários necessários para alcançar determinado nível de produção e, dentre as várias medidas para medir o nível de produtividade, a mais simples é a que relaciona a receita total com o número de funcionários, que representa o faturamento médio gerado por funcionário. Todavia, esse indicador pode ser distorcido por mudanças na tecnologia da empresa.

9.3.2.4 Vetores situacionais de aprendizado e crescimento

O Quadro 9.5 apresenta os vetores situacionais de aprendizado e crescimento, que são normalmente extraídos das três variáveis críticas destacadas a seguir:

Quadro 9.5 *Vetores situacionais de aprendizado e crescimento.*

Competências dos Funcionários	Infraestrutura Tecnológica	Clima para a Ação
Habilidades	Tecnologias estratégicas	Ciclo de decisões críticas
Níveis de treinamento	Bancos de dados estratégicos	Foco estratégico
Alavancagem das habilidades	Captura de experiência	*Empowerment* dos funcionários
	Software proprietário	Alinhamento pessoal
	Patentes, direitos autorais	Moral
		Espírito de equipe

Fonte: Kaplan e Norton (1992, p. 129).

Dessa forma, as variáveis críticas (i) competências dos funcionários, (ii) infraestrutura tecnológica e (iii) clima para a ação serão utilizadas para determinar os fatores críticos de sucesso que deverão ser avaliados em cada grupo, alinhando o conhecimento e a motivação dos funcionários.

Recentemente (2009, p. 1259), ao tratar das diferenças entre os fundamentos do BSC e da teoria dos *stakeholders*, Kaplan afirmou que o BSC deliberadamente não nomeou essa perspectiva de "empregados" ou "pessoas", escolhendo um nome mais genérico para sinalizar que eles não estavam tratando de uma abordagem pura de *stakeholder*. Ou seja, no BSC os objetivos dos funcionários sempre aparecerão na perspectiva do aprendizado e crescimento, mas eles estão lá porque são necessários para a estratégia e não porque alguém os rotulou como parte interessada.

9.3.3 BSC – Perspectiva dos clientes

Nessa perspectiva, as empresas identificam os segmentos de clientes e os segmentos de mercado nos quais desejam competir, gerenciando os fatores críticos de sucesso relacionados aos clientes, por exemplo, satisfação, fidelidade, retenção, captação e lucratividade, de acordo com os segmentos específicos de clientes e mercado onde atuam (KAPLAN; NORTON, 1992, p. 73). Essas medidas deverão atender às expectativas dos clientes e isso ocorrerá quando as empresas perceberem que criaram valor através da transferência dos produtos ou serviços contratados no prazo e com as especificidades contratadas. O Quadro 9.6 apresenta alguns exemplos de objetivos e indicadores dessa perspectiva:

Quadro 9.6 *Exemplos de objetivos e indicadores: perspectiva do cliente.*

Objetivos	Indicadores de Desempenho
• Aumento da participação de mercado	• Porcentagem de participação de mercado • Porcentagem de crescimento de participação de mercado
• Aumento da satisfação dos clientes	• Índice de satisfação dos clientes
• Aumento da retenção de clientes	• Porcentagem de clientes que retornam
• Aumento da rentabilidade por cliente	• Rentabilidade por cliente
• Redução do prazo de entrega	• Prazo médio de entrega
• Melhoria da qualidade do produto	• Porcentagem de devoluções • Porcentagem de defeitos • Quantidade de reclamações
• Diminuir o custo total para o cliente	• Variação percentual do preço de venda e dos custos pós-venda

Para atender aos objetivos estabelecidos para as variáveis escolhidas para essa perspectiva, os gestores devem definir e conhecer os segmentos-alvo de clientes e negócios onde a organização pretende atuar e dispor de um conjunto de medidas essenciais, que Kaplan e Norton dividiram em participação, retenção, captação, satisfação e lucratividade, para esses segmentos, oferecendo produtos e serviços de valor percebido superior para seus clientes.

9.3.4 BSC – Perspectiva Financeira

Essa perspectiva tem por objetivo especificar os fatores críticos de sucesso requeridos pelos *shareholders*, por exemplo, lucratividade, crescimento das vendas e retorno sobre o investimento, que serão utilizados para avaliar se a estratégia da empresa está contribuindo ou não para o seu alcance (WICKRAMASINGHE; ALAWATTAGE, 2007, p. 273). Dessa forma, a perspectiva financeira vincula os objetivos financeiros com a estratégia da empresa. Serve de enfoque para todos os objetivos e indicadores das demais perspectivas, ou seja, preocupa-se com as consequências financeiras das demais perspectivas.

Os objetivos financeiros devem representar a meta de longo prazo da empresa que proporcione condições de sustentabilidade na vertente econômica, sendo traduzidas para a entidade através do aumento do retorno, numa dimensão mais tradicional, ou do valor da entidade, numa perspectiva mais contemporânea. Para tanto, procura condicionar seus vetores ao setor de mercado, ao ambiente de competição e à estratégia adotada.

Observe-se que a perspectiva financeira, a mesma que foi acusada de ser responsável pela miopia dos gestores, que supostamente só olhavam o curto prazo, não deixa de ser relevante para o BSC. Kaplan e Norton (1992, p. 77) justificam a utilização dessa perspectiva ao afirmarem que medidas de satisfação do cliente, desempenho interno e aprendizagem e crescimento são derivadas de uma visão particular de mundo da organização e que essa não necessariamente estará correta.

Ou seja, um excelente BSC não garante uma estratégia vencedora se a mesma foi estabelecida em bases pouco sólidas. Nesse sentido, os indicadores financeiros devem ser utilizados para avaliar o desempenho operacional e verificar se as estratégias corporativas estão sendo refletidas em retorno para os acionistas. O Quadro 9.7 apresenta exemplos de indicadores típicos dessa perspectiva:

Quadro 9.7 *Exemplos de objetivos e indicadores: perspectiva financeira.*

Objetivos	Indicadores de Desempenho
• Aumento do retorno sobre o capital investido	• Variação percentual do retorno sobre o investimento (ROI)
• Aumento do valor econômico agregado	• Variação percentual do valor econômico agregado (EVA)
• Aumento do retorno sobre o capital próprio investido	• Variação percentual do retorno sobre o capital próprio (ROE)
• Manutenção da margem operacional	• Variação percentual da margem operacional
• Aumento do giro dos ativos	• Giro dos ativos
• Manutenção do nível de endividamento	• Variação percentual da relação entre capital de terceiros e capital próprio

Recentemente, Kaplan (2009, p. 1261) reforçou que ele e Norton acreditam que um compreensível sistema de gestão e avaliação de desempenho deve relacionar as melhorias de desempenho operacional no atendimento às demandas dos clientes com o desempenho financeiro e que a satisfação do acionista (*shareholder*) e não das partes interessadas (*stakeholder*) deve ser a principal métrica de avaliação de desempenho, onde todos os demais *stakeholders* são avaliados de forma a refletir a sua contribuição para o sucesso organizacional em maximizar o valor para o acionista no longo prazo.

9.4 Como implantar o BSC?

A literatura do BSC não prescreve fatores críticos de sucesso, nem objetivos organizacionais. Esta deve ser uma decisão exclusiva e individual de cada organização. Afinal, existem diferenças entre as empresas em termos de tecnologia empregada, estrutura organizacional, estilo de gestão e ambiente de atuação. Portanto, cada empresa deve desenvolver objetivos e indicadores próprios que reflitam seu ambiente e recursos específicos. O BSC simplesmente define a estrutura para o desenvolvimento de um conjunto coerente de objetivos organizacionais para assegurar que esses objetivos sejam ligados a metas e ações específicas (ATRILL; McLANEY, 2007, p. 314).

Kaplan e Norton propõem que a empresa busque sua sinergia através do alinhamento dos objetivos estratégicos de longo prazo com os objetivos de curto prazo, a partir do estabelecimento de metas específicas para cada uma das perspectivas, como demonstrado na Figura 9.4.

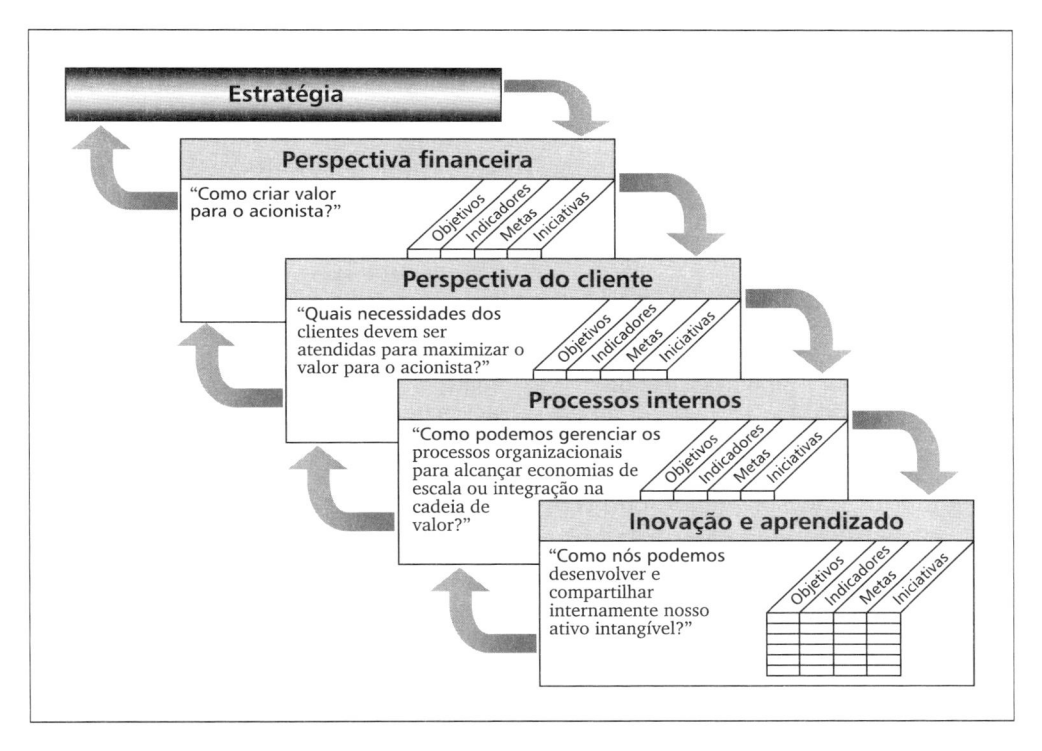

Fonte: Adaptada de Kaplan e Norton (1996, p. 8).

Figura 9.4   BSC: *transformando a estratégia em ação.*

A partir da escolha da estratégia organizacional, são determinados os fatores críticos de sucesso para cada perspectiva. No exemplo, os fatores críticos são divulgados em forma interrogativa para o estabelecimento de objetivos, indicadores, metas e iniciativas que deverão ser perseguidos pela organização. O Quadro 9.8 apresenta um exemplo consolidado de objetivos e indicadores.

Nesse sentido, por exemplo, a organização pode estabelecer como objetivo a satisfação dos clientes. Esse fator crítico de sucesso demandará então um índice de percentual de retenção de clientes que será a meta a ser alcançada para o referido indicador. Por fim, são estabelecidas as iniciativas necessárias para que esse objetivo seja alcançado. Quando necessário, a empresa poderá adotar mais de um objetivo estratégico e mais de um indicador para as diversas perspectivas e áreas da organização.

Quadro 9.8   *Exemplos de objetivos e indicadores.*

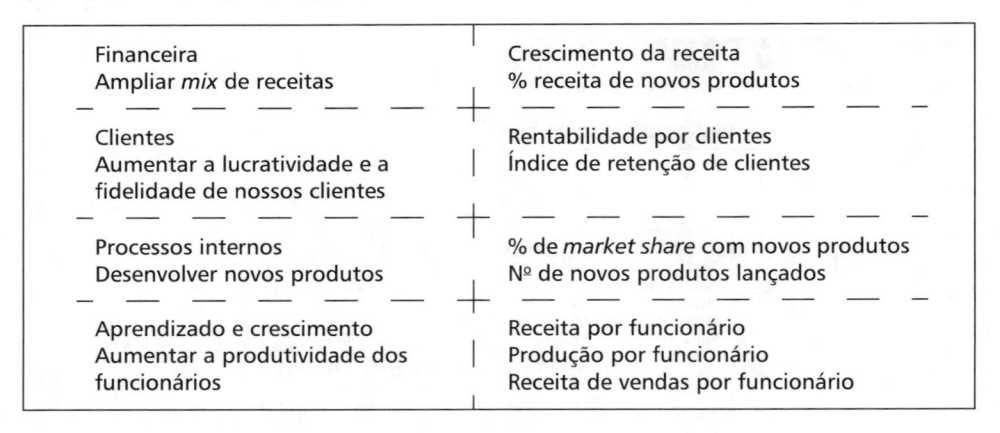

Embora não seja recomendável, o conceito de BSC admite que ele não seja, necessariamente, implantado para a empresa toda; é possível adotá-lo – sobretudo em fase piloto – em uma ou em algumas áreas da organização. Nesse caso – como em todas as outras situações – os objetivos estratégicos das áreas devem estar alinhados com os da empresa.

Para a implantação do BSC, é crucial que se verifique a validade das ligações entre os indicadores e, consequentemente, entre as perspectivas, tanto para a organização, quanto para as medidas utilizadas em diferentes níveis da hierarquia organizacional (NORREKLIT; MITCHELL, 2007, p. 179). A metodologia de implementação pode ter variações, dependendo da complexidade da organização, de seus processos operacionais e da capacidade dos envolvidos no processo de assimilar e aceitar a metodologia. Nesse sentido, empresas que possuem planejamento estratégico e orçamento implantados e consolidados como artefatos de auxílio à gestão, provavelmente, terão maior facilidade na implantação, decorrentes do aprendizado acumulado. O importante é ressaltar que a implantação do BSC, como de qualquer artefato, deve ser validada pelos membros integrantes da organização. Do contrário, será implantado mas não necessariamente utilizado no processo de tomada de decisão.

9.5 Críticas ao BSC

É interessante que, a despeito de sua popularidade com os chamados "práticos" da contabilidade, o BSC recebe severas críticas da academia. Essas críticas podem parecer irrelevantes em um livro-texto, mas não o são. Elas envolvem aspectos fundamentais na profissão contábil, como ética e poder, e chamam a atenção para a necessidade de um olhar crítico sob os novos artefatos que constantemente são apresentados. Sempre desconfie de um "modelo ideal" capaz de resolver todos os problemas, em todas as situações.

As críticas ao BSC começam com o questionamento quanto à sua cientificidade. Ou seja, para a comunidade acadêmica, aquilo que não é cientificamente comprovado não pode ser validado. Como pesquisadores, os autores deste livro esperam logicamente que um trabalho tenha o devido rigor teórico para ser considerado científico. Nesse ponto, reconhecemos que os trabalhos que originaram o BSC carecem de sustentação teórica. Entretanto, acreditamos que a linguagem e a forma de transmitir ideias estão relacionadas ao público que se quer atingir e ao objetivo da obra. E, no caso de Kaplan e Norton (1992), o público-alvo não era certamente a academia e sim o mercado, o que foi reconhecido posteriormente pelo próprio Kaplan (2009).

Independentemente do público-alvo, um artefato deve ser analisado em função da sua real contribuição para a evolução da contabilidade gerencial e, naturalmente, receber as críticas pertinentes. A primeira delas diz respeito ao fato de ser ou não uma proposta inovadora (WICKRAMASINGHE; ALAWATTAGE, 2007, p. 274). Autores como Bessine e Baker (2005) afirmam que o "*tableau de bord*" francês, muito mais antigo, já apresentava ideias semelhantes.

Uma segunda crítica diz respeito à forma como o BSC ganhou popularidade. Essa crítica ganha força em autores como Norreklit (2003, p. 64), que afirma que o BSC tornou-se popular não por causa de sua consistência teórica ou inovação, mas simplesmente por causa da retórica persuasiva e promocional da obra de Kaplan e Norton (1992).

Conforme destacado anteriormente, os autores do presente livro concordam com a falta de consistência teórica da obra, porém acreditam que ela foi escrita para atingir um público específico de "práticos" e não de acadêmicos, ávidos por testes empíricos que deem a devida sustentação teórica aos novos artefatos propostos. Nesse sentido, entendemos que a obra alcançou o seu objetivo.

Além dessas, outras duas críticas são apresentadas por Norreklit (2000) e Wickramasinghe e Alawattage (2007). Essas sim com implicações concretas na implementação do BSC: (i) a relação de causalidade das dimensões e (ii) o BSC como modelo de controle e implementação da estratégia.

9.5.1 O problema da causalidade entre as quatro dimensões do BSC

A construção da causalidade entre as dimensões do BSC é imperfeita (NORREKLIT, 2000). Kaplan e Norton (1996) assumem que deve existir um relacionamento entre as perspectivas do BSC, ou seja, que o crescimento e a aprendizagem organizacional levam à eficiência dos processos internos, o que levaria a um alto nível de satisfação dos clientes e, finalmente, aos resultados financeiros almejados. Portanto, existe um pressuposto implícito no BSC de que os indicadores não financeiros seriam os direcionadores para os resultados financeiros (KAPLAN; NORTON, 1996, p. 8). De acordo com Norreklit e Falconer (2007, p. 180), a validade dessa hipótese depende da existência de um conjunto específico de relações de causa e efeito entre as dimensões que dão ao BSC a sua estrutura e colocam em dúvida a existência desse relacionamento. A própria Norreklit (2000) já havia chamado a atenção para a falta de validade empírica para a relação proposta por Kaplan e Norton entre satisfação do cliente e resultados financeiros.

A despeito disso, não se deve contemporizar em relação às críticas que são feitas ao BSC. Concordamos com Norreklit e Falconer e acreditamos que seja necessário evoluir nos estudos de causalidade das dimensões. Entretanto, é possível supor que de fato essas dimensões sejam importantes para o resultado da organização e que são importantes fatores críticos de sucesso, juntamente com outras dimensões, como por exemplo os fornecedores, que não foram contemplados por Kaplan e Norton.

9.5.2 O BSC como sistema de controle da implantação da estratégia

As críticas às quatro perspectivas conduzem a outra: a de que o BSC não possui utilidade para controlar a implantação da estratégia. Isso ocorreria porque nem todos os *stakeholders* são incluídos na análise, principalmente fornecedores e o setor público (WICKRAMASINGHE; ALAWATTAGE, 2007, p. 276), e que o BSC não monitora a competição ou o desenvolvimento tecnológico, porque o foco do modelo é estático e não dinâmico (NORREKLIT, 2000). Em outras palavras, o BSC seria limitado em relação à complexidade e à gama de fatores que conduziriam à organização aos seus objetivos estratégicos.

Essas críticas são pertinentes e a solução para esses problemas parece estar na inclusão de novas dimensões e na capacidade de ajustar o BSC e suas métricas à medida que o ambiente sofra alterações significativas. Mas, como veremos a seguir, Kaplan possui outra visão e uma justificativa para a construção do modelo dessa forma.

9.6 A resposta de Kaplan às críticas

Kaplan (2009) discute a evolução do BSC após 15 anos de sua apresentação na *Havard Business Review*. E faz isso no ambiente onde talvez tenha sido mais criticado em um artigo apresentado no 3º volume do *Handbook of Management Accounting Research*, editado pelos Chapman, Hopwood e Shields. O fato de ter sido convidado para escrever nesse ambiente demonstra tanto a importância e o reconhecimento da relevância de sua obra quanto uma maturidade dos pesquisadores de contabilidade gerencial na Europa e nos Estados Unidos que tratam suas divergências no campo científico e não no campo pessoal.

No artigo, Kaplan fez o "dever de casa". Inicia citando um Lord inglês de nome Kelvin e sua obra, datada de 1883, como inspiradora das ideias dele e de Norton. Em seguida cita uma série de estudos precedentes, realizados entre 1950 e 1980, para afirmar que o BSC não é inovador e sim uma construção de várias discussões realizadas anteriormente e que foram consolidadas a partir de uma série de estudos de caso realizados por ele e por Norton, numa clara tentativa de legitimar cientificamente o *Balanced Scorecard*. Faz isso combinando suas ideias com citações de autores reconhecidos na área como Peter Drucker, Anthony, Simons, Atkinson, Neely, dentre outros.

Apesar desse cuidado político demonstrado por Kaplan e de alguma fragilidade na plataforma teórica de seu artigo, algumas importantes considerações da evolução do BSC nos últimos 15 anos são esclarecidas.

Kaplan deixa claro que ele e Norton originalmente conceberam o BSC como um sistema de avaliação de desempenho, o que seria classificado por Simons (1995) como um sistema de diagnóstico. Entretanto, os gestores passaram a adotar e utilizar o BSC para auxiliá-los a comunicar e implantar um novo sistema de gerenciamento estratégico, baseados na mensuração dos *scorecards*. Kaplan continua sua análise afirmando que essa nova realidade transformou o BSC em um sistema interativo na classificação de Simons (1995), por apresentar as seguintes características:

i. Desenvolvimento da estratégia.

ii. Tradução da estratégia.

iii. Alinhamento da organização.

iv. Planejamento operacional.

v. Controle e aprendizagem.

vi. Avaliação e adaptação da estratégia.

A Figura 9.5 mostra a arquitetura do sistema de gerenciamento de seis estágios desenvolvido por Kaplan e Norton para integrar o planejamento estratégico e a execução operacional.

Para Kaplan (2009, p. 1264), essa evolução permite aos gestores desenvolver um customizado sistema baseado em suas estratégias, utilizando o mapa estratégico e os *scorecards* como instrumentos de seu sistema de gestão para executar a estratégia. Ou seja, admite que ele e Norton construíram um modelo geral e amplo que deve ser adaptado à realidade de cada empresa e não ser entendido como único, independente da realidade vivenciada.

Dessa forma, defende-se da crítica de que o BSC não pode ser utilizado como sistema de implantação de estratégia, afirmando ainda que muitos acadêmicos, consultores e gestores, a despeito da evolução do BSC, continuam a pensar erroneamente que o mesmo é somente um sistema de avaliação de desempenho. Na opinião de Kaplan, esse conhecimento e familiaridade são provavelmente baseados exclusivamente na leitura do artigo seminal de 1992 ou da primeira parte do primeiro livro sobre BSC (1996).

Quanto à forma de construir os *scorecards*, Kaplan relata que embora o artigo seminal tivesse como subtítulo "medidas que impulsionam o desempenho", era muito mais simples e lógico iniciar com os objetivos estratégicos refletidos nas quatro perspectivas e, posteriormente, estabelecer os objetivos, os indicadores e ações da organização.

Finalmente, não foge à principal crítica do BSC e admite claramente que as relações causais assumidas no mapa estratégico foram simplificadas para tornar os mapas estratégicos mais visualmente apelativos para os gestores. Afirma

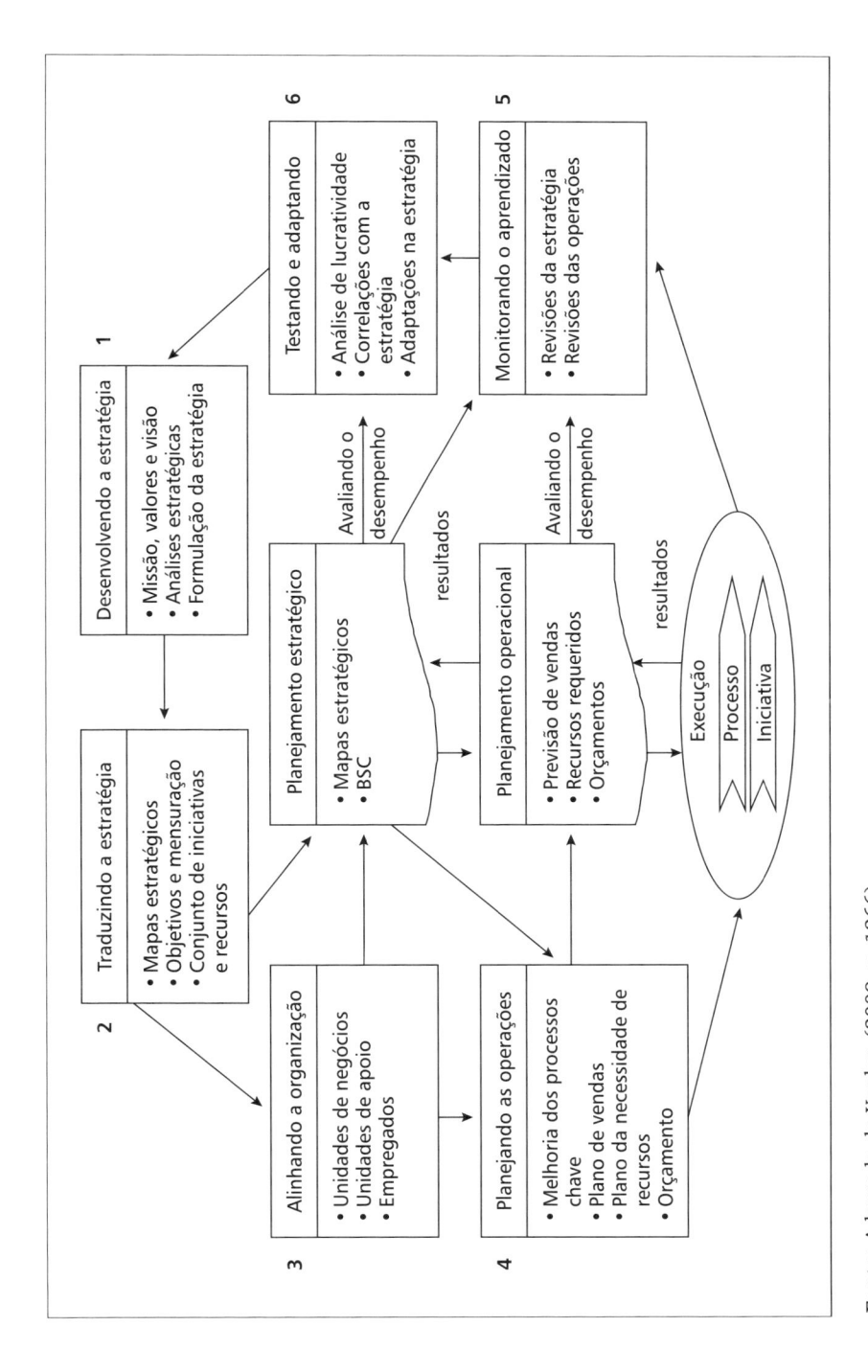

Fonte: Adaptada de Kaplan (2009, p. 1266).

Figura 9.5 *Sistema gerencial: ligando a estratégia às operações.*

que as capacidades estatísticas e de modelagem atuais permitem a construção de modelos de relações causais mais complexos e que muitas empresas geram dados mensais para a construção dos mesmos. Entretanto, acredita que a dificuldade de construção de modelos mais complexos está na capacidade dos gestores de compreender e utilizar sistemas complexos de relação de causa e efeito para orientar suas decisões (2009, p. 1268).

A verdade é que após as provocações ocorridas na década de 1980 a contabilidade gerencial passou por uma série de importantes transformações, em busca da relevância perdida. Independentemente da escolha do modelo de alinhamento entre a contabilidade e a estratégia organizacional, é indiscutível que a contabilidade gerencial vem sofrendo uma série de alterações nas últimas décadas, após os apelos iniciais de busca da relevância perdida. A tentativa de reconquistar a relevância conduziu a um grande número de propostas de soluções. Hoje é reconhecido que a contabilidade gerencial precisa se aproximar dos aspectos estratégicos da organização se quiser continuar tendo importante papel no gerenciamento dos negócios.

O BSC talvez tenha sido o artefato que mais se aproximou desse objetivo e, a despeito de suas falhas, conforme as várias críticas existentes ao modelo de Kaplan e Norton, é sem dúvida um bom exemplo da capacidade dos pesquisadores e práticos da contabilidade gerencial em buscar alternativas para recuperação e manutenção de sua relevância.

9.7 Verificação da aprendizagem

1. **Não** representa uma das formas frequentemente utilizadas para caracterizar a contabilidade gerencial estratégica:
    a) Solução para os problemas associados ao paradigma tradicional da contabilidade gerencial.
    b) Novo paradigma para a contabilidade gerencial.
    c) Solução para os problemas associados a fraudes ocorridas nas empresas americanas no final do século XX.
    d) Interface entre a contabilidade gerencial e outras funções organizacionais, especialmente estratégia corporativa, marketing e operações.

2. São perspectivas do *Balanced Scorecard*:
    a) Financeira, clientes, processos internos e aprendizagem e crescimento.

b) Clientes, processos internos, aprendizagem e crescimento e fornecedores.

c) Financeira, clientes, fornecedores e aprendizagem e crescimento.

d) Financeira, clientes, fornecedores e governo.

3. Marque a sentença **incorreta** com relação ao *Balanced Scorecard*:

a) A estrutura de mensuração são os *Scorecards*.

b) A dimensão crítica de mensuração envolve somente os aspectos financeiros.

c) A forma de operação é integrada com diferentes perspectivas funcionais.

d) O foco está no alinhamento estratégico.

4. São exemplos de indicadores de avaliação da perspectiva financeira do BSC:

a) Rentabilidade, competências tecnológicas, crescimento das vendas e valor adicionado para o acionista.

b) Rentabilidade, crescimento das vendas, valor adicionado para o acionista e relacionamento com o cliente.

c) Clima organizacional, crescimento das vendas, valor para o acionista e resultado operacional.

d) Rentabilidade, crescimento das vendas, valor adicionado para o acionista e margem de lucro.

5. Representa um índice que pode ser utilizado para medir o aumento da satisfação do cliente:

a) Índice de retorno de clientes.

b) Índice de rentabilidade por cliente.

c) Índice de satisfação do cliente.

d) Índice de participação de mercado.

6. Não representa uma ação para melhoria do serviço pós-venda da organização:

a) Aumentar a qualidade da entrega.

b) Aumentar o número de novos produtos.

c) Aumentar a eficiência da entrega.

d) Reduzir o tempo de entrega.

7. A sequência para implantação do BSC, normalmente, segue o seguinte racional:

a) Estratégia da empresa; objetivos estratégicos e medidas de desempenho; metas e ações de curto prazo; e comunicação, implantação e controle.

b) Estratégia da empresa, medidas de desempenho, metas e ações, objetivos estratégicos; e comunicação, implantação e controle.

c) Objetivos estratégicos, medidas de desempenho, metas e ações de curto prazo; estratégia da empresa.

d) Objetivos estratégicos de curto prazo; medidas de desempenho; e comunicação, implantação e controle.

8. Um exemplo de artefato que tem foco externo à organização, exclusivamente:

a) Custeio alvo.

b) Análise da cadeia de valor.

c) Análise dos concorrentes.

d) Custeio e gestão baseada em atividades.

9. **Não** representa o papel estratégico da contabilidade gerencial:

a) Conhecer e facilitar a estratégia corporativa.

b) Conhecer e facilitar a estratégia de propaganda.

c) Conhecer e facilitar a estratégia de posicionamento do mercado.

d) Conhecer e facilitar a estratégia de produção.

10. Retorno sobre o investimento, satisfação dos clientes, retenção de funcionários e percentual de vendas de novos produtos são, respectivamente, indicadores das perspectivas:

a) Financeira; Clientes; Aprendizado e crescimento; e Processo interno.

b) Financeira, Processo interno; Aprendizado e crescimento; e Clientes.

c) Clientes; Financeira; Aprendizado e crescimento; e Processo interno.

d) Aprendizado e crescimento; Clientes; Processo interno; e Financeira.

Recomendações de bibliografia para aprofundamento do tema

BAKER, C. R.; BESSIRE, D. The French tableau de bord and the American balanced scorecard: a critical analysis. **Critical Perspectives on Accounting**, v. 16, 6, p. 645-664.

CHENHALL, R. H.; LANGFIEL-SMITH, Kim. The relationship between strategic priorities, management accounting: an empirical investigation using a systems approach. **Accounting, Organizations and Society**, v. 23, nº 3, p. 243-264, 1998.

KAPLAN. R. Conceptual Foundations of the Balanced Scorecard. In.: CHAPMAN, C. S.; HOPWOOD, A.; SHIELDS, M. D. **Handbook of Management Accounting Research**. Amsterdem: Elsevier, 2009.

KAPLAN, Robert S., NORTON, David P. **The Balanced Scorecard**: translation strategy into action. Havard Business Scholl Press, 1996.

LANGFIEL-SMITH, Kim. Management control systems and strategy: a critical review. **Accounting, Organizations and Society**, v. 22, nº 2, p. 207-232, 1997.

MITCHELL, Falconer; NORREKIT, Hanne. The balanced scorecard. In: HOPPER, Trevor; NORTHCOTT, Deryl; SCAPENS, Robert (Org.). **Issues in management accounting**. 3rd ed. England: Prentice Hall, 2007.

NØRREKLIT, Hanne. The Balanced Scorecard: what is the score? A rhetorical analysis of the Balanced Scorecard. **Accounting, Organizations and Society**, 28, p. 591-619, 2003.

10 Governança empresarial

Questões provocativas

1. Considerando-se que as empresas devem gerar lucros e distribuir dividendos para os seus acionistas, é necessário que realizem ações sociais? Por quê?
2. Como a governança empresarial pode contribuir para uma melhoria da sociedade?
2. Como evitar que pessoas tenham suas vidas prejudicadas em função de má atuação de gestores empresariais?

10.1   Concepções e fundamentos teóricos da governança

O estudo da governança tem sido um tema relevante relacionado à alta gestão das organizações, perpassando questões relacionadas a disciplinas de diferentes fronteiras do conhecimento, tais como Contabilidade, Direito, Economia e Organizações.

Com as cíclicas crises normalmente existentes no âmbito das corporações e a necessidade de balanceamento entre as tensões de crescimento com demandas de controle, o tema tem adquirido cada vez mais relevância, sendo bastante promissor nos estudos de controle gerencial.

Mesmo com essa proeminência, o termo *governança* ainda não apresenta um construto abrangente sedimentado na literatura, sendo que os enfoques perpassam desde as práticas de controle pela alta gestão até outros mais alternativos que abarcam os processos relacionados ao exercício de poder no nível organizacional e institucional (RODRIGUES; MALO, 2006).

Uma definição que considera uma diversidade de tensões entre os riscos da atuação empresarial e o crescimento e inovação é dada por Solomon (2007, p. 14), em que a governança compreende "o sistema de freios e contrapesos, tanto internos como externos às empresas, que assegura *accountability* para todos os seus *stakeholders* e que agem de maneira socialmente responsável em sua atividade de negócios".

As diversas definições e concepções de governança foram construídas ao longo dos vários eventos econômicos ocorridos nas empresas e suas relações com seu entorno. Entretanto, apesar de a origem da governança remontar aos anos 30 do século passado, somente nos últimos 20 anos é que o interesse mundial pelo tema mostrou-se renovado. Alguns motivos para o estímulo são (GILLAN, 2006):

- Onda de privatizações.

- Reforma nos fundos de pensão norte-americanos.

- Problemas com o mercado de capitais na década de 1980.

- Desregulamentação e integração do mercado de capitais.

- Crise asiática.

- Série de escândalos contábeis ocorridos nos Estados Unidos e na Europa no início da década (ENRON, WORLDCOM, PARMALAT).

No Brasil, por ocasião do crescimento do mercado de capitais, com o número de empresas ingressantes na bolsa de valores por meio de IPO's (Initial Public Offering), ou seja, o lançamento da empresa na bolsa de valores, tem ocorrido um aumento no interesse pelo tema (vide Quadro 10.1).

Quadro 10.1   *Volume de negócios realizados entre 2003 e 2008.*

ANO	QUANTIDADE
2003	39.597
2004	53.751
2005	62.247
2006	87.488
2007	152.872

Fonte: Bovespa.

Para acompanhar essas evoluções empíricas, diversas perspectivas teóricas têm emergido dos estudos. Cornforth (2003), relatado por Rodrigues e Malo (2006), descreve as principais abordagens encontradas na literatura, tais como a Teoria do Stewardship, a Teoria da Dependência de Recursos, a Teoria dos Stakeholders, a Perspectiva Democrática, a Teoria da Hegemonia Gerencial e a Teoria da Agência.

Na **teoria do stewardship** os gerentes são vistos como parceiros do conselho de administração. Esse conselho é um órgão independente que tem como objetivo verificar os atos da gestão. Deriva-se desse enfoque que os relacionamentos organizacionais são baseados na confiança mútua e na atuação cooperativa (DAVIS; SCHOORMAN; DONALDSON, 1997).

A **teoria da dependência de recursos** advoga que a chave central para o desempenho de uma empresa é a sua capacidade de interação com o ambiente externo e consequentemente a obtenção de seus recursos organizacionais. Nesse caso, o papel dos gestores e conselho de administração consiste em criar uma rede social que possibilite à empresa obter esses recursos (PFEFFER; SALANCIK, 1978).

A **teoria dos stakeholders** pressupõe que a empresa constitui um conjunto de contratos que deve ser atendido para que a relação com seus constituintes, compostos pelos acionistas, funcionários, fornecedores, governo, clientes e comunidade, seja satisfatória. Nesse caso, o papel central da gestão e do conselho de administração é assegurar um adequado balanceamento entre as expectativas decorrentes da relação da empresa com esses diversos constituintes.

Na **perspectiva democrática** a gestão e o conselho de administração devem representar os interesses dos diversos grupos existentes. O conselho de administração tem a missão de atuar como uma instância deliberativa máxima para a resolução das questões dos grupos de poder.

A **perspectiva da hegemonia gerencial** advoga que o papel do conselho de administração é meramente simbólico, sendo que os gerentes são aqueles que exercem efetivamente o poder, pois são os que conhecem, de fato, as características do negócio.

A **teoria da agência** pressupõe uma relação essencialmente conflitante entre o conselho de administração e os gestores. Essa vertente fundamenta os princípios de governança corporativa no mundo anglo-saxão e representa o "*mainstream*" dos estudos na área.

Esse foco, voltado exclusivamente para os acionistas, tem como origem o trabalho de Berle e Means (1932) sobre separação entre propriedade e controle de empresas abertas (BRENNAN; SOLOMON, 2008).

Nesse sentido, a governança empresarial é um conjunto de instrumentos que visam mitigar o problema de agência que ocorre quando um principal (a pessoa que detém os direitos sobre algo) delega a um agente (pessoa que executa as ações) a responsabilidade pelos atos de determinado empreendimento.

O principal problema das relações de agência ocorre em função da assimetria informacional, ou seja, é impossível o principal ter todas as informações necessárias para monitorar o comportamento do agente; em consequência, o agente, normalmente, tem mais informações que o principal. Essas questões foram discutidas de forma sistemática no trabalho de Jensen e Meckling (1976), que trata da separação entre o controle das empresas e a propriedade.

Nessa linha, o processo de governança corporativa visa, essencialmente, reduzir o viés informacional existente entre proprietários e gestores das organizações e os mecanismos de controle oferecidos pela contabilidade (auditoria, controle interno, dentre outros) servem para subsidiar esse processo.

Na realidade brasileira, a qual o mercado de capitais brasileiro ainda não é plenamente desenvolvido, a teoria da agência pode ser analisada sob o relacionamento entre os diversos níveis gerenciais em uma situação de comando-controle. A contabilidade gerencial, nesse contexto, tem o papel de fornecer instrumentos para mitigar a diferença de informações entre um principal (por exemplo, um gerente) e um agente B (por exemplo, um supervisor).

Adicionalmente, ressalta-se que, apesar de muitas concepções teóricas de governança terem sido estabelecidas para grandes corporações empresariais, o conceito de governança pode ser utilizado para quaisquer tipos de organizações, tais como cooperativas, organizações não governamentais (ONG's), universidades, prefeituras, dentre outras.

10.2 Governança empresarial: a tensão entre *compliance* e *performance*

Considerando-se a relevância dos estudos de governança para a moderna contabilidade gerencial, em 2004, o IFAC (International Federation of Accountants), com o apoio do CIMA (Chartered Institute of Management Accountants), divulgou um estudo qualitativo visando à emergência de conceitos sobre o tema. As pesquisas foram realizadas através de estudos de casos com empresas em dez países relacionadas com empresas constantes de diferentes setores da economia. O estudo buscou compreender as falhas de governança corporativa e estabelecer subsídios para o desenvolvimento de medidas que pudessem melhorar as práticas da "boa governança". Esse documento proporciona uma visão ampla e inovadora do tema, voltada ao controle gerencial através do balanceamento entre *compliance* (governança corporativa) e *performance* empresarial (estratégia).

O conceito inicial propugnado de governança é o do IFSACF (Information Systems Audit and Control Foundation), (...) a partir de uma ampla visão do tema:

Governança compreende o conjunto de responsabilidades e as práticas exercidas pelo conselho de administração e executivos, com a finalidade de estabelecer direção estratégica, assegurar que os objetivos sejam atingidos, certificar que os riscos sejam geridos adequadamente e que os recursos da organização sejam utilizados responsavelmente (Information Systems Audit and Control Foundation, 2001, p. 4).

A principal característica e benefício dessa concepção holística é a consideração de duas dimensões tensionais: a questão do *compliance*, a vertente da governança corporativa tradicional e a de *perfomance* empresarial, que corresponde à dimensão da estratégia.

O IFAC reconhece que, enquanto a governança corporativa tem sido objeto de estudos, pouca atenção tem sido dada ao seu balanceamento com a *perfomance* estratégica. Nesse caso, esse *framework* de governança representa uma completa *accountability* das ações empresariais, que segundo Scapens (2005) contempla um duplo papel da contabilidade (*conformance* e *performance*). A Figura 10.1 evidencia esses elementos.

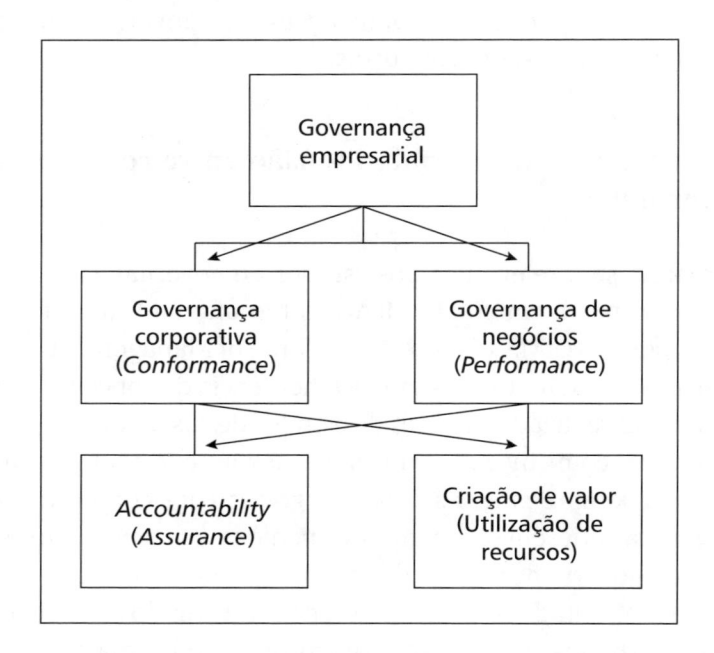

Fonte: Adaptada de CIMA/IFAC (2004).

Figura 10.1   Framework *de governança empresarial.*

Fazendo uma analogia com o modelo de raciocínio humano, a Figura 10.1 mostra os dois enfoques da governança. Enquanto a *conformance* fica no lado esquerdo da ilustração, representando o lado esquerdo do cérebro, que regula os processos lógicos e analíticos, a *performance*, no lado direito, tende a ser ampla e criativa (CIMA/IFAC, 2004, p. 11).

A dimensão de *conformance* é o foco da governança corporativa e tem como objetivo monitorar e proteger o negócio com a promoção de um processo de *accountability* adequado aos seus diversos constituintes. Nessa dimensão, algumas variáveis são cruciais na eficácia da governança (CIMA/IFAC, 2004, p. 17):

- Cultura ética disseminada por parte da alta administração.
- Conselhos de administração efetivos.
- Eficácia do principal executivo da companhia.
- Eficácia dos controles internos.

Os temas relacionados a essa dimensão compreendem os mecanismos internos e externos de governança corporativa, tais como: remuneração de executivos, gestão de riscos, controles internos e conselho de administração, que serão vistos na seção 10.3.1 deste capítulo.

A dimensão da *performance* corresponde aos conceitos e artefatos que têm como objetivo apoiar a função de governança nos aspectos relacionados a estratégia empresarial (formulação e execução), ponderando os elementos de curto e longo prazo. Essa dimensão pode ser operacionalizada através dos artefatos da contabilidade gerencial. Algumas variáveis são cruciais no sucesso da dimensão de *performance* (CIMA/IFAC, 2004, p. 18):

- Escolhas estratégicas.
- Processo de execução das estratégias.
- Competência em fusões e aquisições.
- Compreensão.
- Gestão eficaz do risco.

Esses elementos estabelecidos no estudo evidenciam o papel central da contabilidade gerencial em apoiar os altos executivos da empresa e o conselho de administração em suas atividades de governança.

Conforme já comentado, o grande mérito dessa visão é considerar as duas dimensões, tanto aquelas relacionadas a governança corporativa propriamente dita como aquelas relacionadas a gestão de alto nível das corporações.

O Brasil também tem alguns estudos institucionais nessa área, tais como o do IBGC (Instituto Brasileiro de Governança Corporativa). A diferença para o *framework* do CIMA/IFAC é que o IBGC detém-se especificamente na questão do controle, não abordando o aspecto relacionado à *performance* empresarial.

Nesse sentido, o IBGC conceitua governança como:

sistema pelo qual as sociedades são dirigidas e monitoradas, envolvendo os relacionamentos entre Acionistas/Cotistas, Conselho de Administração, Diretoria, Auditoria Independente e Conselho Fiscal. As boas práticas de governança corporativa têm a finalidade de aumentar o valor da organização, facilitar seu acesso ao capital e contribuir para a sua perenidade.

As premissas do IBGC assentam-se em quatro princípios: transparência (*disclosure*), equidade, prestação de contas (*accountability*) e responsabilidade corporativa:

- Transparência (*disclosure*): política de amplo *disclosure* e desejo de informar suas ações econômicas, financeiras, sociais e outras questões de negócios relevantes.

- Equidade: tratamento igualitário para todos os *stakeholders* sem discriminação ou preconceito. Esses *stakeholders* compreendem os colaboradores, fornecedores, clientes, credores e a comunidade. Verificar se existe a questão da preferência por um, comentar a nossa visão.

- Prestação de contas (*accountability*): dever de prestar contas dos agentes da governança corporativa, em decorrência das responsabilidades que lhes são atribuídas.

- Responsabilidade corporativa: a organização deve zelar pela sua perenidade, atuando de forma socialmente responsável, isto é, incorporando as questões ambientais e sociais em sua estratégia.

10.3 Mecanismos de governança corporativa

Os mecanismos de governança compreendem os instrumentos disponíveis para a sua atuação. Eles podem ser internos ou externos.

Os mecanismos internos correspondem ao conselho de administração, incentivos gerenciais, estrutura de capital, medidas *antitakeover (comentar que no Brasil é pouco e explicar o porquê – takeover)* e sistemas de controle interno. Os mecanismos externos compreendem o ambiente legal e regulatório, mercados (capital, trabalho), informações ao mercado de capitais, contabilidade, finanças e serviços legais (SHLEIFER; VISHNY, 1997).

10.3.1   Mecanismos internos de governança

a) Conselho de administração

O conselho de administração é um dos principais instrumentos para a boa governança corporativa. Sua principal função é monitorar o desempenho corporativo, contribuindo para aumentar o valor da companhia no longo prazo. Além disso, deve proteger os interesses dos acionistas e dos *stakeholders* do negócio (funcionários, comunidade, fornecedores, clientes, governo e comunidade).

Composição do conselho de administração

O conselho de administração é composto por conselheiros internos e externos. Os internos são oriundos da própria administração da companhia, enquanto que os externos são profissionais do mercado que não possuem vínculo com a organização. Quanto maior o número de conselheiros externos, maior a independência do conselho. Potencialmente, conselhos mais independentes podem proporcionar maior diligência dos atos dos executivos.

Algumas características de bons conselheiros são (LODI, 2007; IBGC, 2007):

- Conhecimento dos negócios da companhia.
- Conhecimento de contabilidade e finanças.
- Idoneidade moral e postura ética.
- Não participar de uma quantidade muito grande de conselhos.

Atividades realizadas pelo conselho de administração

O conselho de administração revisa e aprova grandes decisões estratégicas da alta administração. Dentre suas principais atribuições, destacam-se:

- Aprovar planos e decisões estratégicas.

- Fixar a remuneração dos diretores, caso não seja expressa no estatuto.
- Avaliar e deliberar sobre as demonstrações contábeis da companhia.
- Avaliar o desempenho do negócio através dos indicadores de *performance*, orçamento e demais relatórios contábeis.
- Avaliar o desempenho dos gestores.

Comitês de assessoramento do conselho de administração e o comitê de auditoria

O conselho de administração é assessorado por vários comitês de apoio. Os mais frequentes são: investimentos, finanças, nominação, executivo, estratégico, ético, meio ambiente, gestão de risco e auditoria (SILVA; LEAL, 2007).

No contexto da função controle, o comitê de auditoria exerce um papel essencial. O IBGC assevera sobre essa função:

- Verificação do cumprimento das normas legais.
- Supervisão dos controles internos.
- Monitoramento da efetividade dos processos operacionais visando fidedignidade dos relatórios contábeis.

b) Conselho fiscal

O conselho fiscal é uma especificidade criada pela legislação societária brasileira. Ele opina sobre as questões relativas à *accountability* e transparência dos atos da organização. É um órgão de verificação e análise dos atos da administração. Segundo o IBGC (2007, p. 9):

> O conselho fiscal é um órgão fiscalizador independente da diretoria e do conselho de administração que busca, através dos princípios da transparência, equidade e prestação de contas, contribuir para o melhor desempenho da organização.

Esse conselho deve ser composto de profissionais com conhecimento de contabilidade e com pelo menos um membro com experiência prática em contabilidade e auditoria. Suas principais atribuições compreendem:

- Análise do orçamento de capital.

- Verificação de documentos contábeis.
- Avaliação de transações com partes relacionadas.
- Opinar sobre as demonstrações contábeis e o relatório da administração.

c) Incentivos gerenciais

A remuneração dos executivos, particularmente a parcela variável, consiste em um incentivo para tentar alinhar os seus objetivos aos da organização. Para operacionalizar isso, as empresas normalmente atrelam esse valor ao desempenho obtido.

Recentemente diversas políticas de remuneração têm-se mostrado insatisfatórias no intuito de levarem os executivos a alcançarem congruência com a organização. Um caso paradigmático é o da opção por ações.

A opção por ações consiste em fornecer ações, a longo prazo, para os executivos, no intuito de contribuir para que os seus atos maximizem o valor de longo prazo da empresa. Esse modelo, apesar de ter uma lógica interna aparentemente coerente, não tem-se mostrado eficiente para obtenção de congruência. Um caso bastante discutido refere-se aos problemas ocorridos com a ENRON (vide Quadro 10.2).

Quadro 10.2   *Enron – Contabilidade criativa, incentivos baseados em ações governança corporativa – um caso paradigmático.*

A Enron, companhia de energia elétrica norte-americana, utilizou muitos truques contábeis que estavam se tornando cada vez mais a regra. Parece que seu diretor financeiro fez a mesma descoberta que tantos outros executivos fizeram durante os anos 90: os mesmos truques contábeis que poderiam ser utilizados para distorcer informações de modo a impulsionar os preços do mercado acionário poderiam também ser utilizados para enriquecer eles próprios, à custa de outros acionistas. Desenvolvendo esses tipos de fraude, a Enron ganhava uma pequena vantagem sobre seus rivais. O nicho de mercado da Enron era a inovação – inovação financeira, novas formas de comprar e vender eletricidade (ou outras *commodities*), usando sofisticados produtos financeiros, como derivativos, que implicam separar as diferentes parcelas de um fluxo de renda, partilhando os riscos entre diferentes investidores. Ela fazia isso visando reduzir suas obrigações tributárias, melhorar o fluxo de caixa, criar balanços melhores e, consequentemente, melhorar a remuneração de seus executivos.

A Enron desmoronou levando consigo uma das mais respeitadas firmas de auditoria, a Arthur Andersen, e manchou a reputação de seus bancos credores, J. P. Morgan Chase, Citibank e Merril Lynch.

Fonte: Adaptada de Stiglitz (2003).

A controladoria tem o papel fundamental de desenvolver sistemas de controle gerencial atrelados a mecanismos de remuneração que sejam congruentes com os objetivos organizacionais. Artefatos como orçamentos e indicadores de desempenho devem ser projetados considerando a questão desses incentivos.

d) Estrutura de concentração acionária

Compreende o grau de concentração de propriedade acionária. Em alguns países, como os Estados Unidos e Inglaterra, as empresas possuem uma estrutura acionária extremamente dispersa, nas mãos de muitos acionistas, enquanto que, em outros, como na Alemanha e no Japão, o controle geralmente é mais concentrado nas mãos de poucos proprietários. A literatura (MACHADO FILHO, 2006) advoga que, em mercados de capitais pouco pulverizados, há um incentivo menor para o monitoramento das atividades dos executivos por parte dos acionistas, enquanto que em mercados mais pulverizados há um incentivo maior para esse monitoramento. No Brasil, a estrutura ainda é muito concentrada, com pouca pulverização, mas há uma tendência de reverter esse quadro com a popularização do mercado de ações.

e) Medidas *antitakeover*

Correspondem a tomar o controle acionário da empresa no mercado de capitais. Esse tipo de ato (*takeover*, ou aquisição hostil) ocorre principalmente em outros mercados. No Brasil, isso não é muito comum.

f) Sistemas de controle interno

Compreendem mecanismos que visam preservar a integridade da organização, de seus ativos e das pessoas que nela interagem, reduzindo, assim, os seus riscos. Em geral, as empresas elaboram um manual de normas que visa tornar a sua aplicação mais operacional e pragmática.

As empresas que possuem operações ou ações negociadas nos Estados Unidos devem seguir uma legislação específica sobre controles internos, que visa evitar problemas de governança tais como os ocorridos recentemente (Lei Sarbanes-Oxley).

Código de conduta ética

As empresas devem elaborar como parte dos seus sistemas formais de controle interno e visando uma boa governança um código de conduta ética, para permitir e assegurar regras claras a todos os participantes da organização.

10.3.2 Mecanismos externos de governança corporativa

a) Mercado de capitais

A estrutura do mercado de capitais é um elemento essencial para uma boa governança corporativa. Nesse sentido, inspirado em práticas das bolsas alemãs, a BM&F BOVESPA criou classificações diferenciadas para empresas comprometidas com as melhores práticas de governança corporativa. Operacionalmente, ela criou graus de classificação das empresas baseados na qualidade de seus instrumentos empresariais, classificando-as em Nível 1, Nível 2 e Novo Mercado. As seguintes características compõem cada uma dessas classificações (Bovespa):

Nível 1

Para serem classificadas nesse nível as empresas devem:

- Manter um percentual mínimo, predeterminado, de ações em circulação.
- Aumentar o nível de *disclosure* das demonstrações contábeis, compreendendo a divulgação da demonstração dos fluxos de caixa e a apresentação do balanço patrimonial e da demonstração de resultados do exercício consolidados com respectivos comentários de desempenho (caso seja obrigatória a apresentação anual).
- Divulgar informações adicionais em relação às suas operações e créditos acionários.
- Realizar, pelo menos uma vez por ano, reuniões com acionistas, visando apresentar os resultados econômicos e financeiros da companhia.
- Divulgar a agenda anual dos eventos corporativos, no mês de janeiro de cada ano.

Nível 2

Para serem classificadas nesse nível as empresas devem, além das obrigações do Nível 1, obedecer aos seguinte ditames:

- Estabelecer mandato unificado dos membros do conselho de administração com vigência máxima de dois anos.

- Comprometer-se a resolver eventuais conflitos societários por meio de câmeras de arbitragem.

- Possuir o mínimo de cinco membros conselheiros, sendo pelo menos 20% independentes.

- Apresentar demonstrações contábeis pelas normas internacionais (IFRS) ou norte-americanas (US GAAP), inclusive na língua inglesa.

Novo mercado

Para serem classificadas nesse nível as empresas devem, além das obrigações do Nível 2, ter o capital social composto exclusivamente por ações ordinárias.

b) Ambiente institucional do país

O ambiente institucional é um fator essencial da governança corporativa. Países que possuem regras empresariais claras, de boa qualidade, e que respeitem contratos, têm uma possibilidade de reduzir os seus custos de transação (WILLIANSON, 1993) e assim ter um ambiente mais fluido para os negócios.

O Brasil tem buscado avanços na melhoria do ambiente institucional. Os esforços para a alteração e consequentemente melhoria da Lei 6.404/76, a criação de agências setoriais reguladoras, bem como iniciativas da BM&F Bovespa relacionadas ao estímulo das práticas de boa governança são exemplos desses progressos.

Apesar desses avanços, ainda existem muitos gargalos no país, principalmente no que tange ao sistema legal e tributário, à ineficiência governamental, problemas de infraestrutura, enfraquecimento das agências reguladoras e corrupção. O relatório de competitividade publicado pelo Fórum Econômico Mundial (Global Competitiveness Index) mostra o Brasil na 72ª posição, atrás de países como Croácia, Porto Rico e Lituâna (ver Quadro 10.3).

Quadro 10.3   *Dez principais países no* ranking *de competitividade.*

PAÍS	POSIÇÃO
Estados Unidos	1
Suíça	2
Dinamarca	3
Suécia	4
Alemanha	5
Finlândia	6
Cingapura	7
Japão	8
Reino Unido	9
Holanda	10
Brasil	72

Fonte: Global Competitiveness Index – 2007-2008.

10.3.3   *Responsabilidade social e ambiental das empresas*

A responsabilidade social corporativa é um dos pilares da boa governança. Admite-se que as empresas devem atuar segundo regras e pressupostos éticos da sociedade em que atuam, tratando dignamente todos os *stakeholders*. O trabalho de Freeman e McVea (2000) é um dos que delinearam essa concepção. O conceito de *stakeholders* compreende pessoas que têm algum tipo de interesse na organização. O Quadro 10.4 evidencia os principais grupos de *stakeholders* das companhias, bem como suas principais demandas.

Quadro 10.4   Stakeholders *e seu relacionamento com a organização.*

STAKEHOLDERS	DEMANDAS	APORTES
Acionistas	Retorno	Capital
Funcionários	Remuneração justa e ambiente de trabalho digno	Talento e competência
Fornecedores	Pagamento justo e pontual	Insumos físicos e intangíveis
Clientes	Produtos adequados às suas necessidades	Recursos financeiros
Governo	Tributos	Infraestrutura, segurança jurídica, serviços públicos adequados
Comunidade	Respeito ao meio ambiente, atuação socialmente responsável	Recursos humanos e acolhida

Dentro desse contexto de relacionamento com os diferentes grupos de *stakeholders* é que a responsabilidade social corporativa assume sua relevância. Essa postura implica que a empresa adote ações tais como (IBGC):

- Criação de riqueza e oportunidades de emprego.

- Qualificação, desenvolvimento e diversidade da força de trabalho.

- Estímulo ao desenvolvimento científico e tecnológico.

- Melhoria da qualidade de vida por meio de ações sociais, educativas, culturais, assistenciais e de defesa do meio ambiente.

- Contratação preferencial de trabalho e insumos oferecidos pela própria comunidade, dentre outras ações.

Instrumentos gerenciais abrangentes, como o *balanced scorecard* (estudados no Capítulo 9), têm sido utilizados para gerenciar o relacionamento entre a empresa e os seus *stakeholders*.

10.3.3.1 Argumentos favoráveis e desfavoráveis à consideração dos *stakeholders* na função objetivo da firma

Apesar da ideia de *stakeholders* estar relativamente disseminada no meio empresarial, existem críticos que argumentam que a função da empresa é maximizar seu valor para o acionista, sendo que as ações sociais seriam de responsabilidade exclusiva do governo. Alguns argumentos contrários à abordagem da visão dos *stakeholders* são:

- O único objetivo da empresa é maximizar seu valor para os acionistas (SUNDARAM; INKPEN, 2001; FRIEDMAN, 1970; STENBERG, 1999).

- É impossível maximizar o valor para mais que um *stakeholder* (JENSEN, 2001).

- Há dificuldades pragmáticas para identificar *stakeholders* importantes (SUNDARAM; INKPEN, 2001).

- Há diversidade de expectativas entre os diferentes públicos, sendo impossível gerenciar essas demandas (INKPEN, 2001; STENBERG, 1999).

- Não há evidências empíricas sobre a relação entre a *performance* da empresa e a satisfação dos *stakeholders* (SUNDARAM; INKPEN, 2001).

- A maximização do valor para os sócios é pró *stakeholders* (SUNDARIAM; INKEN, 2001).

- Gestores têm privilégios quando defendem *stakeholders* (STENBERG, 1999).

Os argumentos pró *stakeholders* compreendem:

- Necessidade de atuação ética das organizações perante a sociedade.

- Visão de longo prazo, que significa considerar que a sustentabilidade maximiza o valor de longo prazo da companhia.

- Necessidade de a empresa possuir uma boa reputação corporativa, com o consequente impacto em suas atividades e continuidade de longo prazo.

- Argumentos relacionados à legitimidade, arguindo que a empresa tem de se considerar legítima frente ao ambiente institucional em que atua.

Apesar dos argumentos contrários, é fundamental salientar as questões relacionadas a ética na atuação empresarial. Os recursos naturais escassos e a crescente desigualdade social das nações não permitem que a gestão moderna desconsidere essas questões na agenda empresarial.

10.3.4 *Disclosure* das ações sociais e ambientais

A companhia presta contas de suas ações sociais através de diversos instrumentos contábeis. Esses instrumentos compreendem o balanço social, a demonstração do valor adicionado e relatórios como o Triple Bottom Line (TBL):

- Balanço social: Demonstra as ações sociais e ambientais das empresas. Em geral, os itens são evidenciados como relações com colaboradores, comunidade e meio ambiente.

- Demonstração do Valor Adicionado: Demonstra a geração de riqueza e sua distribuição na sociedade.

- Elaboração de relatórios padronizados de sustentabilidade, como, por exemplo, o Global Reporting Initiative-GRI (disponível em: <http://www.globalreporting.org>).

- Triple Bottom Line (TBL): Relatório contábil que apresenta, além dos resultados econômicos, também, os resultados ambientais e sociais.

10.3.5 *O papel da controladoria na governança corporativa*

A controladoria exerce um papel fundamental nos processos relacionados à governança corporativa. Esse papel compreende, por exemplo:

- Preparação de relatórios gerenciais para o conselho de administração e conselho fiscal.

- Estabelecimento de sistemas de controle gerencial adequados, que atendam às demandas da governança.

- Desenho de sistemas de incentivos congruentes com os objetivos de longo prazo.
- Elaboração de relatórios orçamentários para o conselho de administração.
- Elaboração de indicadores de desempenho relacionados aos diversos *stakeholders*.
- Elaboração de relatórios contábeis obrigatórios pela legislação brasileira e internacional (IFRS e USGAP).
- Elaboração de relatórios exigidos pelos órgãos reguladores, como as IAN (Informações Anuais), DFP (Demonstrações Financeiras Padronizadas) e ITR (Informações Trimestrais).
- Elaboração voluntária de outros relatórios.

Em suma, a controladoria exerce o papel essencial de contribuir para que a função de governança seja ativa e eficaz nas organizações.

10.4 Verificação da aprendizagem

1. Indique a alternativa correta em relação às perspectivas teóricas da governança:
   a) Sob o enfoque da hegemonia gerencial, o conselho de administração tem o papel de mitigar conflitos entre os gestores e proprietários.
   b) Na perspectiva democrática, o conselho de administração contribui para solucionar conflitos entre grupos de poder da companhia.
   c) Na ótica da teoria dos *stakeholders* uma empresa não pode ter ações sociais.

2. Indique a alternativa incorreta em relação às dimensões da governança:
   a) A dimensão de *performance* não considera as estratégias pretendidas da empresa.
   b) O *accountability* é um elemento que faz parte da dimensão de *conformance*.
   c) Cultura ética é um dos elementos da boa governança.
   d) A eficácia dos controles internos é um elemento de redução de risco da administração.

3. Não compreende mecanismos internos de governança:

   a) Conselho de administração.

   b) Conselho fiscal.

   c) Balanço social.

   d) Mecanismos de remuneração de executivos.

4. Compreende mecanismos externos de governança:

   a) Estrutura do mercado de capitais, ambiente institucional do país.

   b) Debêntures da empresa.

   c) A forma de divulgação das demonstrações contábeis da companhia.

   d) A taxa de imposto de renda dos países.

5. Indique a alternativa incorreta em relação aos *stakeholders*:

   a) A noção de *stakeholders* pressupõe a ideia de contrato entre as partes.

   b) Sob a perspectiva dos *stakeholders* a função da firma é maximizar lucro para proprietários.

   c) Governo e clientes são *stakeholders*.

   d) O balanço social pressupõe a consideração dos diversos *stakeholders*.

6. Assinale a alternativa incorreta em relação às Demonstrações Sociais:

   a) A Demonstração do Valor Adicionado pressupõe distribuição de riqueza para todos os *stakeholders*.

   b) O Balanço Social pode conter informações financeiras e não financeiras.

   c) O Triple Bottom Line possibilita a apuração dos impostos.

   d) A comunidade está evidenciada no Balanço Social.

7. Indique a alternativa incorreta em relação ao papel da controladoria na governança:

   a) Contribuir para o estabelecimento de mecanismos de remuneração de executivos.

   b) Elaborar relatórios para a Comissão de Valores Mobiliários.

   c) Elaborar relatórios contábeis para o conselho de administração.

   d) Elaborar sistemas de logística.

8. Sobre controles internos é correto afirmar:

    a) Visam reduzir riscos à integridade dos ativos da companhia.

    b) Têm o objetivo de impulsionar a estratégia emergente.

    c) São aplicáveis apenas aos funcionários de linha.

    d) Estão relacionados apenas ao conselho de administração.

9. Indique qual das atividades não é função do conselho de administração:

    a) Aprovar o planejamento estratégico.

    b) Avaliar o desempenho dos gestores.

    c) Efetuar planejamento tributário.

    d) Aprovar as demonstrações contábeis.

10. Indique a alternativa incorreta em relação às características do conselho de administração:

    a) Conhecimento de contabilidade e finanças.

    b) Idoneidade moral e postura ética.

    c) Deve participar de muitos conselhos.

    d) Conhecimento dos negócios da companhia.

Recomendações de bibliografia para aprofundamento do tema

AHRENS, Thomas. *The hidden ethics of corporate governance and the practical uses of corporate governance codes*: a commentary on Bhimani. **J Management and Governance**, v. 12, p. 149-152, 2008.

BHIMANI, Alnoor. *Making corporate governance count: the fusion of ethics and economic rationality*. **J Management and Governance**, v. 12 p. 135-147, 2008.

_____. *Risk management, corporate governance and management accounting: emerging interdependencies*. **Management Accounting Research**, 20, p. 2-5, 2009.

COLLIER, Paul. *Stakeholder accountability*: a field study of the implementation of a governance improvement plan. **Accounting, Auditing & Accountability Journal**, v. 21, nº 7, p. 933-954, 2008.

COVALESKI, Mark; DISMIRT, Mark W.; SAMUEL, Sajay. *Changes in the institutional environment and the institutions of governance: extending the contributions of transaction cost economics within the management control literature*. **Accounting, Organizations and Society**, 28, p. 417-441, 2003.

DEWING, Ian; RUSSELL, Perter O. *The individualization of corporate governance: the approved persons' regime for UK financial services firms*. **Accounting, Auditing & Accountability Journal**, v. 21, nº 7, p. 978-1000, 2008.

FRIEDMAN, Milton. The social responsibility of business is to increase its profits. **The New York Times Magazine**, 1970.

HUSE, Morten. *Accountability and creating accountability: a framework for exploring behavioural perspectives of corporate governance*. **British Journal of Management**, v. 16, p. 65-79, 2005.

INKPEN, Andrew C.; ROSS, Jerry. Why do some strategic alliances persist beyond their useful life? **Management Review**, 44, 2001.

LODI, J. B. **Governança corporativa**: o governo da empresa e o conselho de administração. 9. ed. Rio de Janeiro: Campus, 2000.

ROBERTS, J.; McNULTY, T.; STILES, P. Beyond agency conceptions of the work of the non-executive director: creating accountability in the boardroom. **British Journal of Management**, v. 16, S5-S26, 2005.

SCAPENS, R. Understanding management practices: a personal journey. **The British Accounting Review**, 8, p. 1-30, 2006.

STEIN, Mitchell J. *Beyond the boardroom: governmental perspectives on corporate governance*. **Accounting, Auditing & Accountability Journal**, v. 21, nº 7, p. 1001-1025, 2008.

SUNDARAM, A.; INKPEN, A. The corporate objective revisited. **Thunderbird School of Management**, 2001.

11 Teorias organizacionais no controle gerencial

OBJETIVOS DE APRENDIZAGEM

1. Perceber a dimensão multidisciplinar da CG
2. Perceber que a CG não é um instrumento racional apenas, mas possui uma dimensão humana, social e organizacional
3. Compreender como as teorias dos paradigmas econômico, psicológico e sociais podem contribuir para a melhoraria do entendimento da CG
4. Identificar teorias que contribuam para soluções inovadoras dos problemas em CG

TÓPICOS TRATADOS

11.1 Introdução
11.2 Teoria institucional
    11.2.1 Velha Economia Institucional (VEI)
    11.2.2 Nova Economia Institucional (NEI)
    11.2.3 Nova sociologia institucional
11.3 Teorias psicológicas
11.4 Teoria da contingência
11.5 Teoria da agência
11.6 Abordagem baseada em recursos – RBV
11.7 Ciclo de vida das organizações
11.8 Perspectivas, críticas e interpretativas
11.9 Síntese das abordagens teóricas
11.10 Verificação da aprendizagem

Questões provocativas

1. A contabilidade gerencial pode modificar comportamento humano? O comportamento humano pode modificar a contabilidade gerencial?
2. De que forma as pressões sociais afetam a adoção de práticas de CG por uma empresa?
3. Por que as empresas de médio porte necessitam de artefatos de contabilidade gerencial diferentes dos das grandes corporações?
4. Como o tipo de tecnologia de produção afeta o desenho de sistemas de controle gerencial?
5. Como a contabilidade gerencial afeta a criação de valor intangível da organização?
6. Qual o papel da contabilidade gerencial na sociedade?
7. Como a contabilidade gerencial está relacionada a questões relacionadas a poder nas corporações?

11.1   Introdução

Afinal, para que estudar teorias provenientes de diversos campos do conhecimento para entender o controle gerencial e, em especial, a contabilidade gerencial neste contexto? O grande paradigma clássico da contabilidade e do controle gerencial é o paradigma econômico, notadamente a teoria neoclássica da economia. Acontece que, cada vez mais, os problemas de pesquisa apresentados não são respondidos apenas com a lógica do paradigma econômico e algumas questões necessitam, inclusive, de múltiplos construtos.

Dessa maneira, as demais teorias sociais, como a psicologia e a sociologia, podem contribuir para o entendimento de que a realidade organizacional é mais complexa do que as premissas normalmente adotadas nos livros-textos de contabilidade gerencial. Nesse contexto, a ideia de "modelo ideal" não existe, o ser humano **não é** racional. O que se procura é entender o processo de mudança e de adaptação da organização, procurando identificar a prática gerencial sob a ótica da realidade como sendo construída a partir das relações entre os indivíduos. A compreensão de fatores além dos econômicos é fundamental para entender como a contabilidade gerencial funciona na prática, considerando que a mesma não é apenas uma mera questão de escolhas de "artefatos ideais" do ponto de visa econômico (VALVIO, 2007).

Este capítulo tem por objetivo apresentar ao leitor algumas das principais teorias que podem servir de plataforma teórica para pesquisas que tenham por objetivo solucionar problemas relacionados ao controle e à contabilidade gerencial e que não podem ser respondidos pela teoria econômica clássica. Portanto, os autores do presente livro não defendem o abandono da teoria econômica tradicional e sim a utilização de novas teorias para responder problemas que não podem por ela serem respondidos.

Nesse sentido, algumas das principais teorias que estão sendo utilizadas para a solução de problemas são: a teoria institucional, as teorias psicológicas, a teoria da agência, a abordagem baseada em recursos, o ciclo de vida das organizações, as teorias relacionadas a perspectivas críticas e interpretativas. Essas teorias têm origens nas mais diversas áreas das ciências sociais e tratam o comportamento do indivíduo a partir de outras perspectivas de racionalidade, e é exatamente por isso que podem ajudar a responder algumas questões que não podem ser respondidas pela economia neoclássica tradicional.

11.2 Teoria institucional

A teoria institucional compreende um conjunto de construtos teóricos advindos principalmente da economia, da sociologia e da ciência política. Suas três correntes fundamentais são a Velha Economia Institucional (VEI), a Nova Economia Institucional (NEI) e a Nova Sociologia Institucional (NSI).

As três vertentes são substancialmente diferentes umas das outras. A NSI e a VEI romperam com a abordagem neoclássica e consideram particularmente processos históricos e culturais. Essas abordagens podem ser enquadradas em um paradigma interpretativo, tal como as teorias discutidas na última seção deste capítulo. A NEI, entretanto, compartilha premissas diferentes; ela não rompe com o paradigma neoclássico e pode ser enquadrada em um paradigma positivista.

Apesar dessas distinções, existe um ponto comum entre essas três correntes: a consideração do papel central exercido pelas instituições no comportamento humano nas atividades sociais.

O conceito de instituições não é único e depende de qual vertente teórica é utilizada. Entretanto, para os propósitos deste capítulo, podemos descrever a instituição como um conjunto de crenças, formas de agir, de regular, de compreender a realidade, que pauta a atividade humana em uma sociedade, tal como as leis de um país, o tipo de cultura de uma empresa ou o conjunto de normas existentes em um órgão governamental. A instituição é o objeto de estudo dessa abordagem teórica.

A teoria institucional é utilizada para a compreensão da contabilidade dentro de um contexto específico. Na verdade, a teoria institucional mostra que a contabilidade não pode ser analisada como um mero instrumento técnico, isolada, deslocada de seu ambiente de atuação.

Para a teoria institucional, a própria contabilidade pode ser uma instituição. Ela não é apenas um artefato técnico, dissociado de valores subjetivos que permeiam a atuação do ser humano na sociedade. A contabilidade contribui para a modificação da realidade social e essa mesma realidade exerce um papel vital na implementação e uso dos artefatos contábeis.

11.2.1 Velha Economia Institucional (VEI)

A VEI rompe com a tradição da economia neoclássica de que o homem é um ser dotado de racionalidade extrema, abstraído de valores, aspectos históricos e concepções culturais. Na VEI o indivíduo é o centro da análise. Assume-se que ele afeta a construção das instituições e que é modelado por ela. Nesse sentido, questões como políticas, crenças, poder, hábitos e valores são fundamentais na análise.

A OIE é derivada da economia evolucionária de Commons (1934) conforme indicado por Scapens (2006), Veblen (1990, 1998), Galbraith (BRUE, 2005) e Hodgson (1993a e 1993b). Esses fundadores romperam com as premissas da economia neoclássica na medida em que incorporaram a história, valores, culturas e hábitos e uma perspectiva evolucionária na tradição econômica da época.

Sob essa perspectiva, Scapens (2006) ressalta o conceito de superestrutura de Giddens que rege as ações humanas: as micro-ações realizadas por cada indivíduo são convertidas em hábitos e assim na formação de instituições para estruturar suas própria atividade. Essa visão de instituições em Giddens é fundamental para entender a aplicação da contabilidade gerencial nessa perspectiva.

A aplicação da VEI na contabilidade gerencial foi utilizada inicialmente por Scapens e Macintosh (1990) e Burns e Scapens (2000). Esses autores procuram responder à seguinte questão: Por que muitas inovações em contabilidade gerencial não têm tido sucesso em sua implementação? Ou seja, por que artefatos como o *balanced scorecard*, custeio baseado em atividades, dentre outros, são bem desenvolvidos pelos projetistas, mas não funcionam em muitas organizações? Para eles, a resposta estava na falta de aceitação dessas inovações pelas pessoas. Essas inovações só seriam aceitas quando fossem rotinizadas, legitimadas, incorporadas no dia-a-dia, ou seja, essas inovações deveriam ser "institucionalizadas". O sucesso dessas inovações estava em torná-las uma instituição da empresa, aceita e referenciada como algo que compunha a realidade organizacional subjetiva dos indivíduos. Nesse caso, a ideia central para a VEI é que a contabilidade deve ser tratada como uma instituição, carregada de suas características conceituais.

Para tentar entender essa questão do fracasso na implantação de novos artefatos de CG, Burns e Scapens (2000) utilizaram esses conceitos da VEI para compreender como as instituições (no caso específico, os artefatos de contabilidade gerencial) são formadas ao longo do tempo.

Observa-se que o objetivo não é identificar se, por exemplo, um sistema de custeio é mais adequado do que o outro para oferecer melhor lucratividade sob o ponto de vista técnico. A questão é de outra natureza: compreender a contabilidade gerencial sob uma perspectiva da VEI é indicar que as organizações são compostas de regras e rotinas e como os artefatos de contabilidade gerencial são vistos, sob essa perspectiva, também como regras e rotinas, é possível entender de forma mais adequada o processo de mudança em contabilidade gerencial. Em suma, entender o que faz um artefato ser aceito ou não pelos membros da organização (SCAPENS, 2006).

Conforme destacado anteriormente, o *framework* desenvolvido pelos autores é utilizado para a compreensão dos processo de mudança da contabilidade gerencial. A Figura 11.1 evidencia a formação desse arcabouço conceitual.

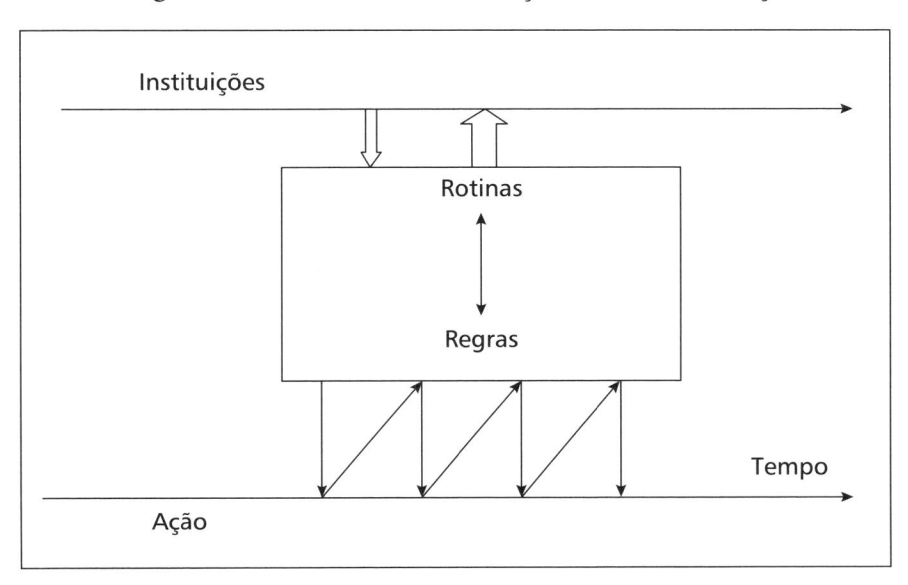

Fonte: Adaptada de Roberts e Scapens (2006).

Figura 11.1 *Formação das instituições.*

A Figura 11.1 evidencia que as ações dos indivíduos da organização, modelada pelas regras e rotinas, através do tempo, fazem com que surjam as instituições sedimentadas. Indivíduos atuando sob (e compartilhando) regras e rotinas contábeis tornam as instituições cristalizadas e referenciadas como adequadas socialmente.

Enquanto que o arcabouço de Roberts e Scapens (2006) foi desenvolvido especialmente para a área de contabilidade gerencial, o modelo de Tolbert e Zucker (1999) é aplicável para o estudo geral da teoria das organizações. A vantagem desse modelo é que incorpora elementos do ambiente externo no processo de mudança, tais como o efeito das mudanças tecnológicas, da legislação e das forças de mercado. Essas questões podem ser discutidas em futuras pesquisas relacionadas ao ambiente brasileiro. A Figura 11.2 evidencia esse arcabouço.

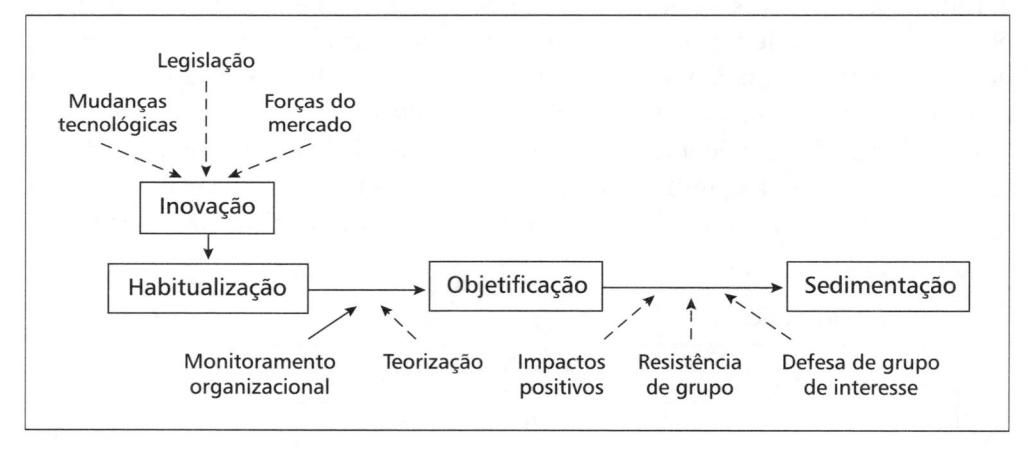

Fonte: Tolbert e Zucker (1999, p. 207).

Figura 11.2 *Processos de institucionalização.*

Uma questão relevante para o Brasil é que muitos dos novos artefatos de contabilidade gerencial são criados em outros países, particularmente países desenvolvidos. Os estudos institucionais podem ajudar a explicar por que muitas inovações provenientes desses países não funcionam, ou muitas vezes funcionam de forma inadequada. Diversos modismos que levam organizações a investirem muitos recursos não têm sido efetivos em seus objetivos. Os autores deste livro entendem que elementos relacionados ao conjunto de instituições brasileiras podem explicar adequadamente esse fenômeno. Estudos inovadores podem contribuir para o entendimento dessas questões.

Em síntese, alguns exemplos de questões analisadas sob essa perspectiva compreendem:

- Por que existem resistências à implantação de novos artefatos de contabilidade gerencial nas organizações?

- Quando é possível perceber que novos modelos de contabilidade gerencial foram aceitos pela companhia?

- Quais os processos humanos, de caráter coletivo, que ocorrem até a mudança ser aceita?

- Como facilitar a aceitação das mudanças pelos atores envolvidos?

- Seria possível institucionalizar algo sem desinstitucionalizar?

Apesar do potencial explicativo, a VEI ainda não possui uma grande quantidade de trabalhos (SCAPENS, 2006). Os autores deste livro realizaram um levantamento nos periódicos internacionais de contabilidade, durante o período de 1997 a 2007, e puderam corroborar os achados de Scapens (2006) encontrando que pesquisas nessa linha compreendem 9% do total de estudos na área de contabilidade que utilizam a teoria institucional.

Um ponto a ser ressaltado, e que pode explicar parcialmente esse fenômeno, é que os trabalhos enquadrados nessa vertente são os realizados no próprio *framework* desenvolvido por Burns e Scapens (2000).

Um estudo realizado no Brasil que utilizou essa abordagem foi o de Frezatti, Guerreiro e Pereira (2006), que evidenciou como ocorreu o processo de adoção de artefatos de contabilidade gerencial.

11.2.2 Nova economia institucional (NEI)

A NEI não rompe com a economia neoclássica, mas adiciona premissas mais realistas ao seu modelo. Esse aumento de realidade ocorre a partir da percepção de que o ser humano não age racionalmente em todas as suas ações e tampouco tem uma capacidade de entendimento dos fatos de forma ilimitada, como propugnado pela economia tradicional (neoclássica). A NEI afirma que metodologicamente o indivíduo é racional, entretanto, com capacidade cognitiva restrita. Esses indivíduos atuam sob instituições econômicas que estruturam o seu comportamento.

Para North (1994, p. 4), as instituições são compostas de elementos formais (por exemplo, regras, leis e constituições) e informais (por exemplo, normas de comportamento, convenções, códigos de conduta) que servem para estruturar os mecanismos econômicos da sociedade.

Diversas correntes de estudos fazem parte da NEI, sendo as principais o impacto dos direitos de propriedade na eficiência econômica, a relação entre direito e economia, a teoria da escolha pública, a análise institucional da economia e a teoria dos custos de transação na explicação do comportamento das empresas. Dentre essas correntes, a noção de custos de transação estabelecida nos trabalhos de Coase (1937) e Williamson (1975) é que possui maior interesse para as pesquisas em controle gerencial.

Na concepção da NEI, o custo de transação é a principal motivação para a existência de empresas. Só existem empresas porque é mais barato realizar transações a partir de organizações do que com as pessoas agindo individualmente.

Esses custos compreendem custos de negociação, escrituração, comportamento oportunista, dentre outros (SHAEFER et al., 2006). São custos que compreendem desde a fase do contato com o fornecedor até o fechamento do contrato.

A maior utilização desse conceito é na escolha das estruturas de governança (por exemplo, estrutura de produção terceirizada ou própria) com uma preocupação precípua com a redução de custos e aumento da eficiência (MOLL; BURNS; NAJOR, 2006).

Segundo Jones (2006), os estudos pioneiros que buscaram relacionar a temática do custo de transação à contabilidade gerencial foram os trabalhos de Baiman (1990), que procurou integrar a noção de custo de transação com a teoria da agência, van der Meer-Kooistra e Vosselman (2000), que estudaram, através de estudos de casos múltiplos, os mecanismos de controle e gestão utilizados em relações interfirmas, particularmente, em processos de terceirização, indicando o relevante papel dos elementos institucionais, políticos, culturais e estratégicos nos mecanismos de controle, e Spekle (2001), que estabeleceu um *framework* para controle gerencial baseado na teoria dos custos de transação.

Apesar da existência desses trabalhos, inclusive com continuidade da corrente de pesquisa, como denota o trabalho atual de Vosselman e van der Meer-Kooistra (2009) e uma edição especial do periódico Management Accounting Research (volume) dedicado ao estudo das relações interfirmas, a NEI não apresenta uma grande quantidade de estudos na área contábil.

Uma análise efetuada pelos autores deste livro nos periódicos internacionais de contabilidade, durante o período de 1997 a 2007, indica que os trabalhos nesse vertente representam apenas 8% do total de estudos da teoria institucional aplicada à contabilidade. Uma das causas para isso compreende a dificuldade de mensurar custos de transação que ocorrem fora da organização (JONES, 2006).

A título de exemplificação, alguns temas estudados na NEI compreendem:

- Análise de decisões do tipo "fabricar ou comprar".
- Estabelecimento de sistemas de controle para um conjunto de organizações interdependentes.
- Análise do custo das estruturas internas de governança em relação a outras organizações, dentre outros.

11.2.3 *Nova sociologia institucional*

A Nova Sociologia Institucional (NSI) estuda como o ambiente institucional, composto de normas, crenças, tradições e necessidade de legitimidade, afeta o comportamento das organizações.

A questão central na NSI é o impacto do ambiente externo, do contexto na adoção das práticas de contabilidade gerencial. Para essa abordagem, a contabilidade está envolta em um ambiente institucional e elementos dessa natureza é que vão delimitar a adoção ou não das práticas. Ela se contrapõe a abordagens da economia neoclássica que advoga que a adoção de novos modelos de gestão é utilizadas por uma necessidade econômica e de racionalização de custos.

Dessa forma, os artefatos utilizados pelas empresas podem ter origem em pressões da comunidade em que ela atua, nos modismos gerenciais propugnados pelos ditos "gurus", na necessidade de ser bem vista pela sociedade, dentre outros. Em síntese, pode-se afirmar que a questão central é o movimento de adaptabilidade que as organizações procuram para se ajustar ao seu ambiente social e político.

O principal conceito da NSI relevante à contabilidade gerencial é a noção de isomorfismo. Esse fenômeno corresponde à tendência que as organizações possuem em se assemelharem em decorrência de pressões relacionadas ao ambiente externo. Em outras palavras, criarem uma similaridade organizacional.

Existem três tipos de isomorfismos institucionais (Di MAGGIO; POWEL, 1991):

a) Isomorfismo mimético: em função da incerteza, as organizações tendem a copiar padrões e processos que foram utilizados em outras organizações. A premissa é que os artefatos contábeis são adotados em uma organização simplesmente porque outras adotam. Por exemplo, uma empresa pode adotar um dado ERP porque várias empresas do seu setor também o utilizam. O raciocínio "inconsciente" é que o uso pelos seus pares denota uma necessidade inata.

b) Isomorfismo normativo: corresponde à adaptação ao ambiente a partir de expectativas das organizações profissionais, como conselhos e outros. Nesse caso, a organização tem que ser vista como moderna e contemporânea. Nesse caso, orientações emanadas de órgãos de classe em que a empresa atua podem afetar a adoção das práticas, tal como, por exemplo, a adoção de métricas de indicadores ambientais sugeridas por determinada instituição não governamental da área de meio ambiente.

c) Isomorfismo coercitivo: decorrente de forças coercitivas formais ou informais impostas a uma organização como organizações governamentais ou órgãos reguladores (DAFT, 2002). Por exemplo, uma empresa sujeita à normatização por organismos reguladores pode utilizar determinados mecanismos de custeamento para atendimento das demandas regulatórias.

Outro conceito utilizado para a compreensão de questões institucionais é a tipologia de Oliver (1991), que relaciona as reações comportamentais aos processos de institucionalização ocorridos nas empresas.

De forma sintética, as respostas estratégicas aos processos institucionais estabelecidas por Oliver (1991) compreendem: (i) aquiescência – tem como formas ativas o hábito, a imitação e a concordância; (ii) compromisso – representa o início da resistência às pressões institucionais; (iii) esquivança – tentativa organizacional de anular a não conformidade; (iv) desafio – forma mais ativa de resistência aos processos institucionais; (v) manipulação – tentativa oportunista e proposital de cooperar, influenciar ou controlar as pressões institucionais.

Utilizando essa tipologia, é possível compreender que muitas vezes a pressão para a adoção de um novo artefato, como por exemplo o *balanced scorecard*, oriunda de determinado setor, pode não ser aceita no âmbito interno das empresas.

Na área de contabilidade gerencial, a NSI tem potencial de utilização considerável, com uma preponderância de trabalhos no setor público. Levantamento realizado pelos autores deste livro nos periódicos internacionais de contabilidade, durante o período de 1997 a 2007, indica que os trabalhos dessa vertente representam 77% do total de estudos da teoria institucional.

Um dos trabalhos pioneiros é o de Ansari e Euske (1987). Os autores fizeram um estudo em profundidade investigando o papel técnico-racional, sociopolítico e institucional da utilização dos dados contábeis por parte de uma organização militar americana. Eles constataram que o uso dos sistemas contábeis era mais consistente com funções políticas e institucionais do que com o aumento da eficiência organizacional.

Em síntese, a NSI pode contribuir para o entendimento da contabilidade gerencial estudando como questões relacionadas ao ambiente contextual e institucional em que a empresa opera influenciam a adoção (ou não) de artefatos de contabilidade gerencial.

A título de exemplo, algumas questões que podem ser respondidas pela NSI compreendem:

- Como os órgãos reguladores contribuem para o estabelecimento de práticas de contabilidade gerencial?

- Em que medida discussões sobre novos artefatos de contabilidade gerencial realizadas na mídia especializada afetam a incorporação dessas práticas em empresas brasileiras?

- Por que uma organização adota um novo artefato de contabilidade gerencial, mesmo sem ter evidências de sua eficiência técnica?

Quadro 11.1   *Abordagens da economia institucional e seu impacto na contabilidade gerencial.*

	Nova Economia Institucional	**Sociologia Institucional**	**Velha Economia Institucional**
Temática estudada em contabilidade gerencial	Estrutura de governança que reduza o custo de transação	Impacto do ambiente institucional na adoção de novos artefatos de contabilidade gerencial	Institucionalização de práticas de contabilidade gerencial no dia a dia das organizações
Foco	Externo e interno à organização	Foco externo (ambiente institucional)	Foco interno (ambiente organizacional)

11.3   Teorias psicológicas

A contabilidade como um produto de interações humanas tem uma relação muito intensa com as teorias comportamentais. Essas teorias contribuem para o entendimento de como as pessoas afetam ou são afetadas pela contabilidade gerencial.

Essa descrição conceitual pode ser observada pela Figura 11.3.

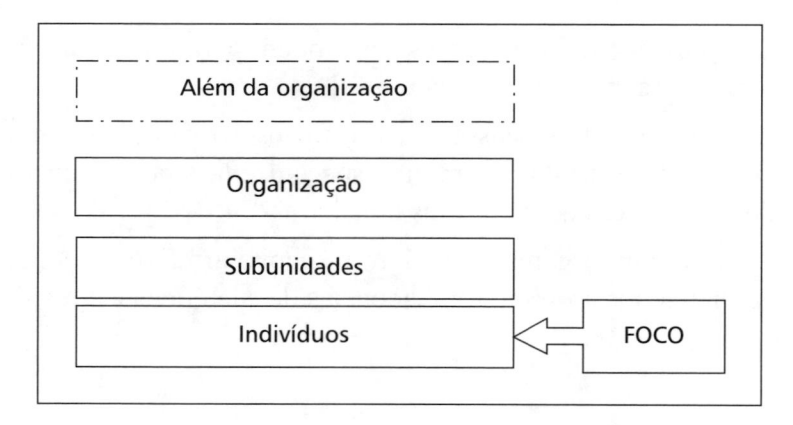

Figura 11.3   *Foco da abordagem comportamental.*

Para o entendimento dessa abordagem, a contabilidade gerencial utiliza-se de teorias provenientes da psicologia. Destas, as principais correspondem a psicologia cognitiva, a psicologia social e aos estudos de motivação (BIRNBERG; LUFT; SHIELDS, 2007).

A psicologia cognitiva estuda os processos de aprendizado, memória e cognição, linguagem, resolução de problemas, raciocínio e pensamento e tomada de decisão. Ela está preocupada com os processos internos envolvidos em extrair sentido do ambiente e decidir que ação deve ser apropriada (EYSENCK; KEANE, 2007). Além disso, questões relativas à forma como as pessoas tomam decisões têm sido objeto de estudo dessa área.

Há duas vertentes de estudo para a contabilidade gerencial. A primeira estuda questões relacionadas à memória, aprendizado, *feedback*, linguagem, raciocínio e pensamento e a segunda estuda essencialmente questões relacionadas a julgamento e tomada de decisão (*judgment and decision making*).

A título exemplificativo, na primeira abordagem, as questões estudadas podem compreender:

- Entendimento de como as características cognitivas dos gestores influenciam na forma de utilização da contabilidade gerencial.

- Compreensão de como ocorre o aprendizado através das métricas contábeis pelos diversos usuários.

- Desenvolvimento de sistemas de controle gerencial que sejam mais adequados ao conhecimento técnico do usuário.

- Indicar o formato de relatórios de custos gerenciais mais adequados a determinados usuários.

A título exemplificativo, na área de julgamento e tomada de decisão, as questões estudadas podem compreender:

- Entendimentos de como vieses morais afetam a forma de utilização dos relatórios contábeis e consequentemente da tomada de decisão dos gestores.

- Compreensões de como os gestores utilizam a contabilidade em seu processo decisório.

Adicionalmente, existem estudos da psicologia cognitiva que foram utiliza-dos por economistas heterodoxos que não concordavam com os pressupostos neoclássicos de racionalidade limitada, abstração de emoções e contexto. Esses estudos também têm servido de base para a pesquisa em contabilidade geren-cial, sendo que um dos principais é a teoria dos prospectos (*prospect theory*) desenvolvida por Kahneman e Tversky (1979).

Para Kahneman e Tversky (1979; 1981) existem outros elementos subjeti-vos incorporados pelos tomadores de decisão que afetam a sua racionalidade nesse processo e não apenas elementos racionais.

Eysenck e Keane (2007) indicam que uma das principais premissas dessa teoria é que as pessoas são muito mais sensíveis a evitar riscos com perdas do que com ganhos. Para Eysenck e Keane (2007) isso ajudar a explicar uma tendência para a busca com riscos com ganhos e a evitar riscos com perdas.

Na área de contabilidade gerencial, esse arcabouço foi utilizado pionei-ramente por Lipe (1993) e Luft (1994) e tem servido para explicar questões como, por exemplo, aquelas relacionadas à estruturação das questões relacio-nadas a artefatos no âmbito das empresas, tais como a reação dos funcionários à forma como os mecanismos de remuneração variável são estruturados ou implementados no âmbito do controle gerencial ou os elementos que condicio-nam a forma de percepção dos gestores aos relatórios de análise de variações.

A psicologia social – A psicologia social estuda o ser humano em situação de interação com outras pessoas de um grupo social. Ou seja, como as pessoas são impactadas pelo comportamento de outras, compreendendo pensamentos, sentimentos e ações (HUFFMAN; VERNOY; VERNOY, 2003).

Diversas abordagens vinculadas à psicologia social têm sido utilizadas na contabilidade gerencial, tais como a teoria da identidade social, a teoria dos papéis (*role theory*), a teoria da justiça e equidade e a teoria da honestidade.

Para a teoria da identidade social, os indivíduos mantêm uma identificação dentro de um determinado grupo (uma identificação interna) em relação aos papéis que ele desempenha, do seu "eu", a qual seria a identidade social. A identificação com o grupo é reforçada pela acentuação das diferenças com os grupos dos quais a pessoa não participa (MICHENER; DeLAMATER; MYERS, 2005). Esse grupo social pode ser um time, um grupo religioso, uma agremia-ção política ou determinada equipe da empresa.

A teoria da identificação social pode ajudar no estabelecimento de mecanis-mos de controle gerencial que sejam mais adequados ao perfil de determinado grupo. Se o grupo possui alta coesão, talvez seja melhor o estabelecimento de artefatos que valorizem o grupo ao invés da atuação individual.

A teoria dos papéis (*role theory*) indica que as pessoas se comportam dentro de determinado grupo social da forma como é esperado pelo papel que ela desempenha. Por exemplo, um gerente de vendas tem um comportamento que atende ao que os seus colegas de grupo social esperam que ele se apresente. Esses papéis compreendem um conjunto de regras e normas, implícitas ou não, que servem como o norte para orientar o comportamento da pessoa dentro daquele grupo. O comportamento dessas pessoas se assemelham à representação de papéis por parte de atores em um teatro (MICHENER; DeLAMATER; MYERS, 2005).

Da teoria dos papéis emerge um conceito central para a contabilidade gerencial: a questão do conflito e ambiguidade (BINBERG; LUFT; SHIELDS, 2007). Nesse caso, a contabilidade, através de seus instrumentos, pode reduzir a ambiguidade daquilo que é esperado pelas pessoas. O orçamento pode contribuir para isso, na medida em que as metas são definidas e explicitadas para cada um dos membros organizacionais. Um orçamento estruturado indica o que é esperado de cada um em relação às metas organizacionais!

Sabendo-se dos reflexos problemáticos na ambiguidade no desempenho e saúde mental das pessoas, conforme evidenciado na literatura em psicologia, a contabilidade cumpre um importante papel na redução dessa ambiguidade e, assim, evidencia (mais uma vez) que seus artefatos não podem ser vistos apenas como mero instrumento de racionalidade econômica.

A teoria da equidade preconiza que existe equidade quando as recompensas obtidas por determinado esforço são proporcionais ao esforço realizado pelas pessoas no grupo. Não havendo isso, ocorrerá a inequiade no ambiente de trabalho.

A inequidade acarreta uma série de reações emocionais negativas àqueles que a sofrem. Nesse sentido, pessoas vítimas de inequidade procurarão meios de sair da situação. Da teoria da equidade emerge a teoria da justiça (BINRBERG; LUFT; SHIELDS, 2007).

A justiça organizacional pode ser percebida vista sob dois enfoques: a justiça distributiva e a justiça procedimental. A justiça distributiva compreende a forma como a organização distribui os seus recursos entre seus membros, enquanto que a justiça procedimental retrata os mecanismos e procedimentos utilizados para a distribuição de justiça entre os membros do grupo.

Em contabilidade gerencial, a percepção de justiça vai afetar a forma como o sistema de avaliação de *performance* é visto pelos avaliados, afetando assim a sua eficácia. Sistemas "injustos" podem levar a comportamentos inadequados de sentimento de injustiça, falta de comprometimento, baixa *performance* gerencial, insatisfação e desligamento do trabalho. Esses estudos podem ajudar, inclusive, na avaliação do impacto dos elementos dos fatores incontroláveis na avaliação de *performance* e seu respectivo impacto na percepção de justiça dos gerentes, tal como analisado por Giraud, Pascal, Carla Mendoza (2008).

A título exemplificativo, as questões estudadas nessa abordagem podem compreender:

- Relação entre a percepção de justiça do indivíduo e a forma como toma suas decisões baseado em relatórios contábeis.

- Questões éticas e de honestidade.

- Preocupação com autorreputação e utilização de instrumentos de contabilidade gerencial.

- Questões relacionadas a poder e obediência e sua relação com sistemas de contabilidade gerencial.

Teorias de motivação – a motivação refere-se aos fatores internos do indivíduo (tais como necessidades, desejos e interesses) que ativam, mantêm e direcionam o comportamento. As pesquisas sobre motivação tentam responder aos fundamentos do comportamento humano e animal (HUFFMAN; VERNOY; VERNOY, 2003).

Algumas questões em que as teorias de motivação podem contribuir para a prática da contabilidade gerencial compreendem:

- Desenho do sistema de incentivos para executivos e funcionários.

- Determinação de qual modelo de estabelecimento de metas é o mais adequado visando motivar as pessoas a atingi-lo.

Alguns temas estudados pela abordagem comportamental da contabilidade gerencial abarcam:

Quadro 11.2 *Verificar temas comportamentais em contabilidade gerencial.*

TEMAS	CONCEITO
Desenho e utilização do orçamento	Análise das questões comportamentais envolvidas no desenho e utilização dos sistemas orçamentários, particularmente questões relacionadas a incentivos a comportamentos disfuncionais
Julgamento e tomada de decisão em contabilidade gerencial	Análise ampla dos processos cognitivos envolvidos na utilização dos artefatos de controle gerencial
Avaliação de desempenho, remuneração e incentivos	Desenho e modelagem de sistemas de avaliação e incentivos visando estimular comportamentos congruentes com os objetivos organizacionais
Participação, estabelecimento de metas e motivação	Estudo dos processos de participação de subordinados no processo de controle gerencial e sua relação com a *performance*

11.4 Teoria da contingência

A teoria da contingência advoga que não existem soluções únicas para a resolução de problemas organizacionais. Essa teoria advoga que é fundamental a adequação (*fit*) entre os elementos ambientais e contextuais que rondam a organização e as suas variáveis internas (CHENHALL; HARRISON; WATSON, 1981).

Para a teoria da contingência, não há uma estrutura organizacional única que seja efetiva para todas as organizações. Essa otimização da estrutura ocorrerá a partir de fatores como estratégia ou tamanho da empresa (DONALDSON, 1998).

Uma questão essencial na teoria da contingência é a compreensão de quais as variáveis que afetam a configuração organizacional. A literatura aponta que as principais variáveis estudadas compreendem o tamanho da organização e o ambiente em que a empresa atua (DONALDSON, 1998). Baseado em Fisher (1995), o Quadro 11.3 apresenta variáveis estudadas pela teoria da contingência.

Quadro 11.3   *Variáveis contingenciais.*

VARIÁVEL	DESCRIÇÃO
Ambiente externo	Grau de volatilidade e complexidade do ambiente externo
Estratégia competitiva e missão	Tipo de perfil estratégico da companhia
Tecnologia	Especificidades tecnológicas utilizadas nos processos internos
Tamanho e variáveis do setor	Estrutura do setor, tamanho e configuração organizacional
Conhecimento e fatores observáveis	Fatores intangíveis, compreendendo o conhecimento dos funcionários por parte dos processos e identificação dos esforços individuais em relação as tarefas

Na área de contabilidade gerencial, a teoria da contingência é adequada para o estudo da relação entre o desenho de sistemas de contabilidade gerencial e as variáveis contingenciais específicas de cada organização. Assim, na ótica da teoria da contingência, cada empresa é única e possui especificidades e características que demandam um desenho de um modelo de contabilidade gerencial.

Baseado em Chenhall (2007), o Quadro 11.4 apresenta a relação entre algumas variáveis contingenciais e os sistemas de contabilidade gerencial.

Algumas questões que podem ser estudadas pela teoria da contingência compreendem:

- Relação entre o desenho do sistema de controle gerencial e as variáveis contingentes da empresa.
- Impacto das variáveis contingentes no sistema orçamentário.
- Relação entre técnicas contábeis e variáveis contingenciais.

Quadro 11.4

Variável	Impacto da variável nos sistemas de contabilidade gerencial
Ambiente externo	Ambientes mais turbulentos e hostis fazem com que as empresas enfatizem sistemas formais de controle, como o orçamento; ambientes incertos fazem com que os sistemas de controle financeiro sejam utilizados com mais flexibilidade e baseados em relações interpessoais
Tecnologia	Organizações com alto nível de padronização de seus processos possuem ênfase em seu processo de controle e baixa ocorrência de folga orçamentária; organizações com alto nível tecnológico e incerteza na tarefa dão pouca ênfase a controles formais e estimulam maior participação no orçamento. Nesse caso, os controles são mais informais e pessoais
Estrutura organizacional	Grandes organizações, com estrutura descentralizada, utilizam controles mais formais como orçamento; empresas descentralizadas costumam utilizar sistemas de controle gerencial mais agregados; estrutura baseada em times está relacionada a maior participação e à utilização de métricas de *performance* compreensivas (grupo)
Tamanho	O tamanho da organização está associado com sistemas de controle gerenciais mais sofisticados
Estratégia	Empresas com estratégias caracterizadas como conservadoras ou liderança de custos utilizam mais controles formais do que empresas que têm como estratégia de diferenciação ou crescimento

11.5 Teoria da agência

A teoria da agência tem sido uma das vertentes teóricas mais utilizadas para a explicação de fenômenos contábeis (LAMBERT, 2007). Conforme visto no Capítulo 10 (governança empresarial), o problema da agência (JENSEN; MECKLING, 1976) ocorre em função da assimetria informacional, ou seja, é impossível o principal ter todas as informações necessárias para monitorar o comportamento do agente. Nesse caso, a pessoa que executa (o agente) tem mais informações do que o principal. Jensem e Meckling (1976, p. 5) conceituam relações de agência como:

> Um contrato que uma ou mais pessoas (principal) confia a outra pessoa (o agente) para executar algum serviço ou comportamento que envolve delegação de alguma autoridade de decisão para o agente. Se ambas as partes do relacionamento procuram maximizar sua utilidade, existe uma boa razão para acreditar que o agente pode não agir no melhor interesse do principal.

Algumas questões que envolvem a teoria da agência compreendem:

a) Custos de agência: gastos que o principal tem para monitorar as atividades do agente. Inclui itens como gastos com auditoria e incentivos (remuneração) dos executivos.

b) Conflitos de agenciamento: dificuldade de estabelecer o padrão ótimo de incentivos aos gestores e funcionários através do sistema.

c) Assimetria informacional e risco moral: as relações de agência podem acarretar o fenômeno do *risco moral*, ou seja, o agente deturpar a informação fornecida ao principal.

Para reduzir os problemas de agência, as empresas utilizam-se de instrumentos para monitorar a atuação dos gestores. Esses instrumentos compreendem auditoria interna e externa, maior proporção de membros independentes no conselho de administração e desenho de medidas de *performance* que visem aumentar a congruência entre os objetivos pessoais dos gestores aos da empresa (SUBRANIAM, 2006).

Na área de contabilidade gerencial, a teoria da agência tem sido utilizada principalmente para a compreensão e desenho do sistema de avaliação de desempenho gerencial e remuneração variável. O objetivo é desenvolver sistemas de controle gerencial que contribuam para o aumento da congruência entre os objetivos da organização e os das pessoas que nela trabalham. Algumas questões que podem ser analisadas utilizando a teoria da agência compreendem:

• Qual o relacionamento entre medidas de desempenho de curto e longo prazo?

- Como estabelecer medidas de desempenho gerencial que representem aquilo que efetivamente busque traduzir?

- Como estabelecer sistemas de incentivos que proporcionem congruência entre os objetivos da organização e os objetivos das pessoas?

11.6 Abordagem baseada em recursos – RBV

A visão baseada em recursos considera que a firma possui diferentes recursos (ativos tangíveis e intangíveis) que proporcionam a sua continuidade e competitividade ao longo do tempo. Esses recursos devem ser adequados ao ambiente de atuação da empresa e é no processo de interação desses elementos que potencialmente surge a vantagem competitiva da empresa (BARNEY, 1991).

Os recursos podem ser dos seguintes tipos:

1. Recursos físicos: ativos físicos da organização. Por exemplo, máquinas, imóveis, localização industrial etc.

2. Recursos humanos: conhecimento e recursos humanos. Por exemplo, mão de obra qualificada, conhecimento organizacional etc.

Recursos organizacionais – elementos que permitem o gerenciamento dos recursos humanos e físicos. Por exemplo, sistemas de informações, qualidade dos processos e produtos etc.

Uma característica central é que para que os recursos proporcionem vantagens competitivas, eles devem possuir as seguintes características (BARNEY, 1991):

- Ser inimitáveis.

- Ser raros.

- Ser não substituíveis.

- Criar valor a longo prazo para a empresa.

O Quadro 11.5 evidencia exemplos de recursos.

Quadro 11.5.

TANGÍVEIS	INTANGÍVEIS
Ativos específicos possuídos apenas pela empresa	Capacidade de inovação
Localização industrial privilegiada	Motivação dos funcionários
Organização industrial	Potencial de aprendizado organizacional
Tecnologia de produto inovadora	*Empowerment*
Equipamentos excepcionais de propriedade apenas da empresa	Mão de obra extremamente qualificada

Na área de contabilidade gerencial, a teoria baseada em recursos é utilizada para entender como a sua utilização pelos gestores pode contribuir para o aumento das capacidades organizacionais, particularmente pela criação de ativos intangíveis.

Algumas questões que podem ser explicadas pela visão baseada em recursos compreendem:

- Como a utilização de informações do orçamento pode contribuir para o aumento ou redução do conhecimento organizacional?
- Em que medida a utilização de informações não estruturadas por parte da alta gestão pode levar a um desempenho superior?

Uma questão a ser ressaltada que a pesquisa nessa área aplicada à contabilidade gerencial ainda é incipiente e está preocupada particularmente com a formação de ativos intangíveis, sendo que um dos poucos trabalhos é o de Henri (2007), que estudou como a forma de utilização da contabilidade gerencial afeta a geração de valor das firmas.

11.7 Ciclo de vida das organizações

O conceito de ciclo de vida organizacional faz uma analogia com o organismo humano. Para essa teoria, uma empresa é análoga a um ser vivo que nasce, se desenvolve ao longo do tempo e morre. Para determinação deste, efetua-se um diagnóstico da organização verificando características de elementos organizacionais. Esses elementos podem ser expressos como estrutura de tomada de decisão, estrutura organizacional, tamanho, perfil estratégico, dentre outros.

Existem diversos modelos para o estudo do ciclo de vida e diferentes quantidades de ciclo em cada modelo. Neste livro, será demonstrado o exemplo simplificado de três ciclos.

O Quadro 11.6 evidencia um exemplo das características organizacionais relacionadas a etapas do ciclo de vida.

Quadro 11.6 *As organizações e seus ciclos de vida.*

	Crescimento	Maturidade	Renascimento
Ambiente	Competitivo e heterogêneo	Mais competitivo e heterogêneo que no crescimento	Muito competitivo, heterogêneo e dinâmico
Organização	Alguma formalização da estrutura; Base funcional da organização; Aumento da diferenciação; Redução da centralização	Estrutura burocrática e formal; Organização estruturada em funções; Moderada diferenciação; Moderada centralização	Organização estruturada em funções; Alta diferenciação; Controles sofisticados; Análise e tomada de decisão mais formalizadas
Estratégia	Ampliação do escopo de mercados; Incremento da inovação; Crescimento rápido	Consolidação em mercados estratégicos; Foco na eficiência e demanda de mercados definidos	Estratégia de diversificação de produtos em alguns mercados; Alto grau de risco e planejamento; Inovação substancial

Fonte: Kallunki e Silvota (2007).

Na área de contabilidade gerencial, a análise do ciclo de vida das organizações tem sido utilizada para a compreensão de como os sistemas de contabilidade gerencial são demandados e modificados ao longo do ciclo de vida das empresas. Essa abordagem pode ajudar a entender as seguintes questões:

- Qual o sistema de controle gerencial mais adequado quando a empresa está começando as suas atividades? E quando a empresa está passando por um momento de crise?

- Como a empresa pode preparar-se para uma modificação nos seus sistemas de controle gerencial?

11.8 Perspectivas críticas e interpretativas

As perspectivas críticas e interpretativas têm origens na tradição inglesa de contabilidade com forte viés qualitativo. As teorias da perspectiva interpretativa buscam compreender o contexto social em que opera a contabilidade (HOPWOOD; MILLER, 1994), evidenciando que a contabilidade é produto de uma série de interações culturais, sociais e humanas que vão além dos aspectos técnicos. Abordagens tais como as relacionadas a cultura, antropologia (AHRENS, 2007) e teorias da prática (AHRENS; CHAPMAN, 2007) são exemplos dessa abordagem.

As perspectivas críticas analisam os artefatos de contabilidade gerencial como um elemento de dominação, poder e controle. Essa perspectiva adota trabalhos baseados em autores como Foucault, Bourdieu, Haberman, Marx e dos seguidores da Escola Crítica de Frankfurt e seus adeptos para compreender os mecanismos utilizados para legitimação e reprodução dos mecanismos simbólicos de poder existentes na sociedade. Na teoria crítica não há uma preocupação com a *performance*, há um movimento de desnaturalização em relação a uma realidade organizacional tido no *mainstream* como concreta e as pesquisas mostram uma preocupação com a reflexividade das premissas metodológicas utilizadas pelo autor (FOURNIER; GREY, 2000).

Nesta seção serão estudadas a teoria do ator-rede e a teoria da estruturação.

A teoria do ator-rede (Actor-networr theory ANT), corrente vinculada ao pensador francês Bruno Latour (1996), procura entender a formação da realidade a partir da rede de atores que compõe uma relação social. Para Latour essa rede é formada de atores humanos e não humanos, tais como objetos, documentos, artefatos de tecnologias, dentre outros. Esse é um ponto central da teoria: não existe hierarquia entre humanos e não humanos na construção de fatos sociais. Por isso a relação decorrente entre esses atores é denominada simétrica.

Latour (1996) busca compreender como a ciência e a tecnologia são "fabricadas" no seu processo de devir. Ele argumenta que os objetos prontos são caixas-pretas (*black-box*) e para entender os cientistas é preciso acompanhá-los no processo de fazer ciência (a fabricação).

Nesse sentido, baseada no construto da teoria do ator-rede, a pesquisa contábil está interessada em entender como as novas tecnologias contábeis são fabricadas e, eventualmente, aceitas ou não pelo conjunto de atores do campo (PRESTON; COOPER; COOMBS, 1992). Basicamente, esse arcabouço teórico é utilizado para entender as inovações ocorridas no campo da contabilidade gerencial (BAXTER; CHUA, 2006). Ela ajuda a explicar como a imbricação e a confluência de atores não humanos (rotinas, sistemas, computadores, redes tecnológicas etc.) e humanos podem contribuir para o sucesso na adoção de novos artefatos de contabilidade gerencial pelas organizações.

A teoria da estruturação é vinculada ao teórico inglês Anthony Giddens. Nessa teoria, o conceito fundamental é o de dualidade de estrutura: "as regras e os recursos esboçados na produção e na reprodução da ação social são, ao mesmo tempo, os meios de reprodução do sistema" (GIDDENS, 1989, p. 107). Desse conceito emana uma das concepções da formação de instituições em teoria social, ou seja, à medida que as pessoas atuam continuamente através de regras e rotinas, ocorre a formação das instituições. Assim, a teoria da estruturação analisa a relação reflexiva entre ações de indivíduos (aspectos cognitivos) e a formação de instituições.

São exemplos de utilização da teoria da estruturação em contabilidade os trabalhos de Roberts e Scapens (1985), que analisaram a concepção de sistema e estrutura e a sua utilidade para o entendimento dos processos institucionais de contabilidade gerencial, e de Macintosh e Scapens (1990), quando analisaram a estrutura das relações entre a universidade de Wisconsin e o governo, particular-mente a partir de um foco nas tensões criadas pelo corte das verbas orçamentárias.

Para Macintosh e Scapens (1990, p. 457), nesse arcabouço, a contabilidade gerencial é um recurso que pode ser utilizado para o exercício do poder. Assim, a contabilidade gerencial "é implicada na significação, legitimação e domina-ção das estruturas nas organizações em que a contabilidade é um importante recurso para a utilização do poder".

Recentemente tem ocorrido um movimento em direção a uma perspectiva pós-modernista na pesquisa contábil. Esta corrente está preocupada com as diferentes realidades que a contabilidade pode produzir (WICKRAMASINGHE; ALAWATTAGE, 2007). Autores como Dernidos e mesmo Foucault e Latour citados anteriormente, fornecem as bases teóricas para estes estudos.

11.9 Síntese das abordagens teóricas

O Quadro 11.7 efetua uma síntese das abordagens estudadas evidenciando o tipo de aplicação, no nível de análise (se é para compreender indivíduos, organização ou ambiente), as principais referências na área e os trabalhos pioneiros na área de contabilidade gerencial.

Quadro 11.7 *Quadro-resumo das teorias e suas aplicações na contabilidade gerencial.*

TEORIA	APLICAÇÃO	NÍVEL DE ANÁLISE
Psicológica	Impacto da CG gerencial nos indivíduos e impacto dos indivíduos na CG	Individual
Velha economia institucional	Processos de mudanças em CG ao longo do tempo	Organização
Nova economia institucional	Estrutura de governança (em sentido lato) e relações entre empresas	Organização e ambiente
Nova sociologia institucional	Impacto do ambiente externo no delineamento de práticas de CG	Organização e ambiente
Teoria da agência	Desenho de sistemas de controle e incentivos para funcionários e executivos	Individual
Abordagem baseada em recursos	CG e criação e destruição de valor	Organização
Teoria da contingência	Impacto das variáveis contingenciais no desenho do sistema de controle gerencial	Organização
Ciclo de vida das empresas	Compreensão do sistema de controle gerencial mais adequado para o estágio de maturação da organização. Antecipação de mudanças na CG	Organização
Perspectivas críticas e interpretativas	CG gerencial e seu contexto. Perspectiva crítica e política da contabilidade	Organização e ambiente

11.10   Verificação da aprendizagem

1.   Indique a alternativa correta relativa à teoria institucional e contabilidade gerencial:

   a) A Velha Economia Institucional explica o processo de mudança na contabilidade.

   b) A Nova Economia Institucional possui as mesmas premissas teóricas da Psicologia Cognitiva.

   c) A Nova Sociologia institucional tem como unidade básica de análise o indivíduo.

   d) A Velha Economia Institucional estuda o efeito do ambiente na contabilidade.

2.   Em relação aos modelos teóricos de pesquisa institucional é possível afirmar que:

   a) O modelo de Tolbert e Zucker não contempla o efeito do ambiente externo nas práticas contábeis.

   b) O modelo de Burns e Scapens foi desenvolvido especificamente para o estudo da contabilidade gerencial.

   c) O modelo de Burns e Scapens contempla o ambiente externo.

   d) O modelo de Burns e Scapens considera o efeito de resistências aos processos de mudança.

3.   Sobre as teorias psicológicas é correto afirmar:

   a) A unidade de análise é a organização.

   b) A psicologia social estuda os processos envolvidos com raciocínio e julgamento.

   c) A psicologia cognitiva ajuda a entender a forma como as pessoas tomam decisões baseadas em informações contábeis.

   d) A teoria do prospecto ajuda a explicar como os gestores lidam com riscos.

4.   Indique as alternativas adequadas em relação às teorias psicológicas:

   a) A psicologia social ajuda a entender a relação entre contabilidade e justiça.

    b) A ambiguidade só pode ser reduzida através de artefatos contábeis.

    c) Variáveis do ambiente interno não controláveis não afetam a percepção de justiça.

    d) Teorias psicológicas ajudam a compreender os efeitos da remuneração no comportamento dos gestores.

5.   Em relação à teoria da contingência, é correto afirmar que:

    a) As variáveis contingenciais são as relacionadas ao ambiente externo da organização.

    b) O desenho do sistema de controle gerencial depende apenas da combinação entre variáveis externas e estratégia.

    c) As técnicas contábeis da empresa afetam o seu ambiente externo.

    d) A adequação entre variáveis externas e internas ao sistema de controle gerencial da empresa é a questão contingencial efetivamente relevante.

6.   Sobre teoria da agência, pode-se afirmar que:

    a) O risco moral pode afetar negativamente o sistema de controle gerencial.

    b) Custos de agência afetam a motivação dos gestores.

    c) Métricas de desempenho disfuncionais não afetam o custo de agência.

    d) No âmbito da teoria da agência os contratos podem ser formais ou informais.

7.   Indique a opção que não representa um recurso à luz da Visão Baseada em Recursos:

    a) Utilização de indicadores não monetários pelos gestores para planejar a estratégia.

    b) Alto nível de motivação do pessoal de produção.

    c) Móveis e utensílios.

    d) Tecnologia de robótica desenvolvida para o lançamento do novo produto.

8.   Sobre o ciclo de vida, é correto afirmar que:

    a) Ajuda a compreender a mudança nos sistemas contábeis ao longo do crescimento da empresa.

b) Afeta a motivação das pessoas em relação ao uso da contabilidade gerencial.

c) Empresas na fase de crescimento não necessitam de sistemas de contabilidade gerencial.

9. Indique a alternativa que não faz parte da Teoria Crítica:

a) Ausência de preocupação com desempenho, desnaturalização e reflexividade.

b) Foucault, Marx, Bourdieu e Giddens são representantes dessa corrente.

c) A inserção da Teoria Crítica na área de Contabilidade ocorreu no âmbito da Escola Europeia de Contabilidade, particularmente da Escola Inglesa.

d) Muitos artefatos de contabilidade são utilizados para controle ideológico.

10. Indique a resposta mais adequada em relação às perspectivas interpretativas:

a) Um sistema de contabilidade pode ser um ator para a teoria do ator-rede.

b) A teoria do ator-rede ajuda a compreender a adoção de novos artefatos contábeis.

c) A Teoria da Estruturação explica o processo de *accountability*.

d) A cognição afeta o desenha da estrutura.

Recomendações de bibliografia para aprofundamento do tema

AHRENS, Thomas. *Management accounting as practice.* **Accounting, Organizations and Society**, v. 32, 2007.

_____; CHAPMAN, Christopher S. *Doing qualitative Weld research in management accounting: positioning data to contribute to theory.* **Accounting, Organizations and Society**, 31, p. 819-841, 2006.

_____. *Management accounting as practice.* **Accounting, Organizations and Society**, 32, p. 1-27, 2007.

AHRENS, Thomas; CHAPMAN, Christopher. *Doing qualitative research in management accounting: positioning data to contribute to theory.* **Accounting, Organizations and Society**, v. 31, 2006.

BAXTER, Jane; CHUA, Wai Fong. *Alternative management accounting research: whence and whither.* **Accounting, Organizations and Society**, 28, p. 97-126, 2003.

BERRY, A. J.; OTLEY, D. T. *Case study research in management accounting and control.* **Management Accounting Research**, 5, p. 45-65, 1994.

BHIMANI, Alnoor. *A study of the emergence of management accounting system ethos and its influence on perceived system success.* **Accounting, Organizations and Society**, 28, p. 523-548, 2003.

BIRNBERG, Jacob G.; FRIEZE, Irene Hanson; SHIELDS, Michael D. *The role of attribution theory in control systems.* **Accounting, Organizations and Society**, v. 2, nº 3, p. 189-200, 1977.

BIRNBERG, Jacob G.; SNODGRASS, Coral. *Culture and control: a field study.* **Accounting, Organizations and Society**, v. 13, nº 5, p. 447-464, 1988.

_____. *Accounting and the emergence of "economic man".* **Accounting, Organizations and Society**, v. 19, nº 8, p. 637-674, 1994.

_____. *Indeterminacy and the specificity of accounting.* **Accounting, Organizations and Society**, v. 1, p. l-39, 1993.

_____. *Mapping methodological frontiers in cross-national management control research.* **Accounting, Organizations and Society**, 24, p. 413-440, 1999.

BONNER, Sarah E.; HESFORD, James W.; VAN DER STEDE, Wim A.; YOUNG, S. Mark. *The most influential journals in academic accounting.* **Accounting, Organizations and Society**, v. 31, 2006.

CHEN, Clara Xiaoling; VAN DER STEDE, Wim A.; YOUNG, S. Mark. *Assessing the quality of evidence in empirical management accounting research: the case of survey studies.* **Accounting, Organizations and Society**, v. 30, 2005.

CHENHALL, Robert H.; HARRISON, Graeme L.; WATSON, David J. H. (Org.). **The organizational context of management accounting**. Boston: Pitman Pub, 1981.

CHOW, Chee W.; HARRISON, Paul; LINDQUIST, Timothy. *Escalating commitment to unprofitable projects: replication and cross-cultural extension.* **Management Accounting Research**, 8, p. 347-361, 1997.

CHUA, Wai Fong. *Theoretical constructions of and by the real.* **Accounting, Organizations and Society**, v. 11, nº 6, p. 583-598, 1986.

COMMONS, John R. **Institutional economics**. New York: Macmillan, 1934.

COOMBS, Rod W.; COOPER, David J.; PRESTON, Alistair M. Fabricating budgets: a study of the production of management budgeting in the national health service. **Accounting, Organizations Society**, 1992.

COOPER, David J.; HOPPER, Trevor M. *Critical studies in accounting.* **Accounting, Organizations and Society**, v. 12, nº 5, p. 407-414, 1987.

COVALESKI, Mark; DISMIRT, Mark W.; HEIAN, James B. *Structure and agency in an institutionalized setting: the application and social transformation of control in the big six.* **Accounting, Organizations and Society**, v. 22, nº 1, p. 1-27, 1997.

_____; RITTENBERG, Larry. *Internalization versus externalization of the internal audit function: an examination of professional and organizational imperatives.* **Accounting, Organizations and Society**, 26, p. 617-641, 2001.

CROSBY, Phillip B. **Qualidade é investimento**. Rio de Janeiro: José Olympio, 1992.

HARVEY, David W.; MERCHANT, Kenneth A.; RHODE, John Grant. *Accounting aggregation: user preferences and decision making.* **Accounting, Organizations and Society**, v. 4, nº 3, p. 187-210, 1979.

HOPPER, Trevor. *Role conflicts of management accountants and their position within organizations structures.* **Accounting, Organizations and Society**, v. 5, nº 4, p. 401-411, 1980.

_____; LAUGHLIN, Richard; MILLER, Peter. *The new accounting history: an introduction.* **Accounting, Organizations and Society**, v. 16, nº 5/6, p. 395-403, 1991.

_____. *The new accounting history: a introduction.* **Accounting, Organizations and Society**, v. 16, nº 5/6,10, p. 395-403, 1991.

_____; STOREY, John; WILLLMONT, Hugh. *Accounting for accounting: towards the development of a dialectical view.* **Accounting, Organizations and Society**, v. 12, nº 5, p. 437-456, 1987.

JÖNSSON, Sten. *Accounting elites and accounting theory: a reply to Paul Montagna.* **Accounting, Organizations and Society**, v. 16, nº 1, p. 101-103, 1991.

_____. *Role making for accounting while the state is watching.* **Accounting, Organizations and Society**, v. 16, nº 5/6, p. 521-546, 1991.

_____; SOLLI, Rolf. *"Accounting talk" in a caring setting.* **Management Accounting Research**, 4, p. 301-320, 1993.

_____; MACINTO, Norman B. *Cats, rats, and ears: making the case for ethnographic accounting research.* **Accounting, Organizations and Society**, v. 22, nº 3/4, p. 367-386, 1997.

LIBBY, Robert; LUFT, Joan. *Determinants of judgment performance in accounting settings: ability, knowledge, motivation, and environment.* **Accounting, Organizations and Society**, v. 18, nº 5, p. 425-450, 1993.

LUFT, Joan; SHIELDS, Michael D. *Erratum to"mapping management accounting: graphics and guidelines for theory-consistent empirical research".* **Accounting, Organizations and Society**, 28, p. 169-249, 2003.

_____. *Mapping management accounting: graphics and guidelines for theory-consistent empirical research.* **Accounting, Organizations and Society**, 28, p. 169-249, 2003.

MERCHANT, Kenneth A. *Organizational controls and discretionary program decision making: a field study.* **Accounting, Organizations and Society**, v. 10, nº 1, p. 67-85, 1985.

_____. *The effects of financial controls on data manipulation and management myopia.* **Accounting, Organizations and Society**, v. 15, nº 4, p. 297-313, 1990.

MILLER, Peter. *Accounting for progress-national accounting and planning in France: a review essay.* **Accounting, Organizations and Society**, v. 11, nº I, p. 83-l04, 1986.

_____. *Accounting innovation beyond the enterprise problematizing investment decisions and programming economic growth the U.K in the 1960.* **Accounting, Organizations and Society**, v. 16, nº 8, p. 733-762, 1991.

_____; NAPIER, Christopher. *Genealogies of calculation.* **Accounting, Organizations and Society**, v. 18, nº 7/8, p. 631-647, 1993.

_____ ; O'LEARY, Ted. *Accounting and the construction of the governable person.* **Accounting, Organizations and Society**, v. 12, nº 3, p. 235-265, 1987.

MOURITSEN, Jan. *Rationality, institutions and decision making: reflections on march and Olsen's rediscovering institutions.* **Accounting, Organizations and Society**, v. 19, nº 2, p. 193-211, 1994.

OTLEY, David. *The contingency theory of management accounting: achievement and prognosis.* **Accounting, Organizations and Society**, v. 5, nº 4, p. 413-428, 1980.

PIERCE, Bernard J.; OTLEY, David T. *The control problem in public accounting firms: an empirical study of the impact of leadership style.* **Accounting, Organizations and Society**, v. 20, nº 5, p. 405-420, 1995.

SHIELDS, Michael D. *Management accounting practices in Europe: a perspective from the States.* **Management Accounting Research**, 9, p. 501-513, 1998.

_____. *A predecisional approach to the measurement of the demand for information in a performance report.* **Accounting, Organizations and Society**, v. 9, nº 3/4, p. 355-363, 1984.

SHIELDS, Michael D.; SOLOMON, Iran; WALLER, William S. *Effects of alternative sample space representations on the accuracy of auditor's uncertainty judgments.* **Accounting, Organizations and Society**, v. 12, nº 4, p. 375-385, 1987.

_____; WALLER, William.S. *A behavioral study of accounting variables in performance-incentive contracts.* **Accounting, Organizations and Society**, v. 13, nº 6, p. 581-594, 1988.

_____; WOLF, Gerrit; YOUNG, S. Mark. *Manufacturing controls and performance: an experiment.* **Accounting, Organizations and Society**, v. 13, nº 6, p. 607-618, 1988.

Glossário

Accountability. Termo de origem britânica que significa a obrigação de se prestar contas das atividades realizadas e dos resultados alcançados em função das responsabilidades decorrentes de uma delegação de poder.

Alavancas de controle (levers of control). Conceito desenvolvido por Simons que visa identificar os elementos utilizados pelas empresas para o balanceamento entre as tensões de controle e inovação. Compõe-se de quatro alavancas: sistemas de crenças, sistemas de diagnóstico, sistemas interativos e sistemas de restrições.

Artefatos. São criações humanas para ajudar no desempenho de várias tarefas.

Balanced Scorecard (BSC). Sistema de avaliação de desempenho, que inclui medidas financeiras e não financeiras de curto prazo e de longo prazo, procurando ligá-las à estratégia do negócio.

Cenários sobre o ambiente externo. Mostram como a entidade percebe o seu mundo, sua delimitação, seus riscos e ameaças.

Cenários sobre o ambiente interno. Correspondem ao olhar interno da entidade.

Centro de responsabilidade. Segmento de uma empresa cujo gestor é responsável por um conjunto específico de atividades.

Centro de resultado. São centros de responsabilidade onde o gestor é responsável tanto pelos custos e despesas quanto pelas receitas da área sob sua responsabilidade.

Centros de custos. São centros de responsabilidade nos quais o gestor é responsável por controlar somente os custos e as despesas da área sob sua responsabilidade.

Centros de investimento. Centros nos quais o gestor é responsável por controlar os gastos, as receitas e os investimentos, normalmente limitados a um montante que, para ser ultrapassado, deve ser autorizado pela alta administração.

Centros de receita. São aqueles que recebe os produtos ou serviços produzidos pelas demais divisões da organização, sendo responsáveis pela venda e distribuição dos mesmos aos consumidores finais.

Ciclo de vida das organizações. Neste conceito, uma empresa é análoga a um ser vivo que nasce, se desenvolve ao longo do tempo e morre.

Código de ética. Tipo de contrato social, objetiva a regulação da conduta dos indivíduos.

Conselho de administração. Órgão colegiado que tem como objetivo monitorar o desempenho corporativo, contribuindo para aumentar o valor da companhia no longo prazo.

Conselho fiscal. Órgão colegiado responsável pela avaliação das contas da companhia, compreendendo questões relativas à *accountability* e transparência dos atos da organização.

Contabilidade comportamental (*behavioral accounting*). Ramo da pesquisa em contabilidade que estuda o relacionamento entre contabilidade e comportamento humano, sendo que suas principais bases teóricas correspondem a psicologia cognitiva, psicologia social e teorias de motivação.

Contabilidade divisional. Representa a contabilização dos eventos econômico-financeiros das diversas unidades de forma a contabilizar o valor efetivamente sob responsabilidade de cada gestor, e que deverá ser comparado com metas anteriormente estabelecidas, normalmente no orçamento.

Contabilidade gerencial. Ramo da contabilidade que tem como objetivo fornecer informações gerenciais para usuários externos, tais como gestores e funcionários.

Contabilidade gerencial estratégica. Representa a contabilidade que procura alinhar os objetivos de curto prazo da organização com seus objetivos de longo prazo, normalmente determinados no planejamento estratégico.

Contabilidade gerencial tradicional. Representa a contabilidade com foco primordialmente nas decisões de curto prazo da organização.

Controladoria. É o órgão da empresa cuja missão consiste em zelar pela eficácia do seu processo de gestão.

Controle gerencial. Mecanismos formais e informais que têm como objetivo direcionar o comportamento de indivíduos para a realização dos objetivos organizacionais.

Controller. Profissional responsável pela controladoria.

Custeio baseado em atividades. Sistema de custeamento que considera a acumulação dos custos a partir das atividades empresariais.

Custeio pleno ou integral. Sistema de custeamento que considera como sendo dos produtos todos os custos de produção, fixos e variáveis, e as despesas fixas; por este método, o resultado de cada produto é denominado margem operacional ou lucro operacional.

Custeio por absorção parcial. Sistema de custeamento que considera como sendo dos produtos todos os custos de produção, variáveis e fixos, e somente eles. Por este método, o resultado de cada produto é denominado margem bruta ou lucro bruto.

Custeio variável. Considera como sendo dos produtos todos os custos variáveis em relação ao seu volume de produção, e somente eles; nas demonstrações contábeis os custos fixos, inclusive os identificáveis com os produtos (custos fixos diretos), são debitados ao resultado do período, como se fossem despesas.

Custo de oportunidade. Representa a melhor alternativa abandonada em detrimento de outra.

Custos fixos. Referem-se a recursos econômicos, como aluguel e outros, geralmente adquiridos e relacionados a períodos de tempo, sem uma relação direta com os produtos elaborados.

Dado. É uma descrição ou mensuração de um objeto, de um atributo do objeto ou de um evento que, alternativamente: (a) já é conhecido por quem o recebe; (b) não é conhecido, mas também não lhe interessa conhecer; ou (c) não contribui para melhorar a compreensão de alguma situação ou problema.

Empresas globais. Neste tipo de organização, as diretrizes estratégicas normalmente são determinadas pela matriz. Há um alto nível de centralização das decisões, os produtos são padronizados e a premissa é de que as necessidades atendidas pela empresa são iguais em todos os países em que ela opera.

Empresas multinacionais. Têm como principais características a descentralização das decisões da matriz para as subsidiárias com o reconhecimento das diferentes necessidades entre os países em relação aos produtos fornecidos pela organização.

Empresas transnacionais. As empresas transnacionais são derivadas das organizações de aprendizagem, que são aquelas voltadas ao conhecimento intensivo, e possuem uma rede de relacionamentos entre as diversas empresas espalhadas pelo mundo.

Estratégias. Decorrem de uma análise integrada da entidade que corresponde a definir como os recursos serão alocados para atingir certo objetivo.

Forma de custeio. Compreende a temporalidade dos valores atribuídos: podem ser valores passados (custo histórico) ou projetados segundo critérios predeterminados (custo padrão).

Governança. Mecanismos internos e externos que asseguram *accountability* para os *stakeholders* e contribuem para a qualidade do processo de gestão, balanceando os aspectos relacionados a desempenho e riscos. Ela é composta de governança corporativa e governança empresarial.

Governança corporativa. Tem como objetivo monitorar e proteger o negócio com a promoção de um processo de *accountability* adequado aos seus diversos constituintes.

Governança de negócios. Corresponde aos conceitos e artefatos que têm como objetivo apoiar a função de governança nos aspectos relacionados a estratégia empresarial (formulação e execução), ponderando os elementos de curto e longo prazo. Esta dimensão pode ser operacionalizada através dos artefatos da contabilidade gerencial.

Horizonte de planejamento. Período de planejamento estabelecido pela empresa.

Incentivos. Incentivos sociais e monetários compreendendo remuneração, realização profissional, clima e reconhecimento.

Informação. É uma descrição ou mensuração de um objeto ou evento que: (a) provoca surpresa em quem a recebe, (b) reduz suas incertezas e (c) ajuda-o a tomar decisões.

Instituição. É um conjunto de crenças, formas de agir, de regular, de compreender a realidade, que pauta a atividade humana em uma sociedade, como as leis de um país, o tipo de cultura de uma empresa ou o conjunto de normas existentes em um órgão governamental.

Isomorfismo. Corresponde à tendência que as organizações possuem em se assemelharem em decorrência de pressões relacionadas ao ambiente externo.

Legislação baseada em *common law*. Leis baseadas em grandes conceitos, de natureza interpretativa.

Legislação baseada em *code law*. Regras mais detalhadas e com pouco espaço para interpretação.

Mecanismos externos de governança corporativa. Compreendem o ambiente legal e regulatório, mercados (capital, trabalho), informações ao mercado de capitais, contabilidade, finanças e serviços legais.

Mecanismos internos de governança corporativa. Correspondem ao conselho de administração, incentivos gerenciais, estrutura de capital, medidas *antitakeover* e sistemas de controle interno.

Método de custeio. Compreende a definição de quais custos devem ser considerados como custos dos produtos e quais precisam ser entendidos como sendo da empresa ou da planta como um todo.

Missão. Indica para que a organização existe, qual a sua contribuição para o ambiente em que atua.

Modelo de gestão. É a maneira própria, única, individual de cada empresa administrar os seus negócios.

Nova Economia Institucional. Ramo da economia que estuda as instituições a partir de uma perspectiva objetiva. A Nova Economia Institucional é composta de diversas vertentes, sendo que um dos conceitos mais utilizados na contabilidade gerencial é o de custos de transação.

Nova Sociologia Institucional. Estuda como o ambiente institucional, composto de normas, crenças, tradições e necessidade de legitimidade, afeta o comportamento das organizações.

Objetivos de longo prazo. Expressam o estado ou a situação futura objetivada e direcionam as ações da empresa para o longo prazo.

Orçamento. Conjunto de planos concatenados com o planejamento estratégico expressos em medidas quantitativas, monetárias ou não, e suas respectivas análises textuais.

Overhead. É o custo das atividades de natureza preponderantemente administrativa; compreende as despesas da administração geral e o custo das atividades de apoio ao processo produtivo.

Pacote de controle (*package*). Conjunto de artefatos formais e informais de controle gerencial.

Participação no processo de planejamento. Grau de participação dos funcionários no processo de planejamento empresarial.

Perspectivas do *Balanced Scorecard.* São as perspectivas que serão utilizadas para avaliar o desempenho da organização, alinhando os objetivos de curto prazo com os objetivos de longo prazo. Normalmente, incluem: (i) aprendizado e crescimento; (ii) processos internos; (iii) clientes; e (iv) financeira.

Perspectivas teórico-críticas. Analisam a contabilidade gerencial como um elemento de dominação, poder e controle. Nos estudos críticos não há uma preocupação com a *performance*, há uma maior reflexividade epistemológica e uma "desnaturalização" do processo racional de gestão.

Perspectivas teóricas da governança. Diferentes visões e perspectivas para o estudo da governança. Abarcam a teoria do *stewardship*, a teoria da dependência de recursos, a teoria dos *stakeholders*, a perspectiva democrática, a perspectiva da hegemonia gerencial e a teoria da agência.

Perspectivas teóricas interpretativas. Teorias que buscam compreender o contexto social, cultural e humano em que opera a contabilidade e os significados subjetivos que as pessoas atribuem aos artefatos e fenômenos contábeis.

Planos operacionais de longo prazo. Transformam as decisões em demonstrações contábeis projetadas para um período de longo prazo.

Políticas. São guias de raciocínio que dão a direção e o sentido necessários para o processo de tomada de decisão.

Pós-modernismo. Movimento teórico que rompe com os conceitos da modernidade buscando uma relativização dos conceitos de realidade e produção do conhecimento.

Preço de transferência. Representa o valor cobrado por uma divisão organizacional pelos produtos ou serviços que fornece aos demais segmentos da mesma organização.

Psicologia cognitiva. Estuda os processos de aprendizado, memória e cognição, linguagem, resolução de problemas, raciocínio e pensamento e tomada de decisão.

Psicologia social. Estuda o ser humano em situação de interação com outras pessoas de um grupo social.

Relevância da Contabilidade. Representa a capacidade da contabilidade em auxiliar os gestores na tomada de decisões.

Sistema de acumulação de custos. Refere-se à definição da entidade objeto de custeio cuja informação faça mais sentido para a administração.

Sistema de informações gerenciais. É um conjunto de recursos e procedimentos interdependentes que interagem para produzir e comunicar informações para gestão.

Sistemas abertos. São os que interagem com o seu ambiente.

Sistemas dinâmicos. São aqueles em que ocorrem eventos que modificam, periodicamente, sua própria estrutura e as características das partes ou elementos que os compõem.

Sistemas estáticos. São aqueles em que não ocorrem eventos, ou seja, durante determinado tempo não se observam alterações em nenhuma de suas propriedades estruturais.

Sistemas fechados. São os que não interagem com o seu ambiente

Sistemas homeostáticos. São sistemas estáveis, mas cujas partes ou elementos são dinâmicos.

Stakeholders. Em uma visão contratual da firma, são o conjunto de entes interessados nas atividades da firma. Compreendem investidores, gestores, clientes, fornecedores, comunidade, governo e funcionários.

Teoria da agência. Estudo dos problemas de agência relacionados a transações ocorridas entre uma agência principal e um agente, tais como as questões de assimetria informacional, custos de agência e conflitos de agenciamento.

Teoria da contingência. Indica que a adequação (*fit*) entre os elementos ambientais e contextuais que rondam a organização e as suas variáveis é o que vai determinar a configuração.

Teoria da equidade. Preconiza que existe equidade quando as recompensas obtidas por um determinado esforço são proporcionais ao esforço realizado pelas pessoas no grupo.

Teoria da estruturação. Tem como ponto central a dualidade entre estrutura e ação, ou seja, como comportamentos individuais modelam crenças coletivas e vice-versa.

Teoria da identidade social. Indica que os indivíduos mantêm uma identificação dentro de um determinado grupo (uma identificação interna) em relação aos papéis que eles desempenham, do seu "eu", a qual seria a identidade social.

Teoria do ator-rede. Procura entender a formação da realidade a partir da rede de atores híbridos (humanos e não humanos) que compõe as relações sociais.

Teoria dos papéis (*role theory*). Indica que as pessoas se comportam dentro de um determinado grupo social da forma como é esperado pelo papel que elas desempenham.

Teoria dos prospectos (*prospect theory*). Esta teoria indica que as pessoas têm aversão maior a riscos com perdas do que com ganhos.

Teorias de motivação. A motivação refere-se aos fatores internos do indivíduo (tais como necessidades, desejos e interesses) que ativam, mantêm e direcionam o comportamento.

***Triple bottom line*.** Compreende o *disclosure* dos resultados empresariais sob o ponto de vista econômico, social e ambiental.

Velha Economia Institucional. Ramo da economia que considera a instituição como objeto central de análise e que, diferentemente da economia neoclássica, incorpora a história, valores, culturas e hábitos, a partir de uma perspectiva evolucionária para entendimento do sistema econômico.

Visão. Formalização de uma reflexão com razoável grau de abstração em que se expressa o propósito básico da entidade.

Visão baseada em recursos – Este conceito indica que a combinação entre os determinados tipos de recursos e sua respectiva qualidade é que vai direcionar o desempenho da firma.

Bibliografia

AHRENS, T.; CHAPMAN, C. S. Theorizing Practice in Management Accounting Research. In: CHAPMAN, C. S.; HOPWOOD, A.; SHIELDS, Michael D. *Handbook of Management Accounting Research*. Amsterdan: Elsevier, 2007.

ANSARI, Shahid; EUSKE, K. J. Rational, rationalizing and reifying use of accounting data in organizations. *Accounting, Organizations and Society*, v. 12, nº 6, p. 549-570, 1987.

ANTHONY, N. *Management control systems*. Boston: Havard Business School Press, 1965.

ATKINSON, A. A.; BANKER, R. D.; KAPLAN, R. S.; YOUNG, S. M. *Contabilidade gerencial*. São Paulo: Atlas, 2000.

ATRILL, P.; McLANEY, E. *Management accounting for decision makers*. Pearson Education Limited, Essex, 2007.

BAIMAN, S. Agency Research in Management Accounting: a second look. *Accounting, Organzations and Society*, v. 15, nº 4, p. 341-371, 1990.

BAINES AND LANGFIELD-SMITH.

BASKERVILLE, R. F. Hofstede never studied culture. *Accounting, Organizations and Society*, nº 28, p. 1-14, 2003.

BECHT, Marco; BOLTON, Patrick; RÖELL, Ailsa. Corporate governance and control. *ECGI Finance Working Paper*, nº 2, 2002. Disponível em: <http://ssrn.com/abstract_id=343461>.

BERLE, A.; MEANS, G. *The modern corporation and private property*. New York: The Camillan Company, 1932. Ver original.

BERTALANFFY, Ludwig von. *Teoria geral dos sistemas*. 3. ed. Petrópolis: Vozes, 1977.

BIRNBERG, J., G.; LUFT, J.; SHIELDS, M. D. Psychology Theory in Management Accounting Research. In.: CHAPMAN, C., S.; HOPWOOD, A.; SHIELDS, M. D. *Handbook of Management Accounting Research*. Oxford: Elsevier, 2007.

_____; HOFFMAN, Vicky B. The accountability demand for information in China and the US: a research note. *Accounting, Organizations and Society*, v. 33, p. 20-32, 2008.

BLOCHER, E. J. et al. *Gestão estratégica de custos*. São Paulo: McGraw-Hill, 2007.

BOVESPA. Disponível em: <www.bovespa.com.br>.

BRENNAN, Niamh M.; SOLOMON, Jil. Corporate governance, accountability and mechanisms of accountability: an overview. *Accounting, Auditing & Accountability Journal*, v. 21 nº 7, 2008, p. 885-906.

BRIERS, Michael; CHUA, Wai Fong. The role of actor-networks and boundary objects in management accounting change: a field study of an implementation of activity-based costing. *Accounting, Organizations and Society*, v. 26, 3, p. 237-269.

BRUE, Stanley L. *História do pensamento econômico*. São Paulo: Thomson, 2005.

BURNS, J.; SCAPENS, R. W. Conceptualizing management accounting change: an institutional framework. *Management Accounting Research*, v. 1, nº 11, p. 3-25, 2000.

BUSCO, Cristiano; GIOVANNONI, Elena; RICCABONI, Angelo. Globalisations and the international convergence of management accounting. In.: HOPPER, Trevor; NORTH-COTT, Derly; SCAPENS, Robert. *Issues in management accounting*. Essex: Pearson Education, 2007.

_____; _____; SCAPENS, Robert, W. Managing the tensions in integrating global organizations: The role of performance management systems. *Management Accounting Research*, v. 19, p. 103-125, 2008.

_____. Trust for accounting and accounting for trust. *Management Accounting Research*, v. 17, p. 11-41, 2006.

CATELLI, A. (Coord.). *Controladoria*: uma abordagem da gestão econômica – GECON, São Paulo: Atlas, 1999.

_____. *Controladoria*: uma abordagem da gestão econômica – GECON. São Paulo: Atlas, 1999.

CHANG, L.; CHENG, M.; TROTMAN, K. T. The effect of framing and negotiation partner's objective on judgments about negotiated transfer prices. *Accounting, Organizations and Society*, v. 33, p. 704-717, 2008.

CHAPMAN, C. S. *Controlling strategy*: management, accounting, and performance measurement. Oxford: Oxford University Press, 2005.

CHENHALL, R. Theorizing contingencies in management control systems research. In: CHAPMAN, C., S.; HOPWOOD, A. G.; SHIELDS, M. D. *Handbook of Management Accounting Research*. Amsterdem: Elsevier, 2007.

CHOW, Chee W.; LINDQUIST, Tim M.; WU, Anne. National culture and the implementation of high-stretcth performance standards: an exploratory study. *Behavioral Research in Accounting*, v. 13, 2001.

CIMA/IFAC. *Enterprise governance*: gettingthe balance right. New York: International Federation of Accountants, 2004.

COASE, R. The nature of the firm. *Economica*, v. 4. p. 386-405.

DAFT, Richard L. *Organizações*: teoria e projeto. São Paulo: Pioneira, 2002.

DAVIS, James H.; SCHOORMAN, F. David; DONALDSON, Lex. Toward a stewardship theory of management. Academy of Management. *The Academy of Management Review*, 22, nº 1, Jan. 1997.

DECHOW, Niels; GRANLUND, Markus; MOURITSEN, Jan. Management control of the complex organization: relationships between management accounting and information technology. In: CHAPMAN, Christopher S.; HOPWOOD, Anthony G.; SHIELDS, Michael D. *Handbook of Management Accounting Research*. Oxford: Elsevier, 2007. v. 2.

DENT, Jeremy F. Global competition: chanlleges for management accounting and control. *Management Accounting Research*, v. 7, p. 247-269.

DILLARD, Jesse; TUTTLE, Brad. Beyond competition: institutional isomorphism in U.S. Accounting Research. *Accounting Horizons*, v. 21, 4, p. 387-409, 2007.

DIMAGGIO, Paul J.; POWEL, Walter W. The new institutionalism organizational analysis. Chicago: The University of Chicago Press, 1991.

DONALDSON, T.; PRESTON, L. E. The stakeholder theory of the corporation: concepts, evidence and implications. *Academy of Management Review*, Ohio, v. 20, p. 65-91, 1995.

EFFERIN, Sujoko; HOPPER, Trevor. Management control, culture and ethnicity in a Chinese Indonesian company. *Accounting, Organizations and Society*, v. 32, p. 223-262, 2007.

ELDENBURG, L. G.; WOLCOTT, S. K. *Gestão de custos*: como medir, monitorar e motivar o desempenho. Rio de Janeiro: LTC, 2007.

ELKINGTON, J. *Cannibal with forks*: the triple bottom line of 21st century business. Oxford: Capstone, 1997.

EVAN, W.; FREEMAN, R. E. *A stakeholder theory of the modern corporation*: kantian capitalism. Ethical Theory and Business. 5. ed. Englewood Cliffs: Prentice Hall, 1988.

EYSENCK, Michael W.; KEANE, Mark T. *Manual de psicologia cognitiva*. 5. ed. Porto Alegre: Artmen, 2007.

FOURNIER, V.; GREY, C. At the critical moment: conditions and prospects for critical management studies. *Human Relations*, v. 53, nº 1, p. 7-32, 2000.

FREEMAN, R. E.; McVEA, J. A stakeholder approach to strategic management. In: HITT, M.; FREEMAN, E.; HARRISON, J. *Handbook of strategic management*. Oxford: Blackwell Publishing, 2000. p. 189-207.

FREZATTI, F. *Orçamento empresarial*. São Paulo: Atlas, 2007.

————; AGUIAR, A. B. de; GUERREIRO, R. Diferenciações entre a contabilidade financeira e a contabilidade gerencial: uma pesquisa empírica a partir de pesquisadores de vários países. *Revista de contabilidade e finanças*, ago. 2007, v. 18, nº 44, p. 9-22.

GARRISON, R. H.; NOREEN, E. W. *Contabilidade gerencial*. Rio de Janeiro: LTC, 2001.

GEERTZ, Clifford. *A interpretação das culturas*. Rio de Janeiro: LTC, 1989.

GHOSH, D. Complementary arrangements of organizational factors and outcomes of negotiated transfer price. *Accounting, Organizations and Society*, 25, p. 661-682, 2000.

GIDDENS, Anthony. *A constituição da sociedade*. São Paulo: Martins Fontes, 1989.

GILLAN, Stuart L. Recent developments in corporate governance: an overview. *Journal of Corporate Finance*, v. 12, p. 381-402, 2006.

Global Reporting Initiative. Disponível em: <http://www.globalreporting.org>.

GRAY, S. J. Towards a theory of cultural influence on the development of accounting system internationally. *Abacus*, p. 1-15, 1988.

GUERREIRO, Catelli; Dornelles, 1997, p. 3.

GUERREIRO, R.; PEREIRA, C. A.; FREZATTI, F. Evaluating management accounting change according to the institutional theory approach: a case study of a Brazilian bank. *Journal of Accounting and Organizational Change*, v. 2, nº 3, 2006.

HANSEN, D. R.; MOWEN, M. M. *Gestão de custos*: contabilidade e controle. São Paulo: Pioneira Thomson Learning, 2001.

HARRISON, Graeme; McKINNON, Jill. National cultures and management control. In: HOPPER, Trevor; NORTHCOTT, Derly; SCAPENS, Robert. *Issues in management accounting*. Essex: Pearson Education, 2007.

HAYES, R. H.; ABERNATHY, W. Managing our way to economic decline. *Havard Business Review*, v. 58(4), p. 67-77, 1980.

HODGSON, Geoffrey M. Institutional economics: surveying the "old" and the "new". *Metroeconomica*. 44, p. 1-28, 1993a.

————. *Economics and evolution*: bringing life back into economics. Cambridge: Polity Press, 1993b.

HOFSTEDE, G. *Culture's consequences:* international differences in work-related values. London: Sage Publications, 1980.

————. *Cultural dimensions*. Disponível em: <http://www.geert-hofstede.com>.

HOPPER, Trevor; NORTHCOTT, D.; SCAPENS, R. *Issues in management accounting*. Pearson Education Limited, Essex, 2007.

HOPWOOD, Anthony. On trying to study accounting in the contexts in which it operates. *Accounting, Organizations and Society*, v. 8, nº 2/3, p. 287-305, 1983.

HORNGREN, C. T. et al. *Contabilidade de custos*. São Paulo: Prentice Hall, 2004.

————; FOSTER, G.; DATAR, S. M. *Contabilidade de custos*. 9. ed. Rio de Janeiro: LTC, 2000.

HORNGREN; SUNDEM; STRATTON. *Contabilidade gerencial*. 12. ed. São Paulo: Prentice-Hall, 2004.

HUFMAN, K.; VERNOY, M.; VERNOY, J. *Psicologia*. São Paulo: Atlas, 2003.

IBGC – Instituto Brasileiro de Governança Corporativa. Código das Melhores Práticas de Governança Corporativa. Janeiro 2004. Disponível em: <http://www.ibgc.org.br>.

IUDICIBUS, S. de. *Teoria da contabilidade*. São Paulo: Atlas, 1997.

JANSEN, E. Pieter; MERCHANT, Kenneth A.; VAN DER STEDE, Win A. National differences in incentive compensation practices: national differences in incentive compensation practices: the differing roles of financial performance measurement in the United States and the Netherlands. *Accounting, Organizations and Society*, v. 34, p. 58-84, 2009.

JENSEN, M. Value maximization, stakeholder theory, and the corporate objective function. *Journal of Applied Corporate Finance*, v. 14, nº 3, p. 8-21, Fall 2001.

JENSEN, Meckling. *Managerial behavior, agency costs, and ownership structure*, 1976.

JENSEN, Michael; MECKLING, William. Theory of the firm: managerial behavior, agency costs and ownership structure. *Journal of Financial Economics*, v. 3, p. 305-360, October 1976.

JIAMBALVO, J. *Contabilidade gerencial*. Rio de Janeiro: LTC, 2002.

JOHNSON, H. T. Relevance regained: from top-down control to bottom-up empowerment. Cambridge: Harvard Business School Press, 1992.

JOHNSON, H.; KAPLAN, R. *Relevance lost*: the rise and fall of management accounting. Boston: Harvard Business School Press, 1987.

JONES, C. Foucault, discourse, organization. In: International Conference on Organizational Discourse: Pretexts, Subtexts and Contexts. 3, London. *Conference Proceedings Book*. London: KMPC, 1998.

KACHELMEIER, S. J.; TOWRY, K. L. Negotiated transfer pricing: is fairness easier said than done? *Accounting Review*, 77, p. 571-593, 2002.

KAHNEMAN, D.; TVERSKY, A. *Prospect theory*: an analysis of decision under risk. *Econometrica*, 47, p. 263-291, 1979.

KAPLAN, R. S. The evolution of management accounting. *The Accounting Review*, v. 59, p. 390-418, 1984.

————; COOPER, R. *Cost & effect*. Boston: Harvard Business School Press, 1998.

————; NORTON, D. P. The balanced scorecard – measures that drive performance. *Havard Business Review*, p. 70-79, 1992.

LAMBERT, R. A. Agency theory in management accounting. In: CHAPMAN, C. S.; HOPWOOD, A.; SHIELDS, M. D. *Handbook of Management Accounting Research*. Amsterdem: Elsevier, 2007.

LANGLOIS, R. N. What is wrong with old institutional economics (and what is still wrong with the new)? *Review of Political Economy*, v. 4, nº 1, p. 270-298, 1989.

Lei nº 6.404/76, de 15 de dezembro 1976.

LENARTOWICA, T.; JOHNSON, James. A cross-national assessment of the values of Latin America managers: contrasting hues or shades of Gray? *Journal of International Business Studies*, v. 34, p. 3, 2003.

LIPE, M. Analyzing the variance investigations decision: the effects of outcomes, mental accounting and framing. *The Accounting Review*, nº 68, p. 748-764.

LODI, João Bosco. *Governança corporativa*: o governo da empresa e o Conselho de Administração. Rio de Janeiro: Campus, 2000.

LORD, B. V. (Coord. HOPPER, T.; NORTHCOTTT, D.; SCAPENS, R.). *Issues in management accounting*. Prentice Hall, 2007.

LUFT, J. Bonus and penalty uinitiatives: contract choice by employees. *Journal of Accounting and Economics*, nº 18, p. 181-206.

LUFT, J. L.; LIBBY, R. Profit comparisons, market prices and managers' judgments about negotiated transfer prices. *The Accounting Review*, 72(2), p. 217-229, 1997.

MACHADO FILHO, Claudio Pinheiro. *Responsabilidade social e governança*: o debate e as implicações. São Paulo: Thompson, 2006.

MACINTOSH, N.; SCAPENS, R. Structuration theory in management accounting. *Accounting, Organizations and Society*, 15, 5, p. 455-477, 1990.

MARR, B. Strategy performance management. Oxford: Elsevier, 2006.

MARTINS, Eliseu. *Contabilidade de custos*. 9. ed. São Paulo: Atlas, 2006.

_____; ROCHA, Welington. *Contabilidade de custos*: livro de exercícios. 9. ed. São Paulo: Atlas, 2006.

MARTINS, G.; Theófilo, C. R. *Metodologia da investigação científica para ciências sociais aplicadas*. São Paulo: Atlas, 2007.

MEYER, M. Rethinking performance measurement: beyond the balanced scorecard. Cambridge University Press, 2002. p. 2.

MICHENER, H. A.; LAMATER, J.; MEYERS, D. *Psicologia social*. São Paulo: Pioneira Thomson, 2005.

MINTZBERG, H.; AHLASTRAND B.; LAMPEL, J. *Safári de estratégia*. Porto Alegre: Bookman, 2000.

MOILANEN, Sinikka. The role of accounting and an intermediate subsidiary in the management control system. *Management Accounting Research*, v. 19, p. 252-269, 2008.

MOLL, J.; BURNS, J.; NAJOR, M. Institutional theory. *Methodological issues in accounting research*: theories and methods. London: Spiramus, 2006.

NORREKLIT, H. The balance on the balanced scorecard: a critical analysis of some of its assumptions. *Management Accounting Research*, v. 11, p. 65-88, 2000.

_____; FALCONER, M. (Coord. HOPPER, T.; NORTHCOTTT, D.; SCAPENS, R.). *Issues in management accounting*. Prentice Hall, 2007.

NORTH, Douglas C. Economic performance through time. *The American Economic Review*, v. 84, nº 3, p. 359-368, 1994.

OLIVER, C. Strategic responses to institutional process. *Academy of Management Review*, 16(1), p. 145-79, 1991.

OTLEY, D. Management control in contemporary organizations: towards a wider framework. *Management Accounting Review*, v. 5, p. 289-299, 1994.

_____. Performance management: a framework for management control systems research. *Management Accounting Research*, v. 10, p. 363-382, 1999.

PERLMUTTER, Howard V. A drama in three acts... The Tortuous Evolution of the Multinational Corporation. *Columbia Journal of World Business*, Jan./Feb. 1969, v. 4, p. 9-18.

PFEFFER, Jefrey; SALANCIK, Gerald R. *The external control of organizations*: a resource dependence perspective. New York: Harper & Row, 1978.

PORTER, M. E. *Competitive advantage*: creating and sustaining superior performance. Simon & Schuster, 1985.

QUATTRONNE, Paolo; HOPPER, Trevor. A time-space odyssey: management control systems in two multinational organisations. *Accounting, Organizations and Society*, 30, p. 735-764, 2005.

ROBERT, Simons. *Levers of control*: how managers use innovative control systems to drive strategic renewal. 9. ed. Harvard Business Press, 1995.

ROBERTS, J.; McNULTY, T.; STILES, P. Beyond agency conceptions of the work of the non-executive director: creating accountability in the boardroom. *British Journal of Management*, v. 16, p. S5-S26, 2005.

_____; SCAPENS, R. Accounting systems and systems of accountability practices in their organisational contexts. *Accounting, Organizations and Society*, v. 10, nº 4, p. 443-456, 1985.

RODRIGUES, Andréa Leite; MALO, Marie Claire. Estruturas de governança e empreendedorismo coletivo: o caso dos doutores da alegria. *Revista de Administração Contemporânea*. v. 10, nº 3, Jul./Set. 2006.

SCAPENS, R. W. Understanding management accounting practices: a personal journey. *The British Accounting Review*, nº 38, p. 1-30, 2006.

SCHAFFER, S.; SHANLEY, M.; DRANOVE, D.; BESANKO, D. *A economia da estratégia*. São Paulo: Campus, 2006.

SCHAFFER, Eric. *Institutionalization of usability*: a step-by-step guide. Boston, MA: Addison-Wesley, 2004.

SCOTT, W. Richard. *Institutions and organizations*. Thousand Oaks: Sage, 2007.

SHLEIFER, Andrei; VISHNY, Robert. A survey of corporate governance. *Journal of Finance*, v. 52, nº 2, p. 737-783, 1997.

SILVA, André Luiz Carvalhal; LEAL, Ricardo Pereira. *Governança corporativa*: evidências empíricas no Brasil. São Paulo: Atlas, 2007.

SILVEIRA, Alexandre Di Miceli. Governança corporativa e estrutura de propriedade. São Paulo: Ed. Saint Paul Institute of Finance, 2006. 250 p., cap. 2.4.

SILVEIRA, Alexandre Di Miceli. Governança corporativa, desempenho e valor da empresa no Brasil. São Paulo: Ed. Saint Paul Institute of Finance, 2005. 181 p., cap. 2.2.

SILVEIRA, Alexandre M.; YOSHINAGA, Cláudia E.; BORBA, Paulo F. Crítica à teoria dos stakeholders como função-objetivo corporativa. *Caderno de Pesquisas em Administração da USP*, v. 12, nº 5, p. 33-42, jan./mar. 2005.

SIMMONDS, K. Strategic management accounting. *Management Accounting* (CIMA), v. 59, p. 26-29, 1981.

SOLOMON, J. F. *Corporate governance and accountability*. 2. ed. New York: Wiley, 2007.

SPLEKE, R. F. Explaining management control structure variety: a transaction cost economics perspective. *Accounting, Organizatioons and Society*, v. 26, p. 419-441, 2001.

STERNBERG, Elaine. *Just business*: business ethics in action. 2. ed. Oxford University Press, 2000. 302 p., cap. 2, p. 30-61.

_____. The stakeholder concept: a mistaken doctrine. Foundation for Business Responsibilities, *Issue Paper* nº 4, Nov. 1999.

STIGLITZ, Joseph. *Os exuberantes anos 90*: uma nova interpretação da década mais próspera da história. São Paulo: Companhia das Letras, 2003.

SUBRAMANIAM, N. Agency theory and accounting research: an overview of some conceptual and empirical issues. In: HOQUE, Z. (Ed.). *Methodological Issues in Accounting Research*: theories and methods. London: Spiramus, 2006.

SUNDARAM, A.; INKPEN, A. The corporate objective revisited. *Thunderbird School of Management Working Paper*, Oct. 2001. Disponível em: <http://ssrn.com/abstract=293219>.

TOLBERT, P. S.; ZUCKER, L. G. A institucionalização da teoria institucional. In: CLEGG, S.; HARDY, C.; NORD, W.; CALDAS, M.; FACHIN, R.; FISCHER, T. (Org.). *Handbook de Estudos Organizacionais*: modelos de análise e novas questões em estudos organizacionais. São Paulo: Atlas, 1999.

TVERSKY, A.; KAHNEMAN, D. Judgment under uncertainty: heuristics and biases. *Sceince*, nº 185, 9, p. 1124-1131, 1974.

_____. The framing of decisions and the psychology of choice. *Science*, 211, p. 453-458, 1974.

VAIVIO, Juhani. Qualitative research on management accounting: achievements and potential. In: HOPPER, Trevor; NORTHCOTT, Deryl; SCAPENS, Robert. *Issues in management accounting*. Essex: Pearson Education Limited, 2007.

VAN DER MEER-KOOISTRA, J.; VOSSELMAN, Ed G. J. Management control of inter-firm transactional relationship: the case of industrial renovation and maintenance. *Accounting, Organzations and Society*, v. 25, p. 51-77, 2000.

_____; SCAPENS, Robert W. The governance of lateral relations between and within organizations. Management Accounting Research, 19, p. 365-384, 2008.

VAN METER, D. J. *Evaluating dysfunctional police performance*: a zero-based approach. Illinois: Thomas, 2001.

VEBLEN, T. Why is economics not an evolutionay science? *Journal of Economics*, 2, p. 403-414. Originalmente publicado em 1898, 1998.

————— . *The place of science in modern civilization and other essays*. Huebsch, New York. Reprinted with a new Introduction by Samuels, W. J. New Brunswick, New Jersey: Transaction Books, 1990.

VOSSELMAN, Ed. J.; VAN DER MEER-KOOISTRA, J. Accounting for control and trust building in interfirm transactional relationships. *Accounting, Organizations and Society*, v. 34, p. 267-283, 2009.

WARREN, C. S.; REEVE, J.; FESS, P. E. *Contabilidade gerencial*. São Paulo: Thomson, 2001.

WICKRAMASINGHE, D.; ALAWATTAGE, C. *Management accounting change*: approaches and perspectives. London: Routledge, 2007.

WILLIAMSON, O. E. Transaction cost economics and organizational theory. *Journal of Industrial and Corporate Change*, v. 2, p. 107-56, 1993.

————— . Transaction cost economics: the governance of contractual relations. *American Economic Review*, v. 61, p. 233-262, 1993.

————— . Transaction-cost economics: the governance of contractual relations. *Journal of Law and Economics*, v. 22, nº 2, p. 223-261, 1979.

WILLIANS, John J.; SEAMAN, Alfred E. Predicting change in management accounting systems: national culture and industry effects. *Accounting, Organizations and Society*, v. 26, p. 443-460, 2001.

World Forum: The Global Competitiveness Report. Disponível em: <http://www.gcr. weforum.org>.

————— . *The balanced scorecard*: translating strategy into action. Havard Business Scholl Press, 1996.

————— . The balanced scorecard: what is the score? A rhetorical analysis of the balanced scorecard. *Accounting, Organizations, and Society*, v. 28, p. 591-619, 2003.

Índice remissivo

ROTAPLAN
GRÁFICA E EDITORA LTDA

Rua Álvaro Seixas, 165
Engenho Novo - Rio de Janeiro
Tels.: (21) 2201-2089 / 8898
E-mail: rotaplanrio@gmail.com